la grande
encyclopédie 8+ ans

la grande
encyclopédie 8+ ans

la grande encyclopédie

8+ ans

S. Callery, C. Gifford
et M. Goldsmith

ROUGE & OR

Sommaire

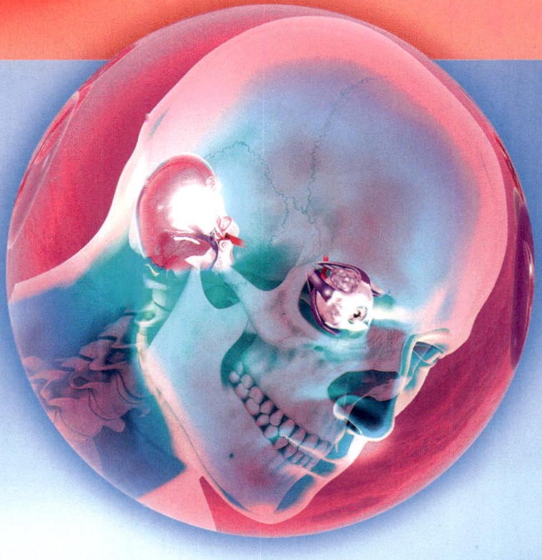

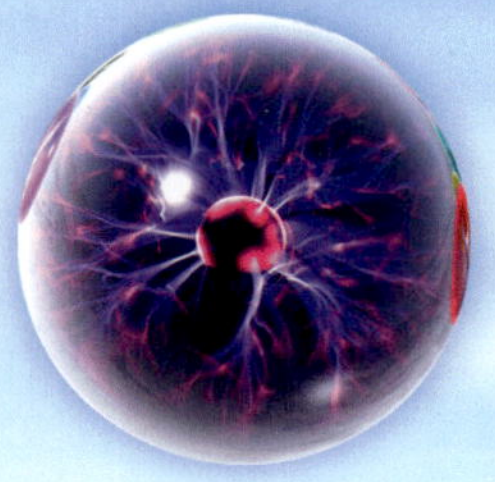

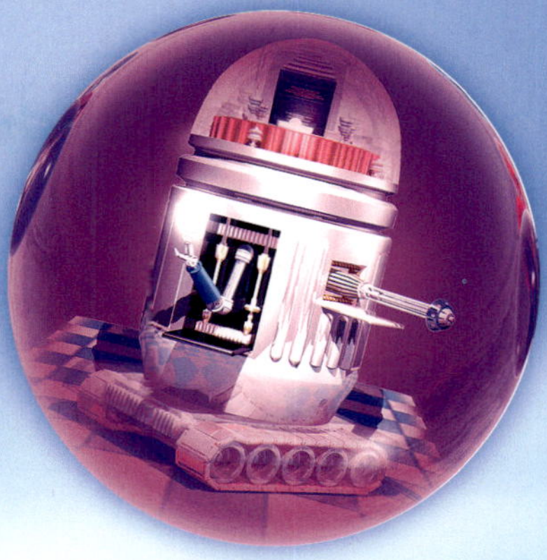

Découvrir la Terre

Vue de l'espace, la Terre ressemble à une grosse bille bleue qui tourne. C'est la cinquième plus grosse des huit planètes du système solaire, et la troisième plus proche du Soleil – autour duquel elle tourne à une distance moyenne de 150 millions de kilomètres. L'eau, l'atmosphère et la distance par rapport au Soleil s'associent pour faire de la Terre le seul lieu connu qui accueille la vie.

Formation et structure

La Terre est une planète de 12 756 km de diamètre. Elle est constituée de roche. Son noyau de métal est très chaud.

La Terre n'est pas parfaitement ronde, mais légèrement aplatie aux pôles (sa base et son sommet). Elle est renflée à l'équateur, ligne imaginaire qui fait le tour de notre planète en son milieu.

La formation de la Terre

Il y a environ 4,5 milliards d'années, la Terre s'est formée à partir de nuages de poussières, de roche et de gaz amalgamés sous l'effet de la gravitation. Durant des millions d'années, la surface a refroidi et durci, tandis que les gaz formaient l'atmosphère qui l'enveloppe.

La croûte terrestre

La croûte (ou écorce) terrestre est la surface externe de notre planète. Composée de roches et de minéraux tels que silice et quartz, elle a entre 6 et 30 km d'épaisseur. Plus de 70 % de sa surface sont recouverts par l'eau des mers, océans, lacs et cours d'eau.

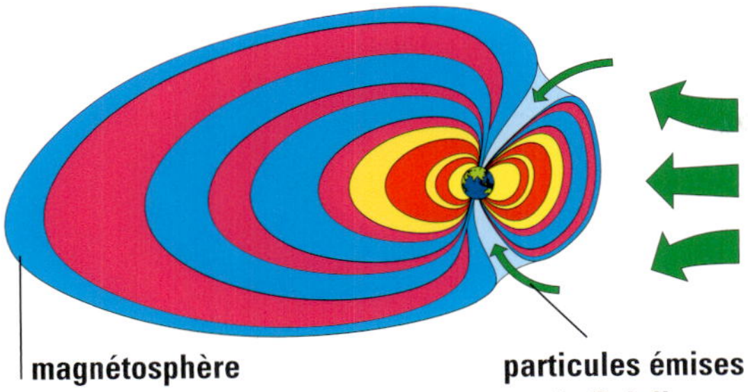

Le magnétisme terrestre

Le noyau externe de la Terre crée un champ magnétique autour de la Terre et loin dans l'espace. Cette magnétosphère protège la vie terrestre contre certaines particules venues du Soleil et de l'espace.

Chaleur naturelle

Dans la vallée des Geysers, en Russie, vapeur et eau bouillante jaillissent par des trous dans la croûte terrestre. L'eau chauffée par les roches chaudes sous la surface de la Terre s'échappe en brefs jets formant des fontaines, ou en minces jets continus.

Sous la surface

Le manteau, sous l'écorce terrestre, est constitué de métaux et de roches fondus. Sous le manteau, le noyau se compose de deux parties : un noyau externe de métal chaud et liquide, un noyau interne de métal dur.

C'EST SCIENTIFIQUE !

VOUS AVEZ DIT « TEMPS GÉOLOGIQUE » ?

Les géologues mesurent l'âge des roches et des fossiles *(voir p. 19)* selon l'échelle du temps géologique. Ce calendrier de l'histoire de la Terre est divisé en ères et en périodes d'une durée de plusieurs millions d'années. En étudiant des fossiles de dinosaures *(ci-dessus)*, les géologues ont établi que ces animaux vivaient à l'ère secondaire ou Mésozoïque (–251 à –65 millions d'années, ou M.a.).

Continents et montagnes

Les continents, grandes étendues de terre émergée, couvrent un tiers de la surface de la Terre. Au nombre de sept, ce sont l'Asie, l'Afrique, l'Amérique du Nord et du Sud, l'Antarctique, l'Europe et l'Australie.

LA DÉRIVE DES CONTINENTS
La Pangée, continent unique, a donné naissance aux continents actuels.

–200 millions d'années

–110 millions d'années

Aujourd'hui

Les montagnes sont d'importantes élévations de terrain, souvent formées par des mouvements de la croûte terrestre et regroupées en chaînes ou en massifs. La plus haute montagne, l'Everest, se dresse dans l'Himalaya.

Les plaques tectoniques

La croûte terrestre est constituée de gigantesques plaques de roche solide, appelées plaques tectoniques ou lithosphériques, qui flottent sur le manteau et se déplacent lentement.

Lignes de faille

Des lignes de faille sont des fissures dans l'écorce terrestre, à la rencontre de deux plaques tectoniques. Elles sont souvent le théâtre de séismes et de volcans.

La dérive continue !

Initialement, il n'y avait qu'un seul continent géant, la Pangée. Au fil de millions d'années, la Pangée s'est scindée en plusieurs continents. Cette dérive des continents se poursuit.

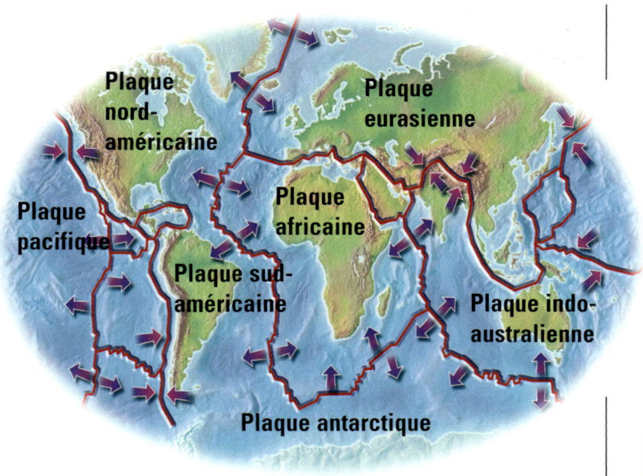

Les mouvements des plaques

Sur cette carte figurent les principales plaques tectoniques ; les flèches indiquent la direction dans laquelle elles se déplacent actuellement. On dénombre sept plaques majeures et neuf plaques mineures.

Comment naissent les montagnes ?

Les mouvements des plaques créent la plupart des montagnes du monde. La roche, poussée vers le haut, se déforme, se plisse, souvent au long des lignes de faille. Des volcans *(voir p. 16-17)* créent aussi des montagnes : la lave et les cendres expulsées se transforment en roche.

Types de montagnes

Certaines montagnes sont constituées par d'énormes blocs de roche poussés vers le haut par les mouvements des plaques. D'autres – les Andes en Amérique du Sud, les Rocheuses en Amérique du Nord – résultent du plissement des roches sous l'effet de pressions colossales.

Une chaîne de montagnes apparaît

La chaîne de l'Himalaya s'est formée il y a des millions d'années par suite de la collision de deux plaques tectoniques. Les boues et sédiments du plancher océanique, très fortement comprimés, ont été poussés vers le haut, donnant ainsi naissance à cette chaîne montagneuse.

Les séismes

L'écorce terrestre est constituée de différentes plaques. Ce sont les mouvements de ces plaques qui causent les séismes, ou tremblements de terre.

sismographe portatif

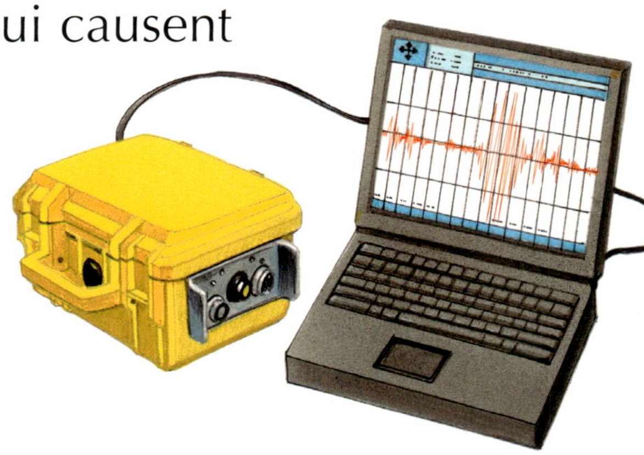

Un demi-million de séismes se produisent par an. Beaucoup ne sont pas perceptibles, mais les plus puissants provoquent d'immenses dégâts.

ONDES SISMIQUES
On distingue trois types d'ondes sismiques (liées à un tremblement de terre).

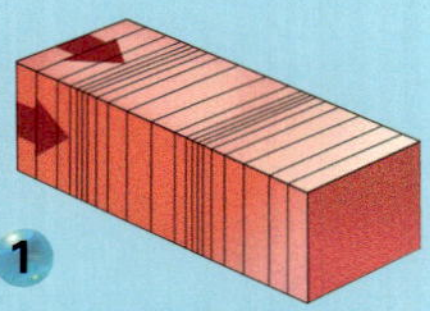

1
Les ondes se déplacent en profondeur en étirant et comprimant la roche.

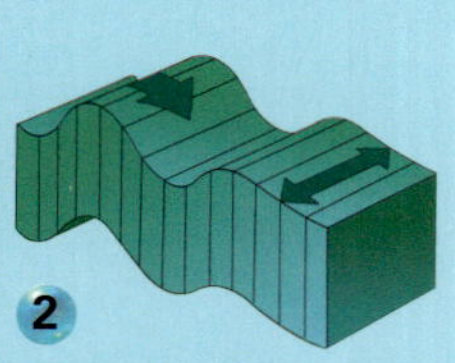

2
Les ondes font glisser la roche, dans les plans vertical et horizontal.

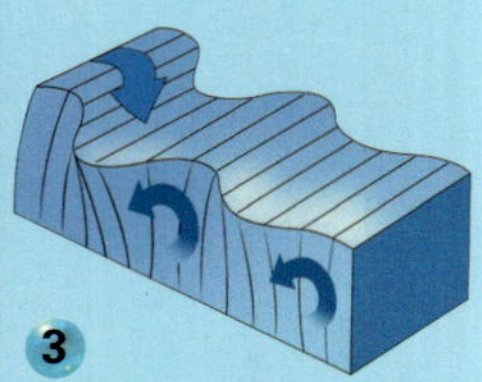

3
Les ondes de surface sont les plus dévastatrices.

Foyer et épicentre

Un séisme se déclenche en un point souterrain appelé « foyer » ou « hypocentre ». L'énergie du séisme se fait sentir avec le plus de force au point situé en surface, à la verticale du foyer : l'épicentre.

Ondes sismiques

L'énergie libérée au niveau du foyer se diffuse rapidement, sous la forme d'une succession d'ondes dont la force diminue au fur et à mesure qu'elles se propagent.

Tsunamis

Les séismes provoquent parfois dans les océans des vagues gigantesques appelées « tsunamis », qui peuvent être dévastatrices. En 2004, un puissant séisme survenu sous l'océan Indien a déclenché un tsunami qui a fait plus de 230 000 morts en Asie.

La mesure des séismes

Les sismologues, experts en tremblements de terre, étudient et mesurent les séismes au moyen de divers appareils scientifiques dont des satellites et des sismographes.

Des ondes sismiques se propagent dans toutes les directions.

L'échelle de Richter

L'échelle de Richter indique la magnitude (l'importance) d'un séisme. Les séismes d'une magnitude supérieure à 3,5 sont perceptibles. Les séismes majeurs dépassent la magnitude 7. Celui qui a provoqué le tsunami de 2004 avait une intensité supérieure à 9.

C'EST HISTORIQUE !

DÉGÂTS LIÉS AUX SÉISMES

Les séismes qui surviennent dans des zones habitées causent parfois d'énormes dégâts. Routes, ponts, tunnels et bâtiments s'effondrent, des glissements de terrain font des ravages, conduites et câbles rompus provoquent des explosions et des incendies… En 1995, un séisme de 7,3 sur l'échelle de Richter a détruit des routes et des milliers d'habitations dans la ville japonaise de Kobe.

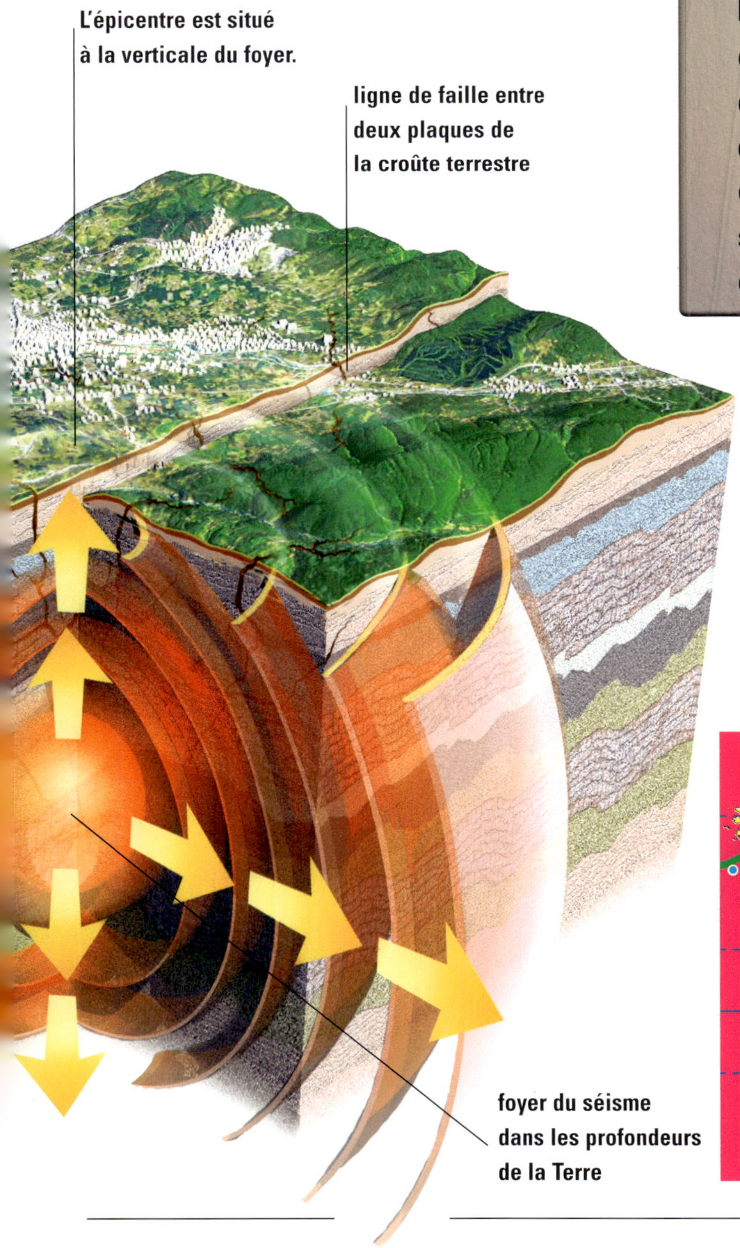

Zones à risque

Certaines régions de la Terre sont plus exposées au risque sismique que d'autres. Cette carte montre la local sation des séismes les plus forts. La plupart ont eu lieu le long des failles existantes, zones de contact entre deux plaques continentales *(ici en vert)*.

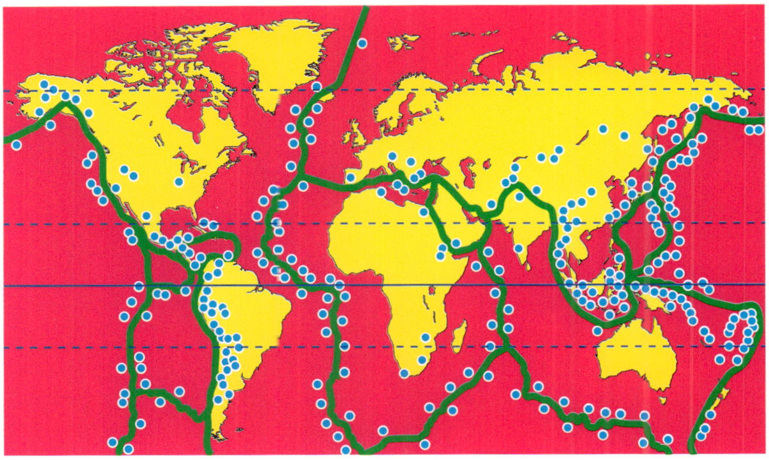

LES VOLCANS

AU CŒUR DE LA TERRE, la chaleur fait fondre la roche, formant un magma liquide. Sous la pression de gaz, le magma remonte parfois brutalement à la surface, créant un volcan.

ÉRUPTIONS EXPLOSIVES

L'Etna, qui culmine à 3 326 m en Sicile, est le plus grand volcan actif d'Europe. Son cratère central est en activité permanente, et de longues fissures s'ouvrent parfois sur ses pentes. L'accumulation de gaz sous pression a provoqué des éruptions explosives, projetant dans les airs de la lave, des cendres et des gaz. Certaines explosions ont détruit le sommet du volcan et formé d'immenses cratères.

LES TYPES DE VOLCAN

On distingue deux types d'éruptions : explosives ou effusives. Les éruptions explosives libèrent une lave épaisse, qui durcit rapidement et crée des volcans en forme de cône (1). Les éruptions effusives libèrent une lave plus fluide, qui durcit lentement et crée des volcans à faibles pentes (2). Les volcans composites (ou strato-volcans) se forment au fil ces éruptions, par couches successives.

Roches et sols

On classe les roches en trois grandes catégories : les roches ignées, les roches métamorphiques et les roches sédimentaires.

ÉCHELLE DE MOHS
L'échelle de dureté de Mohs classe dix minéraux, du plus tendre au plus dur.

Le talc est le plus tendre (degré 1).

Le gypse (degré 2) peut rayer le talc.

L'apatite est de degré 5 sur l'échelle de Mohs.

Le quartz est de degré 7 sur l'échelle de Mohs.

Le diamant est le minéral le plus dur (degré 10).

Les roches sont constituées de composés chimiques appelés minéraux. Les minéraux tels que le cuivre sont des éléments simples, alors que d'autres, comme le silicium, sont faits de multiples éléments.

Roche ignée

Une roche ignée provient de la lave qui a durci en refroidissant. Le granit est une roche ignée née dans les profondeurs de la Terre. Les spectaculaires colonnes de la Chaussée des Géants, en Irlande du Nord, sont en basalte, roche ignée provenant de refroidissement à l'air libre de laves.

Roche métamorphique

Une roche métamorphique résulte de transformations sous l'effet de la chaleur ou de la pression. Ainsi le calcaire, roche sédimentaire, se transforme parfois en marbre, roche métamorphique.

Roche sédimentaire

Au fil de millions d'années, des particules arrachées à la roche ou provenant des squelettes et coquilles d'animaux ont été compactées en roches sédimentaires. Les calcaires et les grès du Grand Canyon, aux États-Unis, en sont un bon exemple.

Le cycle des roches

Sur de très longues périodes, les roches se transforment : c'est le cycle des roches. Une roche ignée, par exemple, peut s'éroder en formant une couche de sédiments, puis ceux-ci sont compactés en roche sédimentaire, qui peut être à son tour transformée – sous l'effet de la chaleur et de la pression – en roche métamorphique.

Des minéraux sous pression

Soumis à certaines pressions et températures, des minéraux forment parfois des gemmes, ou pierres précieuses, que l'on peut tailler et polir. Beaucoup de ces gemmes (rubis, opales, émeraudes, diamants, etc.) se distinguent par leur éclat et leurs coloris.

Les strates

De nombreuses roches sédimentaires forment des couches, les roches les plus anciennes enfouies sous les roches plus récentes. Une couche d'un même type de roche est appelée strate. L'observation des strates révèle la formation des roches sur des millions d'années.

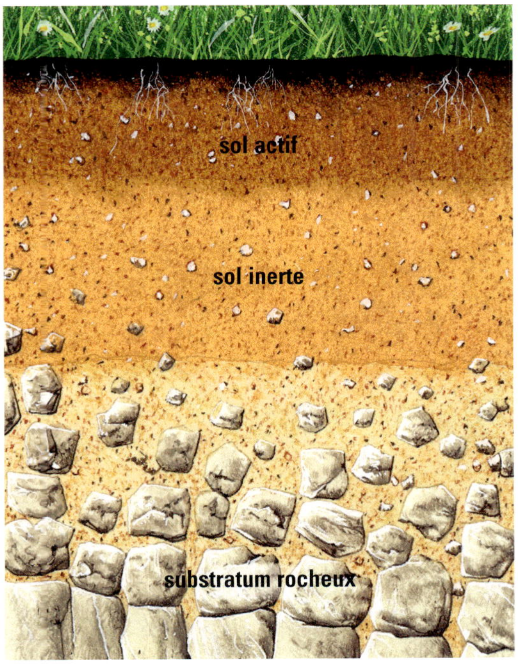

Composition du sol

Le sol est fait de particules rocheuses mélangées à de l'air, de l'eau, de minuscules trous (pores) et de l'humus (matière végétale décomposée). Il existe différents types de sol. Un sol sableux ne retient pas aussi bien l'eau qu'un lourd sol argileux.

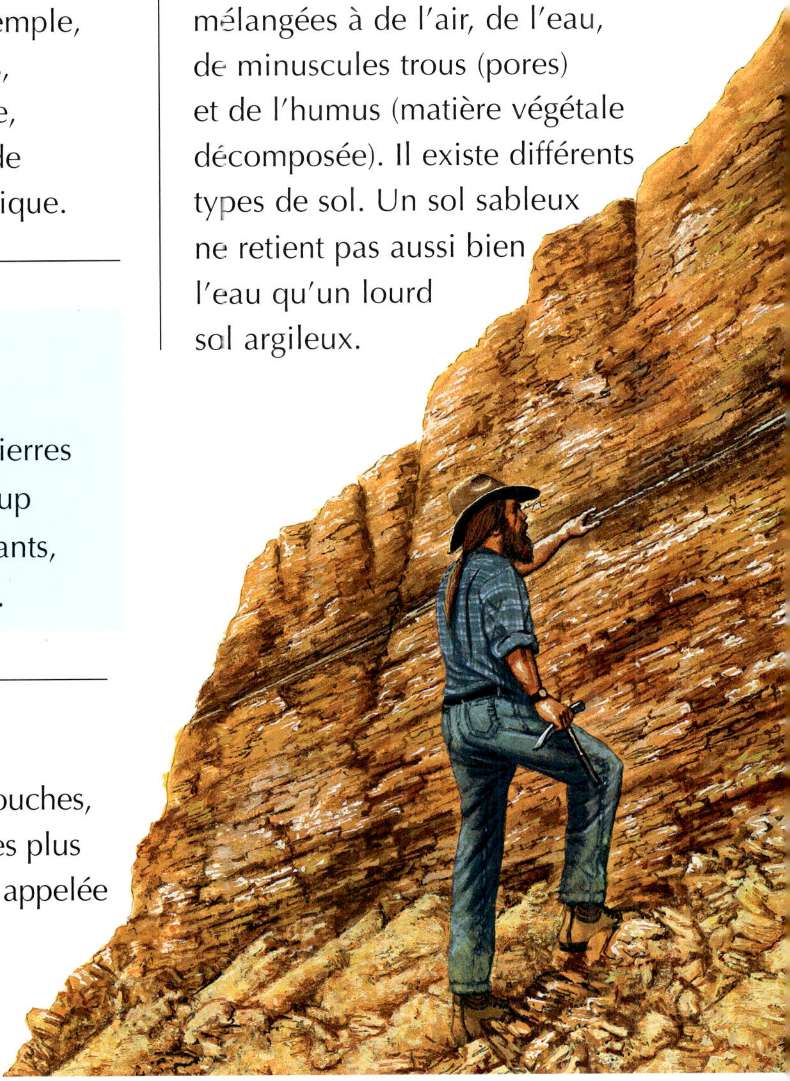

L'érosion des roches

L'érosion des roches est leur dégradation, par effritement, usure ou arrachement. La pluie, le vent, les différences de température ou le temps sont les causes de ces dégradations.

GEL/DÉGEL
L'alternance du gel et du dégel est l'une des causes de la dégradation des roches.

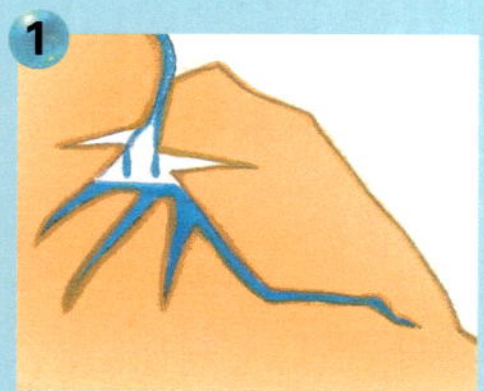

La pluie s'infiltre dans la roche, puis une baisse de la température fait geler l'eau.

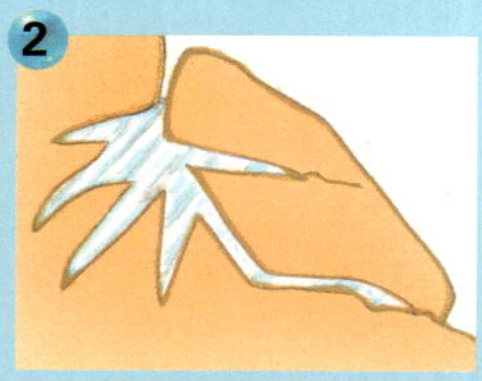

L'eau se dilate en gelant et élargit les fissures du rocher.

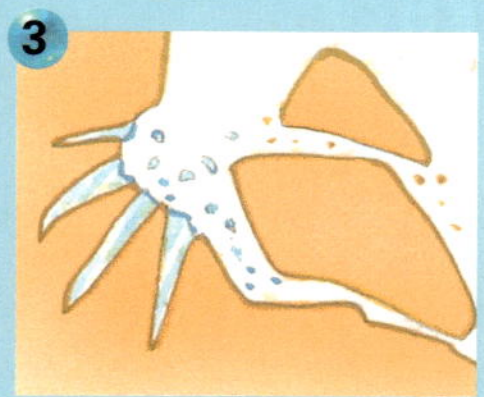

Des épisodes répétés de gel et de dégel finissent par faire éclater la roche.

La succession de temps chauds et froids fait éclater la roche ; les substances chimiques contenues dans la pluie et dans l'atmosphère provoquent des réactions qui l'altèrent.

Le long des côtes

Les vagues érodent les côtes de façon spectaculaire sous l'action des vagues, qui projettent continuellement des fragments de roche et finissent par user les falaises.

Les chutes d'eau

L'eau en mouvement est un facteur d'érosion. Elle s'écoule parfois sur des roches qui résistent à l'érosion puis use des roches plus tendres en aval, créant une brusque dénivellation et, souvent, une cascade.

Le vent

Dans les régions sèches, où il n'y a pas beaucoup de plantes pour le retenir, le vent emporte les particules du sol qui, peu à peu, usent les roches.

La naissance des dunes

Les dunes de sable prennent naissance le long des côtes et dans les déserts arides. Le vent, en soufflant dans une seule direction, crée des dunes en forme de croissant, en pente douce au vent et plus abrupte sous le vent.

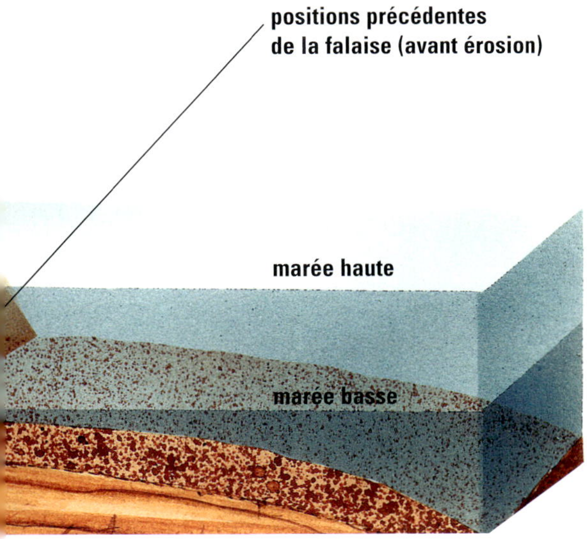

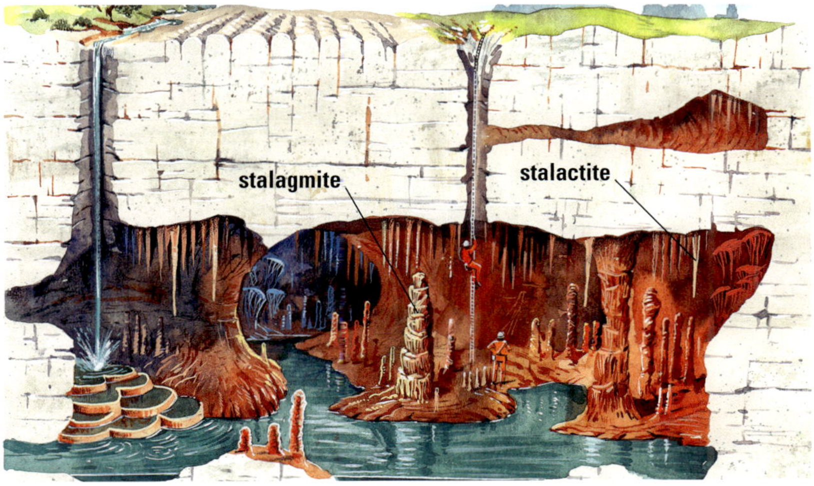

Dans les grottes

L'eau, en se combinant au dioxyde de carbone de l'air ou aux matières végétales en décomposition du sol, donne de l'acide carbonique. Celui-ci s'insinue dans les fissures et dissout le calcaire, créant des grottes aux concrétions spectaculaires, comme les stalactites et les stalagmites.

C'EST SCIENTIFIQUE !

LES PLUIES ACIDES

Les gaz polluants émis dans l'atmosphère par les véhicules à moteur et par les industries se combinent à l'eau de pluie pour donner des pluies acides, très néfastes. Elles détruisent les lacs et les forêts, endommageant aussi les statues et les édifices de grès et de calcaire.

Glaces et glaciers

La glace est de l'eau gelée, solidifiée. Les glaces couvrent plus du dixième de la surface terrestre et renferment les trois quarts de la quantité totale d'eau douce de la planète.

Les glaces forment des calottes glaciaires au niveau des pôles Nord et Sud, ainsi que des glaciers, immenses fleuves de glace qui, au fil du temps, ont façonné les paysages.

Plus forts que la roche

Les grands glaciers se déplacent lentement (moins d'un mètre par jour) mais avec une force colossale, en creusant et usant la roche. Les débris rocheux transportés par les glaciers s'appellent des moraines.

La glaciation

Les glaciers se forment souvent dans des vallées. La neige tassée se transforme en glace, qui se déplace peu à peu vers le pied de la montagne, où elle fond. Si la fonte est plus rapide que la formation de glace, le glacier recule.

Paysages glaciaires

Des cuvettes de glace, les cirques, se forment parfois à la naissance des glaciers ; plus bas, ceux-ci creusent de larges vallées en auge (en U) ; les moraines transportées vers l'aval y créent des terres fertiles.

Les inlandsis

Les inlandsis sont d'immenses masses de glace : celle du Groenland a une superficie de plus de 1,8 million de kilomètres carrés, et la calotte glaciaire qui recouvre l'Antarctique fait près de 14 millions de km^2.

Cavernes gelées

Certaines grottes sont recouvertes de glace tout au long de l'année. Les scientifiques les utilisent parfois pour étudier l'intérieur des glaciers.

Les icebergs

Un iceberg est un fragment d'inlandsis ou de glacier côtier qui s'est détaché. La glace étant moins dense que l'eau, les icebergs flottent sur l'océan. Seul un huitième de leur masse est visible à la surface.

LACS ET COURS D'EAU

LES FLEUVES, RIVIÈRES ET AUTRES COURS D'EAU ne contiennent qu'une petite proportion de l'eau présente sur Terre, mais leur importance est immense. Ils acheminent l'eau vers différentes régions et façonnent les paysages qu'ils traversent.

LA SOURCE DU FLEUVE

Ruisseaux et torrents sont alimentés par l'eau des sources, par la pluie, la fonte des neiges et des glaces. En dévalant les pentes, ils se réunissent en formant une rivière. Les rivières confluent à leur tour et forment un fleuve qui se jette dans la mer.

DES PAYSAGES TRANSFORMÉS

Le cours d'eau use les roches sur lesquelles il coule : c'est l'érosion. Une partie des matières arrachées à ces roches – graviers, particules de sable et de vase – est emportée vers l'aval et renforce ce phénomène.

LES LACS

Les lacs sont des nappes d'eau douce à l'intérieur des terres, formées par accumulation d'eau dans des cuvettes. Alimentés par la fonte des neiges, par la pluie, parfois par des ruisseaux ou des rivières, ils abritent de nombreux végétaux et animaux.

Les mers et les océans

Les mers et les océans représentent 97 % de l'eau de notre planète. Les mers sont des parties des océans partiellement isolées par les terres émergées.

NAISSANCE D'UN ATOLL
Un atoll est une île de l'océan Pacifique ou Indien qui encercle un lac appelé lagon.

1
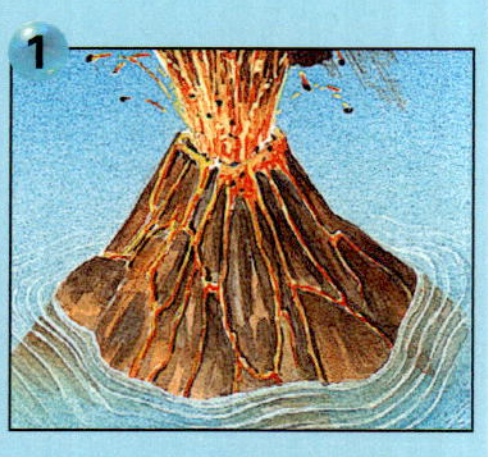

Après une éruption volcanique sous-marine, le sommet du volcan émerge et forme une île.

2
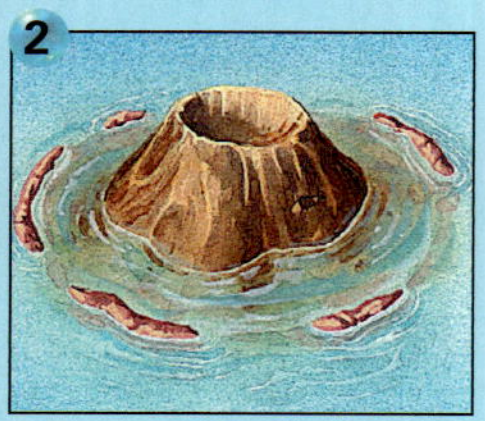

Un récif corallien se forme autour de l'île et émerge tandis que l'île s'enfonce.

3
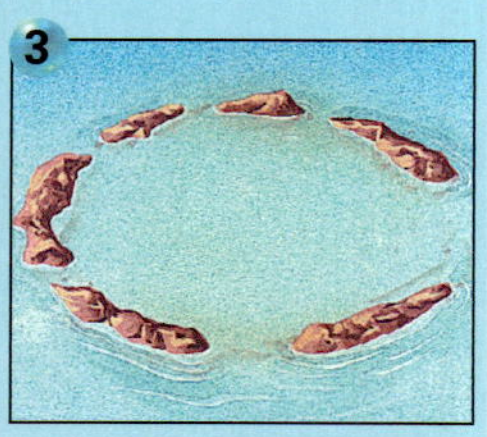

L'île disparaît, ne laissant que l'atoll corallien autour du lagon.

On dénombre quatre océans : Arctique, Indien, Atlantique et Pacifique. Le Pacifique est le plus étendu et le plus profond. L'eau salée circule entre les océans, entraînée par les vagues, les courants et les marées.

Le plancher océanique

Le plancher océanique est constitué de plaines abyssales et, par endroits, de gigantesques montagnes, qui atteignent parfois la surface et y forment des îles. Le long des plaques continentales, on trouve de profondes fosses océaniques *(voir p. 15)*.

Les côtes

Les côtes se dessinent à la rencontre de la terre et de l'océan. L'action des vagues et des marées érode les roches tendres, formant des baies, tandis que les roches dures avancent dans la mer : ce sont des caps.

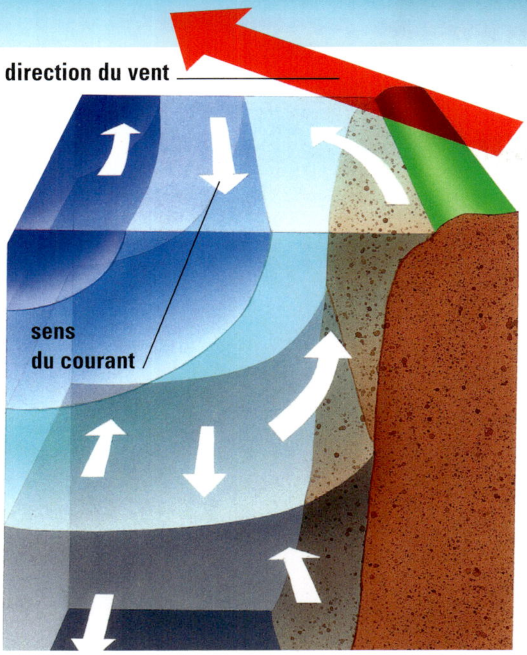

Les courants

De larges rubans d'eau de température variable, les courants, parcourent des milliers de kilomètres et exercent une influence déterminante sur le climat.

L'océan Pacifique

L'océan Pacifique s'étend du détroit de Béring, dans le cercle arctique, jusqu'aux confins de l'Antarctique. Il est si vaste (un tiers de la surface totale de la Terre) qu'il pourrait contenir toutes les terres émergées.

Les marées

Sous l'effet de l'attraction de la Lune sur la Terre *(voir p. 39)*, les océans se soulèvent et s'abaissent régulièrement, selon le rythme des marées, recouvrant ou découvrant la grève.

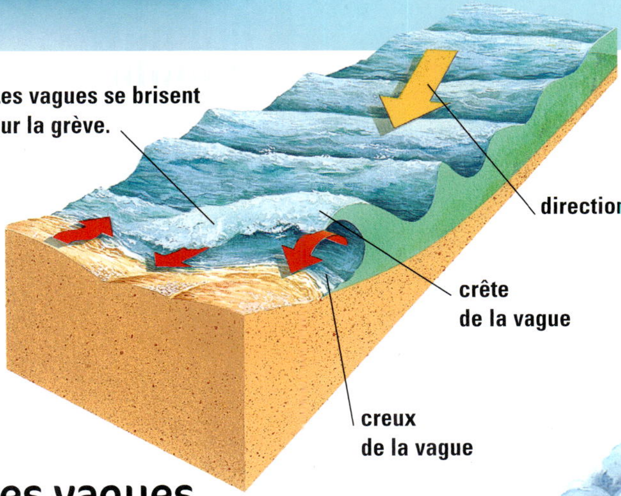

Les vagues

Les vents qui soufflent à la surface de l'océan créent des mouvements circulaires dans l'eau : ce sont les vagues, séparées par des creux et dont le sommet est appelé « crête ». En atteignant les côtes, les vagues basculent vers l'avant et se brisent.

Fumeurs noirs

Les « fumeurs noirs » sont des cheminées hydrothermales sur le fond des océans, d'où des eaux très chaudes et très riches en minéraux s'élèvent à la manière de colonnes de fumée.

L'ATMOSPHÈRE

L'ATMOSPHÈRE est une enveloppe de gaz autour de notre planète. Elle contient l'oxygène que nous respirons, retient une partie de l'énergie solaire et protège la Terre des rayonnements et particules néfastes en provenance de l'espace.

LA COMPOSITION DE L'AIR

L'air de l'atmosphère est un mélange de divers gaz, dont l'azote (pour 78 %), l'oxygène (21 %) et l'argon (1 %). L'air contient aussi du dioxyde de carbone et de la vapeur d'eau, en proportions variables.

LES COUCHES DE L'ATMOSPHÈRE

L'atmosphère se divise en cinq couches d'importance diverse. La troposphère (couche la plus proche du sol) et la stratosphère contiennent plus des neuf dixièmes de l'air de l'atmosphère. L'ozone est présent dans la stratosphère, où il contribue à l'absorption de rayons dangereux. L'émission de certains gaz par l'industrie provoque une diminution de la teneur en ozone, en particulier au-dessus de l'Antarctique.

Les ressources de la Terre

La Terre procure aux hommes une abondance de ressources naturelles variées, qui vont des sources d'énergie aux métaux et autres matières premières.

L'ALUMINIUM

L'aluminium sert à fabriquer des boîtes de conserve comme des pièces d'avion.

1

On extrait du sol un minerai appelé bauxite.

2

Un traitement permet d'en extraire l'aluminium…

3

… qui est transformé (ici, en boîtes de conserve).

De nombreuses ressources, dont les énergies fossiles, sont non renouvelables, c'est-à-dire que l'on ne peut pas remplacer au rythme auquel les hommes les exploitent actuellement.

Combustibles fossiles

Au fil de millions d'années, des matières végétales et animales comprimées sous des couches de roche ont donné trois combustibles fossiles importants : la houille, le pétrole et le gaz naturel – qu'on brûle pour produire de l'électricité, de la chaleur ou du carburant pour les moteurs. Le pétrole sert aussi à la fabrication de matières plastiques et autres produits.

La déforestation

Les forêts fournissent maintes ressources précieuses, du bois de construction au papier. La déforestation est la destruction des forêts sans plantation après. Ces quarante dernières années, près de la moitié des forêts du monde ont disparu, abattues pour leur bois ou défrichées pour laisser place à des champs, des pâturages ou des habitations.

L'énergie géothermique

La chaleur accumulée sous la surface de la Terre est exploitée dans certaines régions. Des sources chaudes servent à la baignade *(ci-dessus)* ou acheminent de l'eau chaude dans les foyers. Des usines géothermiques utilisent l'eau chaude souterraine pour faire fonctionner des turbines qui, à leur tour, produisent de l'électricité.

Énergies renouvelables

Certaines sources d'énergie sont renouvelables, ce qui signifie qu'elles ne s'épuisent pas à mesure qu'on les exploite. Ce sont par exemple l'énergie des marées et des vagues, ou l'énergie solaire que l'on peut convertir en électricité au moyen de panneaux solaires. L'énergie du vent est elle aussi exploitable, au moyen d'éoliennes *(ci-contre)*.

Transformer les métaux

Les gisements de métaux tels que l'or, le fer, le cuivre et le zinc, présents dans l'écorce terrestre, sont exploités par l'industrie minière. On les fait fondre pour fabriquer des pièces métalliques.

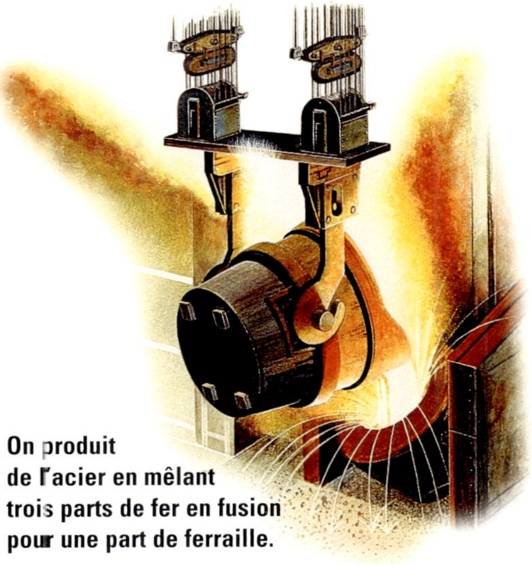

On produit de l'acier en mêlant trois parts de fer en fusion pour une part de ferraille.

Les matières premières

Des roches et des minerais fournissent les matières premières employées dans la construction – depuis les briques d'argile servant à construire des huttes, jusqu'au béton. La construction de l'opéra de Sydney, en Australie, a nécessité l'emploi de plus de cent mille tonnes de béton.

La Terre en chiffres

La Terre présente un diamètre d'environ 12 714 km du pôle Nord au pôle Sud, et une circonférence à l'équateur d'environ 40 075 km. La superficie des terres émergées est d'environ 148 millions de kilomètres carrés, celle des mers et océans de 362 millions de kilomètres carrés.

LES PLUS HAUTS SOMMETS

Mont Everest, Asie 8 850 m
Aconcagua, Amérique du Sud 6 959 m
McKinley, Amérique du Nord 6 194 m
Kilimandjaro, Afrique 5 895 m
Elbrouz, Europe 5 633 m
Vinson, Antarctique 5 140 m
Pic Jaya, Océanie 5 030 m

LES PLUS GRANDES ÎLES

Groenland 2 175 600 km²
Nouvelle-Guinée 787 900 km²
Bornéo, Indonésie 736 000 km²
Madagascar, Afrique 587 041 km²
Sumatra, Indonésie 473 481 km²
Terre de Baffin, Canada 462 800 km²
Honshu, Japon 230 900 km²
Île Victoria, Canada 212 200 km²

LES PLUS LONGS COURS D'EAU

Nil (Afrique) 6 670 km
Amazone (Amérique du Sud) 6 400 km
Yangzi Jiang (fleuve Bleu) (Asie) 6 300 km
Mississippi-Missouri (Amérique du Nord) 6 020 km
Ienisseï-Angara (Asie)
Huang He (fleuve Jaune) (Asie) 5 465 km
Ob-Irtych (Russie) 5 410 km
Paraná-Rio de la Plata (Amérique du Sud) 4 880 km
Congo (Afrique) 4 700 km
Lena (Asie) 4 400 km
Amour-Argoun (Asie) 4 345 km

LES PLUS GRANDS LACS

Mer Caspienne (Asie et Europe) 367 000 km²
Lac Supérieur (Amérique du Nord) 81 350 km²
Lac Victoria (Afrique) 68 100 km²
Lac Huron (Amérique du Nord) 61 800 km²
Lac Michigan (Amérique du Nord) 58 100 km²

LES OCÉANS

Océan Pacifique 179 700 000 km²
Océan Atlantique 106 400 000 km²
Océan Indien 73 556 000 km²
Océan Arctique 14 090 000 km²

Le Soleil se couche et se lève sur la Terre.

SITES INTERNET

http://eost.u-strasbg.fr/pedago/ – Documents pédagogiques sur la formation de la Terre et les séismes.
http://www.futura-sciences.com/fr/sciences/dossiers/terre/ – Tout savoir sur la Terre, la géologie, la climatologie, la géographie, les volcans, etc.
http://www.geopolis-fr.com/ – Nombreux articles et informations sur la géologie, les minéraux, les fossiles, les volcans, les météorites.

Découvrir l'espace et les étoiles

En levant les yeux vers le ciel, la nuit, nous pouvons voir des étoiles situées à des milliards de kilomètres de la Terre. La galaxie à laquelle appartient notre Soleil s'étend bien plus loin encore, et elle compte parmi les milliards de galaxies que comprend l'Univers. Les hommes peuvent aujourd'hui sonder ces galaxies lointaines avec des télescopes et envoyer des robots au cœur du système solaire.

Le système solaire

Notre système solaire comporte 8 planètes de taille variable, dont la Terre, et de nombreux corps célestes plus petits. Tous sont en orbite autour du Soleil.

Le système solaire comprend les planètes et leurs satellites, ou lunes, des comètes, des astéroïdes, des planètes naines et des météoroïdes (petits objets célestes), ainsi que des gaz et poussières. La plupart de ces corps se déplacent au sein d'une zone de l'espace plate, dont le centre est occupé par une étoile, le Soleil.

La naissance du Soleil

Le Soleil est né il y a 4,6 milliards d'années. Soumis à la gravitation, un nuage de gaz et de poussières s'est agrégé. Peu à peu, des réactions nucléaires se sont déclenchées entre les atomes de gaz, libérant une forte luminosité et beaucoup d'énergie.

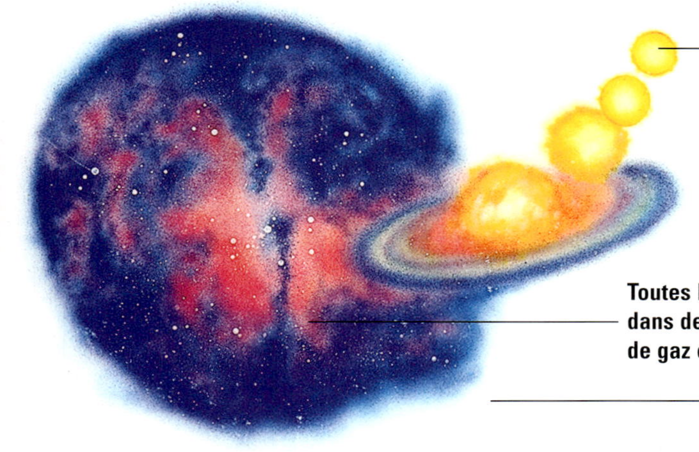

Taille du système solaire

Les planètes occupent une zone d'un diamètre d'environ neuf milliards de kilomètres, alors que le système solaire s'étend jusqu'à quinze mille milliards de kilomètres du Soleil.

Formation des planètes

Dans d'autres régions du nuage ayant donné naissance au Soleil, la gravitation a réuni des gaz et des poussières en énormes blocs rocheux, qui ont constitué des dizaines de planètes : il en reste 8.

Le Grand Bombardement

Pendant deux cents millions d'années, d'énormes amas rocheux ont percuté les planètes nouvellement formées. Des cratères résultant de ce bombardement sont encore visibles à la surface de la Lune, de Mercure et de Mars. Quand ce bombardement a pris fin, il y a environ 3,8 milliards d'années, il ne restait plus que huit planètes.

La fin du système solaire

Dans cinq milliards d'années, le Soleil manquera de combustible. Il deviendra rouge *(ci-contre)* et enflera. Sa surface sera expulsée et il ne restera qu'un petit noyau. L'extinction du Soleil laissera un système solaire sombre et glacial.

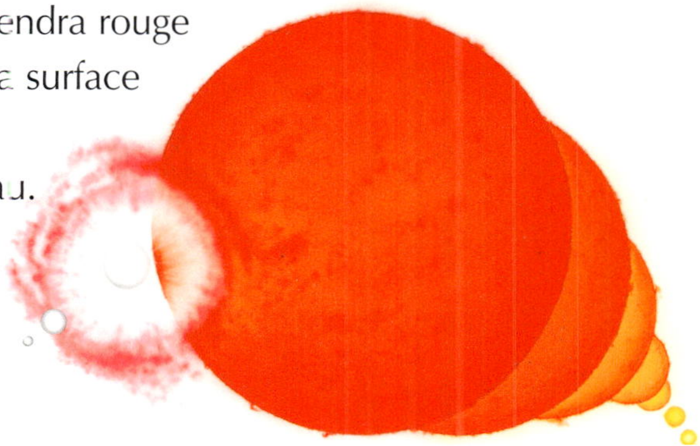

C'EST SCIENTIFIQUE !

LA GRAVITATION ET L'ÉQUILIBRE DU SYSTÈME SOLAIRE

Tous les corps s'attirent mutuellement sous l'effet de la gravitation et selon leur masse. L'attraction exercée par l'énorme Soleil maintient la cohésion du système solaire. Si les planètes n'étaient pas en orbite autour du Soleil, celui-ci les attirerait à lui. Plus elles sont proches du Soleil, plus elles doivent tourner vite pour éviter d'être englouties.

La vie, ailleurs ?

Beaucoup d'étoiles sont entourées de planètes et d'autres corps en orbite. Les milliards d'étoiles de l'Univers laissent penser que des planètes comme la nôtre peuvent exister.

LE SOLEIL

LE SOLEIL EST NOTRE ÉTOILE « LOCALE », autour de laquelle gravitent la Terre et les autres membres du système solaire. Sans la chaleur et la lumière du Soleil, il n'y aurait pas de vie sur Terre.

LA VIE DE NOTRE SOLEIL

Plus d'un million de corps de la taille de la Terre pourraient tenir à l'intérieur du Soleil. Celui-ci est né il y a 4,6 milliards d'années et vivra encore quelque cinq milliards d'années. La température de sa surface est d'environ 5000 °C, celle de son atmosphère externe, la couronne, de plusieurs millions de degrés.

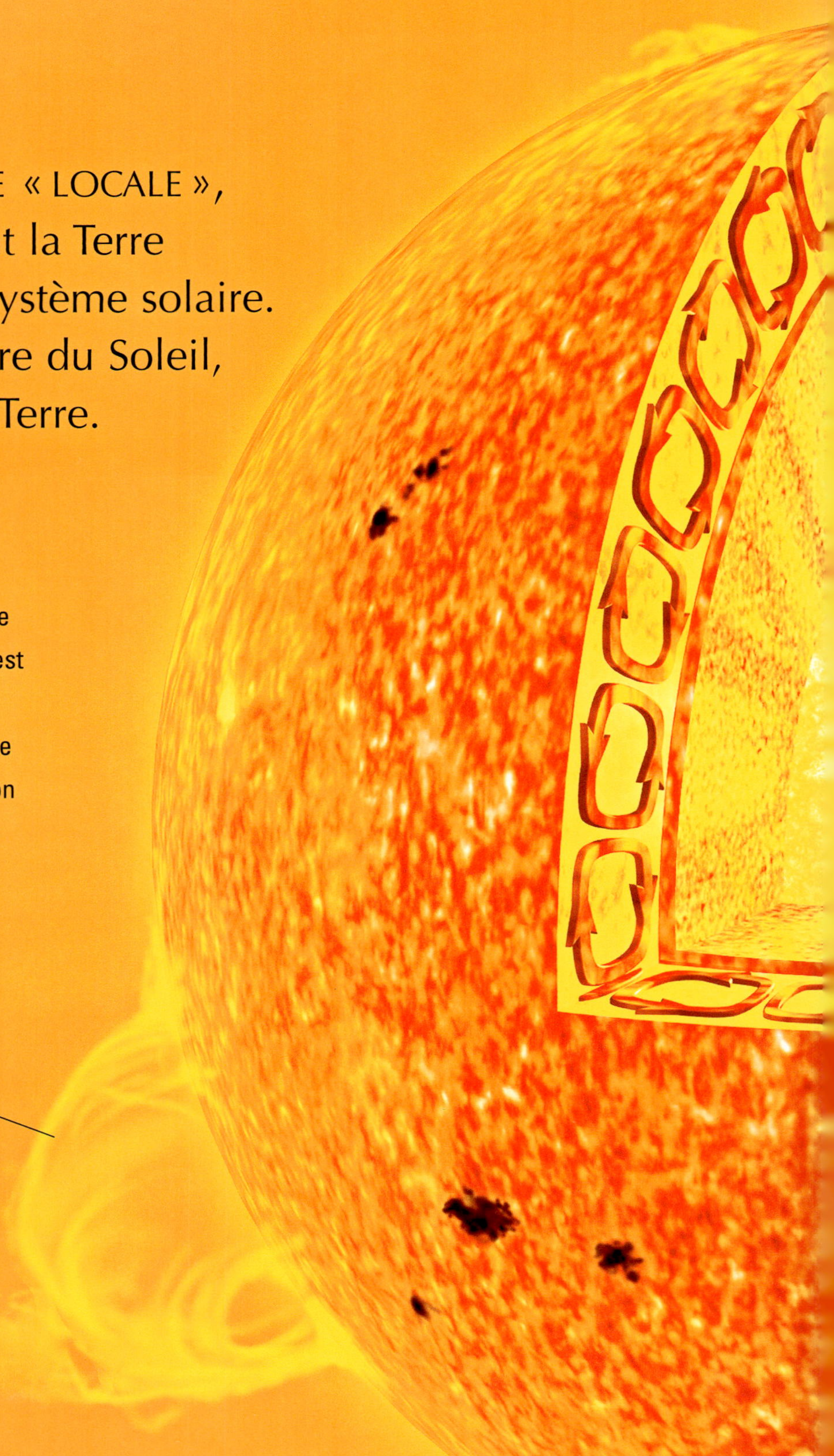

Des orages solaires projettent parfois dans l'espace d'énormes quantités de gaz luminescents : ce sont les protubérances solaires.

Parfois, la Lune s'interpose entre le Soleil et la Terre, provoquant une éclipse solaire. Lors d'une éclipse, la couronne du Soleil demeure visible. Cette atmosphère solaire externe, très ténue, est des millions de degrés plus chaude que la photosphère (la surface du Soleil).

LA LUMIÈRE DU SOLEIL

L'énorme gravitation exercée par le Soleil engendre une telle pression au cœur de l'astre que les atomes d'hydrogène, comme écrasés, se transforment en hélium. Ce phénomène s'accompagne d'un gigantesque dégagement d'énergie qui nous est perceptible sous l'aspect de lumière.

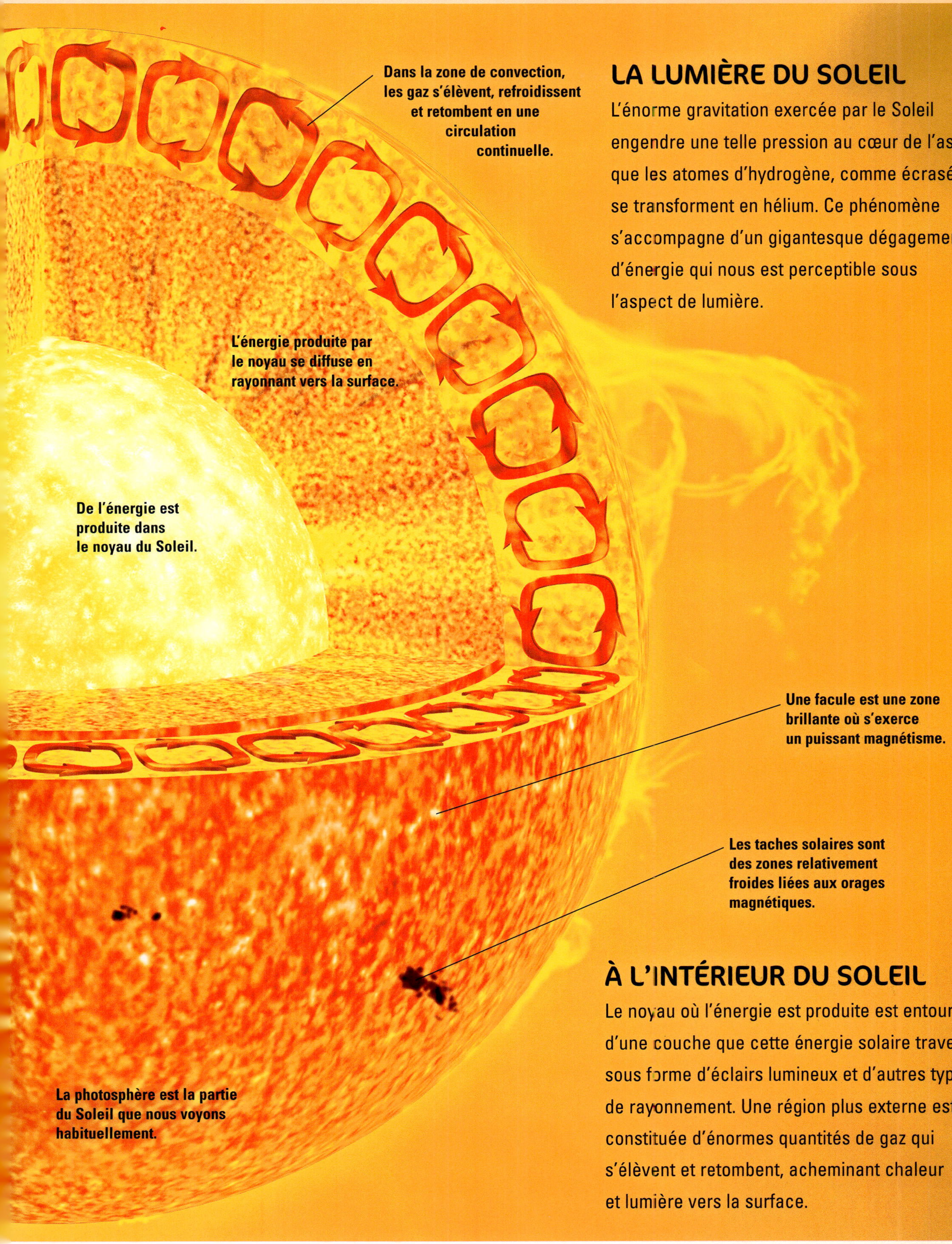

À L'INTÉRIEUR DU SOLEIL

Le noyau où l'énergie est produite est entouré d'une couche que cette énergie solaire traverse sous forme d'éclairs lumineux et d'autres types de rayonnement. Une région plus externe est constituée d'énormes quantités de gaz qui s'élèvent et retombent, acheminant chaleur et lumière vers la surface.

La Lune

La Lune, située en moyenne à 384 400 km de la Terre, est le corps céleste le plus proche de notre planète, le seul dont la surface est nettement visible à l'œil nu et où les hommes aient posé le pied.

Malgré sa proximité, la Lune demeure mystérieuse. Elle accomplit un tour sur son axe dans le même temps qu'elle fait le tour de la Terre, de sorte que la partie éclairée par le Soleil est toujours la même.

Naissance de la Lune

La Lune est née voici environ 4,5 milliards d'années. Un corps de la grosseur de Mars a percuté la Terre, et une partie de ses fragments a constitué la Lune.

La face cachée

Contrairement à la face visible, la face cachée de la Lune ne présente pas de « mers ». En revanche, elle est davantage criblée de cratères.

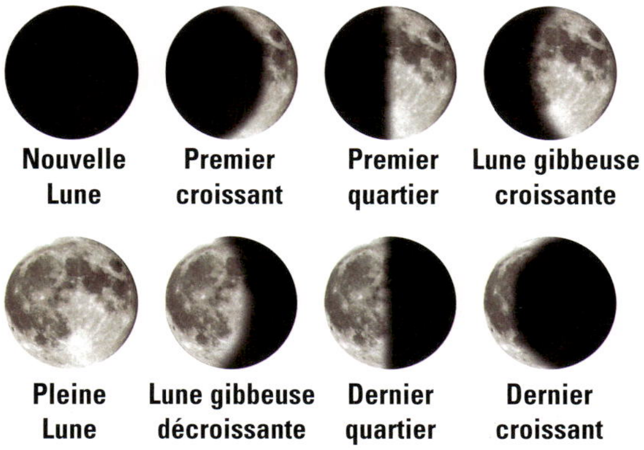

Les phases lunaires

La Lune semble changer de forme au cours du mois lunaire car le Soleil éclaire des portions variables de la face visible. Le cycle complet, appelé lunaison, dure 29 jours 12 heures et 44 minutes.

On marche sur la Lune

Douze astronautes se sont posés sur la Lune entre 1969 et 1972. L'Américain Neil Armstrong a été le premier, le 24 juillet 1969.

La Lune et les marées

Les marées sont provoquées par l'attraction plus ou moins forte de la Lune sur les eaux. Le Soleil produit un effet comparable mais plus faible.

Les planètes rocheuses

La Terre est l'une des quatre planètes rocheuses, ou telluriques (de *tellus*, « terre »), constituées d'un noyau métallique entouré de roches.

LES PLANÈTES TELLURIQUES
Dimensions relatives

Mercure est pratiquement dépourvue d'atmosphère, quand celle de Vénus est dense ; la Terre possède des océans, et Mars présente une surface rougeâtre.

Vénus

L'atmosphère de Vénus retient la chaleur du Soleil, ce qui fait de cette planète la plus chaude de toutes. Des pluies acides tombent des nuages qui masquent sa surface. Des engins spatiaux ont établi des cartes radar de la surface, comme celle-ci.

Mercure

La face ensoleillée de Mercure est si chaude que le métal y fond, mais l'absence d'atmosphère laisse la chaleur se dissiper la nuit ; aussi la face sombre est-elle plus glaciale que tout lieu sur la Terre.

Météo vénusienne

L'atmosphère de Vénus est parcourue de puissants courants. Ces deux tourbillons *(ci-dessus)* ont été observés au niveau des pôles de la planète.

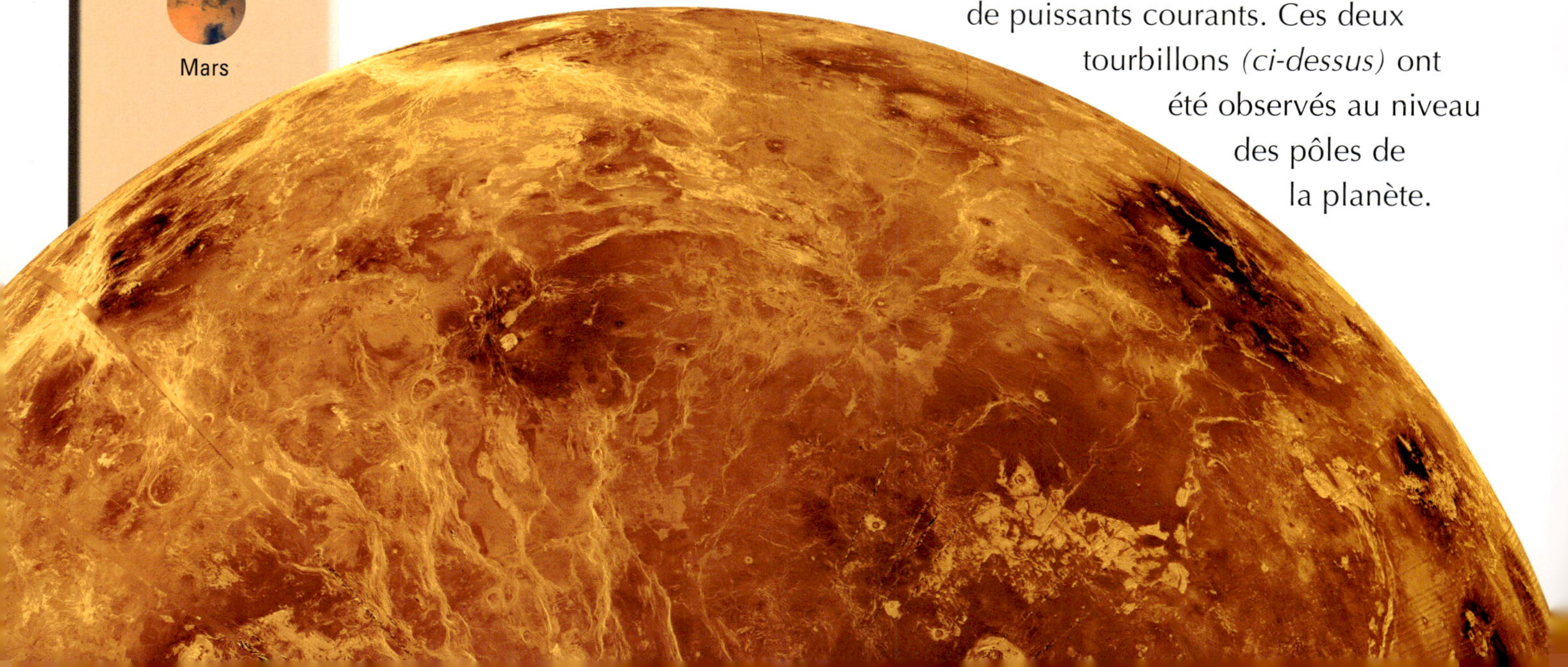

Mars

Le sol de Mars recèle du fer, qui en rouillant a donné à la planète son aspect rougeâtre. Mars possède des calottes polaires glacées. Des vallées asséchées sont les traces d'anciens cours d'eau.

La Terre

La Terre a environ 4,5 milliards d'années. La vie repose sur la présence d'eau liquide à sa surface. L'eau ne se régénère pas ; celle que nous buvons est plus ancienne que la vie sur Terre : c'est le cycle de l'eau *(voir p. 72-73)*.

Mille-feuilles martien

Cette image satellite d'une partie de la surface de Mars montre une accumulation de couches de roche : plus d'une centaine, d'une dizaine de mètres d'épaisseur chacune. Il pourrait s'agir des vestiges de fonds marins.

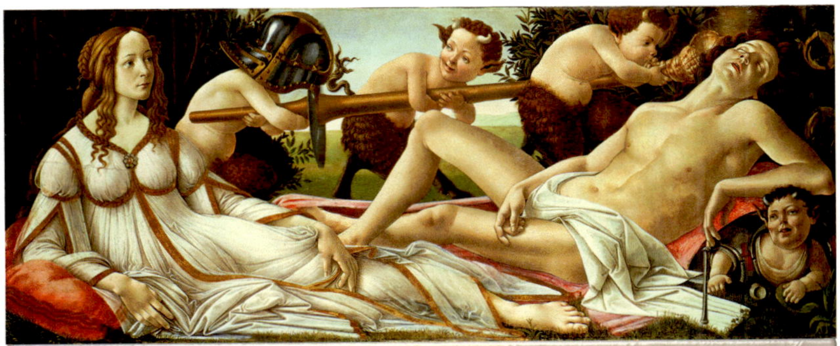

C'EST CULTUREL !

DIVINITÉS ET PLANÈTES

Les civilisations antiques grecque et romaine établissaient des liens entre les planètes et les dieux. Dans la mythologie romaine, par exemple, Vénus (ci-dessus, à gauche) était la déesse de l'amour ; Mars (ci-dessus, à droite) était le dieu de la guerre, Mercure le messager des dieux, Saturne un dieu agricole et son fils Jupiter le roi de tous les dieux.

Les planètes géantes

À plus de 580 millions de kilomètres de la Terre, les géantes gazeuses que sont Jupiter, Saturne, Uranus et Neptune décrivent lentement une orbite autour du Soleil.

Ces planètes géantes possèdent une épaisse atmosphère glaciale et chacune est entourée d'anneaux et/ou de nombreuses lunes.
Si Jupiter et Saturne sont souvent bien visibles dans le ciel nocturne, Uranus et Neptune ne sont pas perceptibles à l'œil nu.

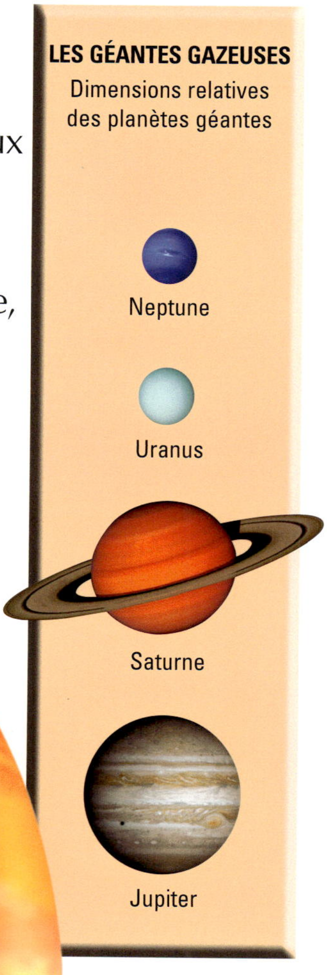

Neptune

Neptune est la planète la plus éloignée du Soleil, la plus froide et la plus ventée (des nuages sillonnent à grande vitesse son atmosphère bleutée). L'année y est aussi la plus longue (165 de nos années).

Lunes de Saturne

Saturne possède des dizaines de lunes. La plus imposante, Titan, possède une atmosphère dense et des lacs d'hydrocarbures.

Saturne

Cette planète est si légère pour sa taille qu'elle flotterait sur l'eau – s'il existait un océan assez vaste pour l'accueillir. Elle est enveloppée d'une atmosphère riche en hydrogène autour d'un noyau rocheux.

Jupiter

Jupiter est la plus grosse des planètes et celle qui exerce la plus forte attraction (plus de deux fois celle de la Terre). En haut à droite de l'illustration, on distingue la « grande tache rouge », un orage qui sévit depuis des siècles.

Ganymède *(ci-contre)* et Io sont deux des lunes de Jupiter.

Uranus

L'atmosphère d'Uranus contient du méthane qui lui confère une coloration bleu-vert. Cette planète est couchée sur son axe, à la suite d'une collision avec une autre planète. La durée d'une nuit excède parfois quarante de nos années.

C'EST SCIENTIFIQUE !

DES PLANÈTES ENTOURÉES D'ANNEAUX

Toutes les géantes gazeuses possèdent des anneaux constitués de milliards de grains de poussière, de cailloux et de rochers. Ces anneaux peuvent dater de la naissance de la planète ou être faits de poussières venues de satellites proches, de fragments de lunes ou de comètes détruites par la gravitation après s'être trop approchées.

DÉBRIS DANS L'ESPACE

LES PLANÈTES NE SONT PAS SEULES à graviter autour du Soleil. Des milliards d'autres corps font de même : il s'agit aussi bien de minuscules grains de poussière que d'amas rocheux de plus de deux mille kilomètres de diamètre. L'immense majorité de ces corps sont invisibles de la Terre.

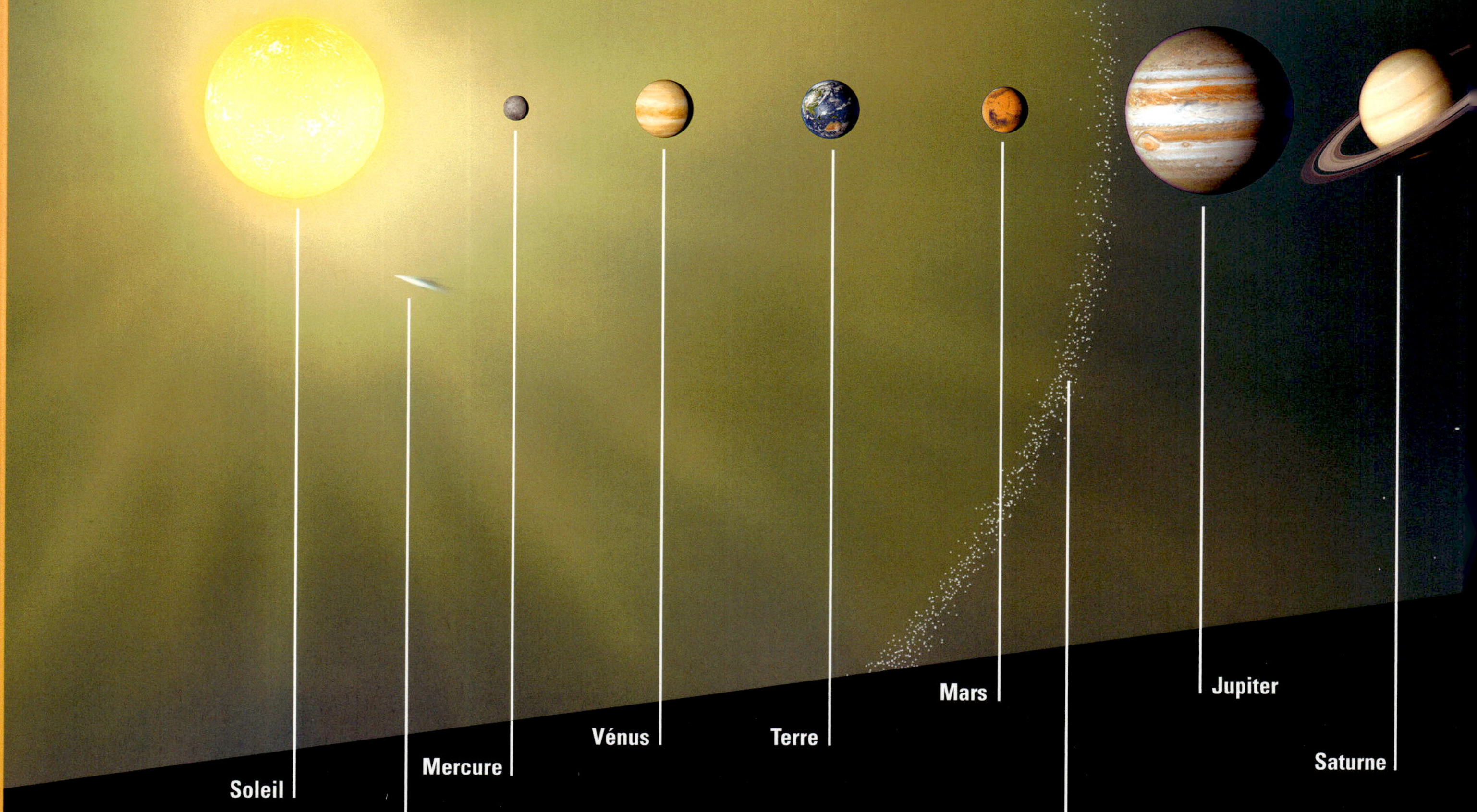

LES COMÈTES

Les comètes sont des blocs de glace et de roche qui, sous l'effet de la chaleur solaire, arborent des queues de gaz et de poussières.

LA CEINTURE D'ASTÉROÏDES

Les astéroïdes sont des amas de roche et de métal, pour la plupart en orbite entre Mars et Jupiter.

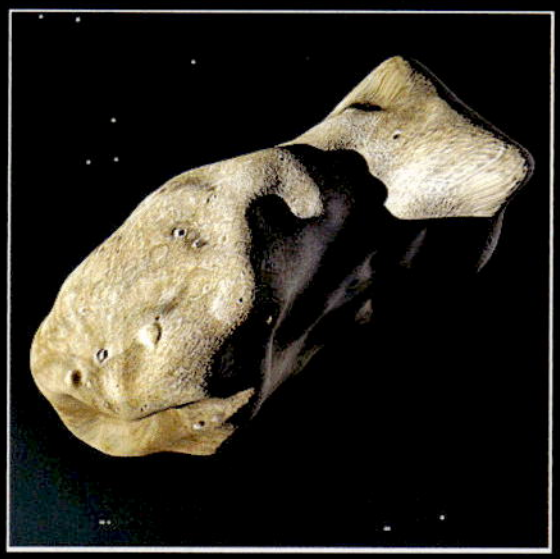

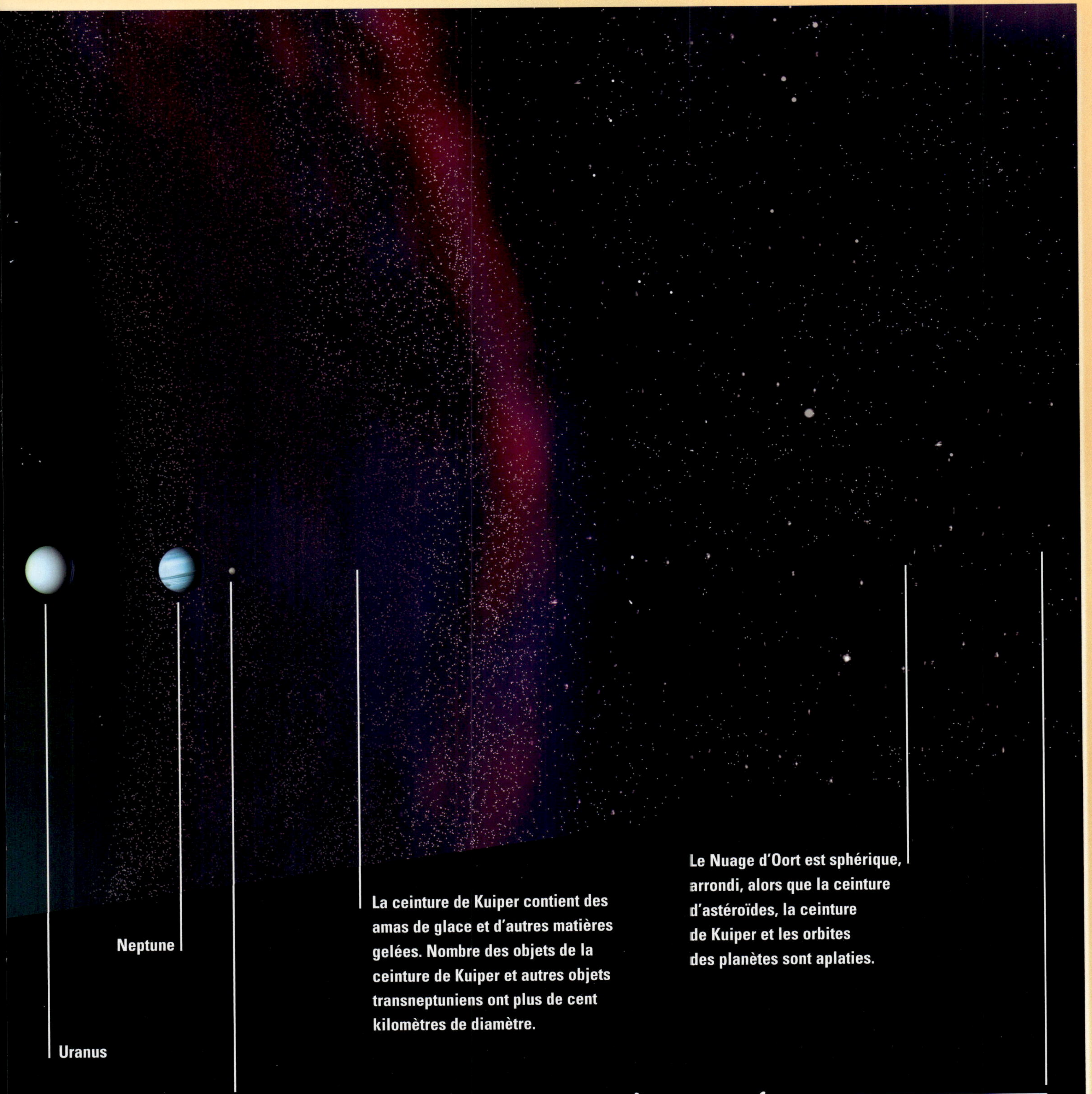

PLUTON ET CHARON

Pluton est une planète naine, un petit corps céleste arrondi qui gravite autour du Soleil. Charon est la plus grosse de ses trois lunes.

COMÈTES GELÉES

Les comètes viennent des confins du système solaire, où elles constituent le Nuage d'Oort. Le noyau cométaire est la partie centrale de la tête d'une comète.

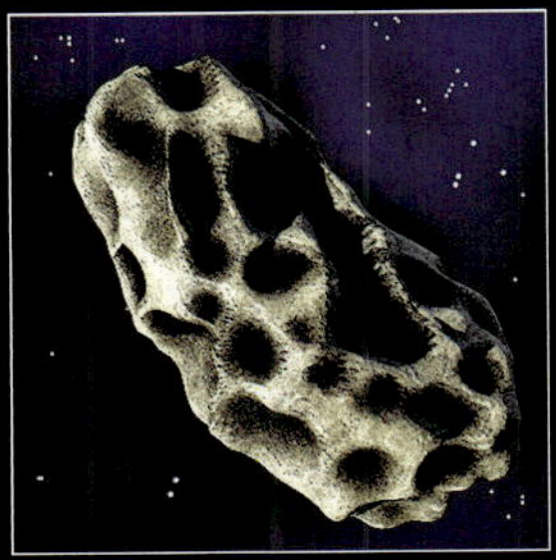

Satellites et stations spatiales

Tout corps qui gravite autour d'un autre dans l'espace est appelé satellite. La Terre possède un satellite naturel, la Lune, ainsi que des milliers de satellites artificiels.

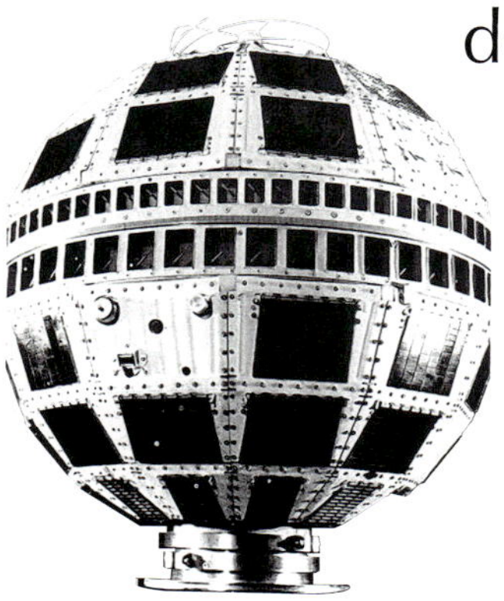

Le premier satellite artificiel, *Spoutnik 1*, fut lancé d'Union soviétique en 1957. Son signal radio, capté dans le monde entier, marqua l'avènement de l'ère spatiale.

Des satellites de toutes sortes

Le satellite *Telstar (ci-dessus)* fut lancé en 1962. Il relayait des signaux de radio et de télévision. Aujourd'hui, on emploie des satellites dans le cadre de multiples activités, dont l'espionnage, la surveillance des phénomènes météorologiques ou les télécommunications.

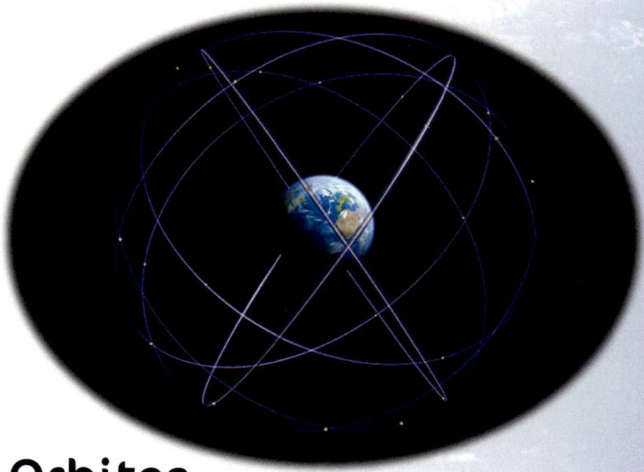

Stations spatiales

La première station spatiale fut *Saliout I*, lancée en 1961 par l'Union soviétique. Une autre station spatiale, *Mir (ci-dessous)*, fut utilisée tant par des cosmonautes (russes) que par des astronautes (américains). Les navettes spatiales américaines pouvaient s'arrimer à *Mir* afin de procéder à des transferts.

Orbites

Un satellite doté de la vitesse et de la direction appropriées continue de graviter autour d'une planète sans recourir à des moteurs. Les orbites décrites par ces satellites sont soit circulaires, soit elliptiques (ovales).

Des astronautes au travail sur la Station spatiale internationale (ISS)

Station spatiale internationale
Actuellement construite par seize nations, elle gravite à plus de 300 km au-dessus de la Terre, et est occupée par des spationautes (dont plusieurs touristes de l'espace) depuis 2000. Lorsqu'elle sera achevée, elle aura la superficie d'un terrain de football.

L'exploration de l'espace

Les voyages dans l'espace sont l'accomplissement d'un grand rêve. Ils sont motivés par notre désir d'atteindre et d'étudier des mondes inconnus.

Pour échapper à l'attraction terrestre, survivre dans l'espace et regagner en toute sécurité notre planète, il faut mettre en œuvre des techniques parmi les plus complexes que les hommes aient mises au point.

Fusées et vols spatiaux

Pour quitter la Terre, tous les engins spatiaux font appel à de puissantes fusées. Des gaz brûlés s'échappent avec force de la fusée en poussant l'engin dans la direction opposée.

C'EST HISTORIQUE !

LE PREMIER ÊTRE HUMAIN DANS L'ESPACE

Le cosmonaute russe Youri Gagarine a été le premier voyageur de l'espace (dans le cadre de la mission *Vostok 1*, le 12 avril 1961). Il effectua une révolution complète autour de la Terre à bord de son vaisseau spatial, puis regagna la Terre après 108 minutes dans l'espace.

Navettes spatiales

La navette spatiale américaine décolle propulsée par une fusée et atterrit comme un avion. Réutilisable, elle sert au lancement et à la réparation de satellites, ainsi qu'à des déplacements vers la Station spatiale internationale.

Dangers de l'espace

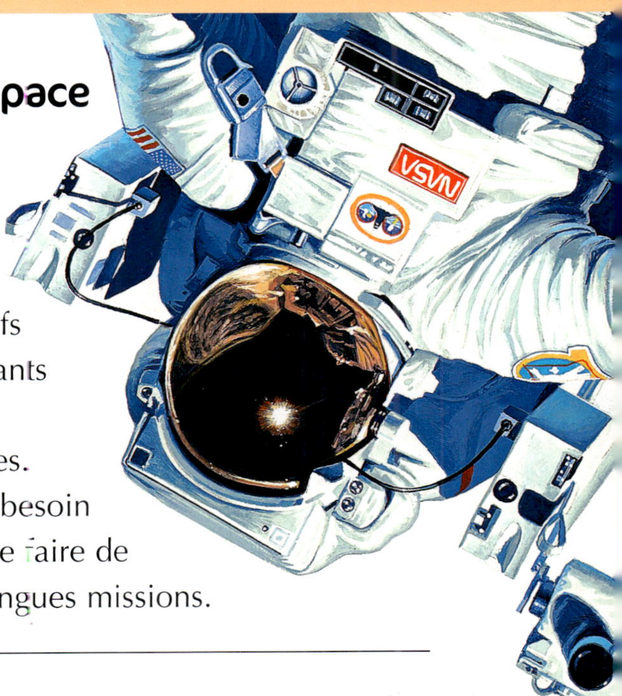

L'espace est un lieu hostile. Les combinaisons spatiales sont équipées de dispositifs chauffants et réfrigérants pour affronter les températures extrêmes. Les spationautes ont besoin de réserves d'air et de faire de l'exercice lors des longues missions.

Les missions Apollo

Les Américains ont été les premiers à envoyer des hommes sur la Lune. Le 21 juillet 1969, Neil Armstrong et Buzz Aldrin marchent sur la Lune, durant la mission *Apollo 11*. Le dernier alunissage d'une mission Apollo a eu lieu en 1972.

Buzz Aldrin quitte le module lunaire *Eagle* pour marcher sur la Lune.

Avenir dans l'espace

Les hommes devraient fouler le sol de Mars dans un avenir proche. Ils y construiront sans doute une base – ainsi que sur la Lune. Des enfants d'aujourd'hui seront peut-être des touristes de l'espace.

Des robots dans l'espace

Les hommes ne sont pas encore allés plus loin que la Lune, mais des robots ont exploré toutes les planètes et se sont enfoncés encore plus avant dans les profondeurs de l'espace.

Certains robots sont des sondes qui survolent les planètes ou s'y écrasent, mais d'autres engins plus perfectionnés sont capables de se poser à leur surface et parfois de s'y déplacer.

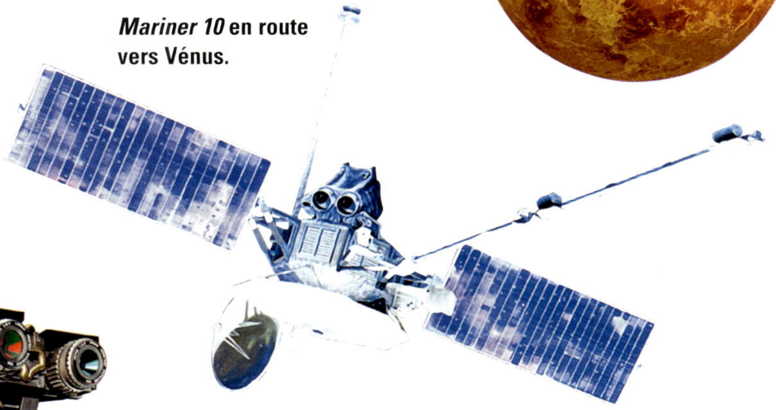

Mariner 10 **en route vers Vénus.**

Sondes lunaires

La Lune a été la première destination des sondes : en 1959, l'une d'entre elles a transmis les premières images de la face cachée de la Lune.

Des sondes vers Mercure et Vénus

Mercure, qui a reçu la visite de *Mariner 10* en 1974-1975, est actuellement étudiée par la sonde *Messenger*. L'atmosphère hostile de Vénus a détruit toutes les sondes qui s'y sont posées, mais quelques-unes ont auparavant réussi à envoyer des signaux vers la Terre.

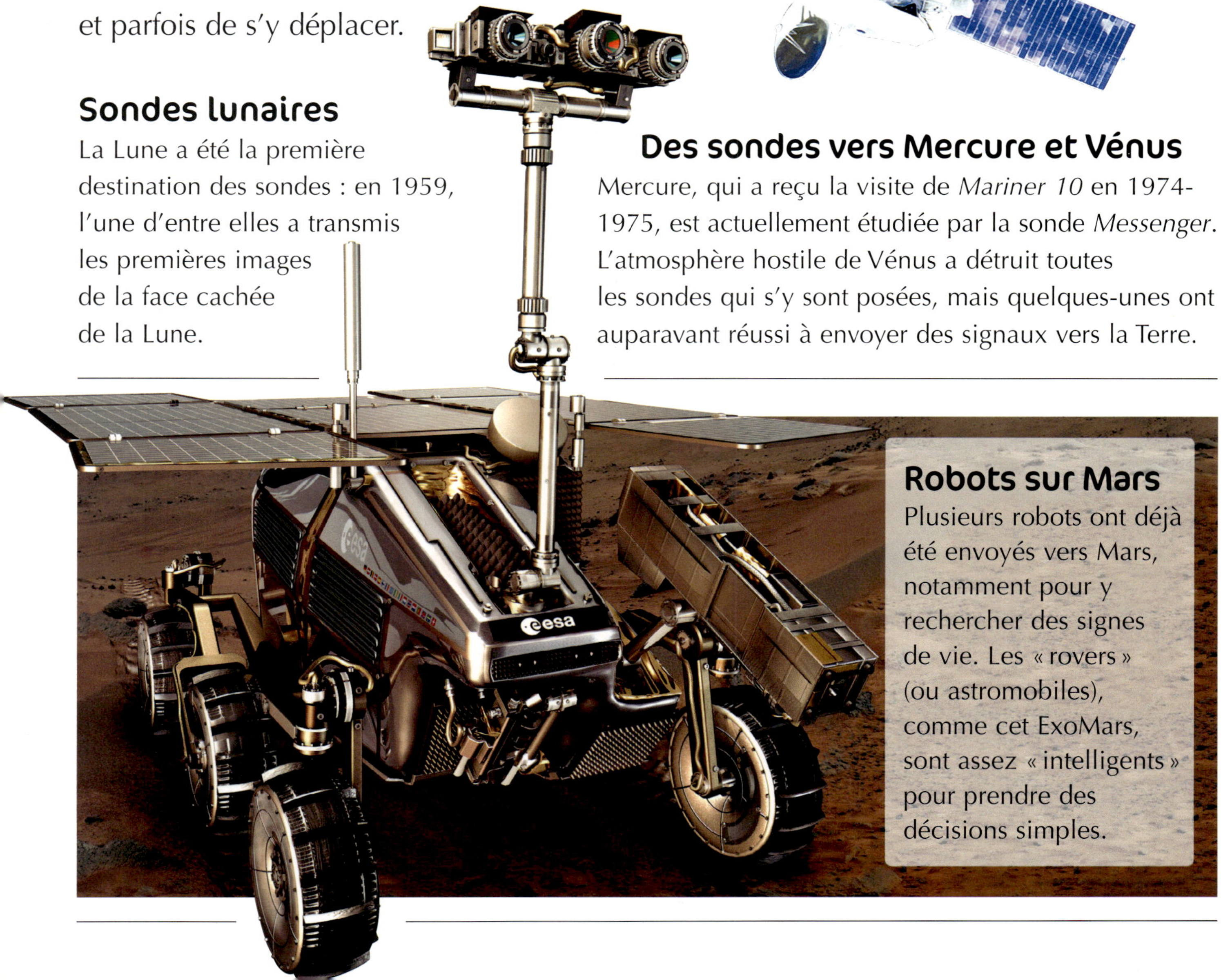

Robots sur Mars

Plusieurs robots ont déjà été envoyés vers Mars, notamment pour y rechercher des signes de vie. Les « rovers » (ou astromobiles), comme cet ExoMars, sont assez « intelligents » pour prendre des décisions simples.

Astéroïdes et comètes

Dix astéroïdes et quatre comètes ont été atteints par des sondes. En 2004, le robot *Stardust* a recueilli des échantillons de la comète *Wild 2* et les a rapportés sur Terre en 2006.

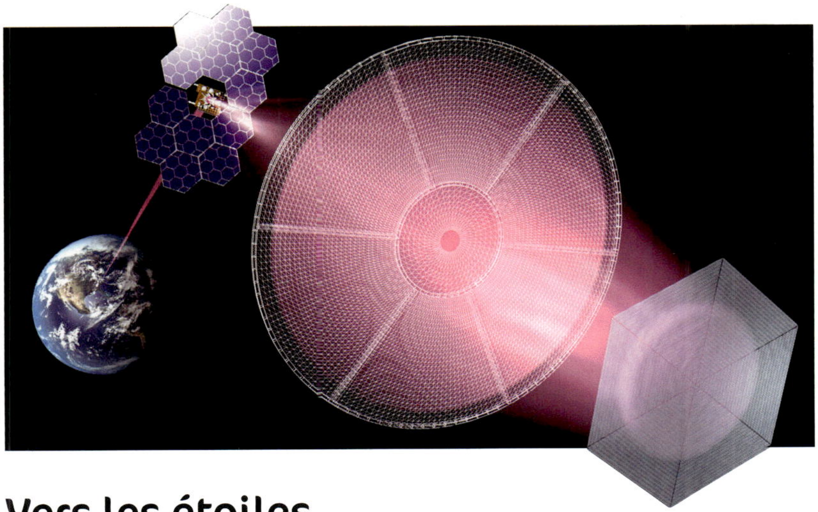

Vers les étoiles

Des essais sont réalisés pour propulser une très petite sonde au moyen d'un faisceau de micro-ondes. Elle pourrait alors atteindre la plus proche des étoiles au-delà du système solaire en quelques décennies seulement.

Missions de survol

Des sondes spatiales s'approchent parfois des planètes afin de prendre des photographies. Dans les années 1970 et 1980, les sondes *Pioneer* et *Voyager* ont survolé les géantes gazeuses. Elles ont désormais dépassé la plus lointaine des planètes et continuent de s'éloigner.

C'EST SCIENTIFIQUE !

LA VITESSE D'UNE SONDE SPATIALE

Les sondes *Pioneer* et *Voyager* se déplacent à plus de 12 km par seconde et, cependant, il leur faudrait 40 000 ans pour atteindre l'étoile la plus proche. Les sondes ne se déplacent pas comme les scientifiques l'avaient prévu, peut-être à cause d'une force inconnue. Cette illustration montre l'approche de la planète Uranus par *Voyager 2*, le 24 janvier 1986.

Étoiles et poussière d'étoiles

La plupart des points lumineux visibles dans le ciel nocturne sont des étoiles, gigantesques boules de gaz en fusion. Beaucoup d'entre elles sont plus grosses et plus éclatantes que le Soleil.

LA VIE D'UNE ÉTOILE
Étapes de la vie d'une étoile beaucoup plus massive que le Soleil.

1

L'étoile naît dans une gigantesque et obscure nébuleuse.

2

L'étoile brille pendant des millions d'années.

3

Son combustible épuisé, elle explose et devient une supernova.

4

Son noyau mort devient un trou noir.

En règle générale, plus une étoile est massive et plus sa vie est brève. Les plus éphémères ne brillent que pendant quelques millions d'années.

Géante rouge et naine blanche

Lorsqu'une étoile, telle que le Soleil, a épuisé son combustible, elle enfle, rougit et devient une géante rouge. Après une sorte d'explosion, seul subsiste un noyau appelé naine blanche *(ci-contre)*.

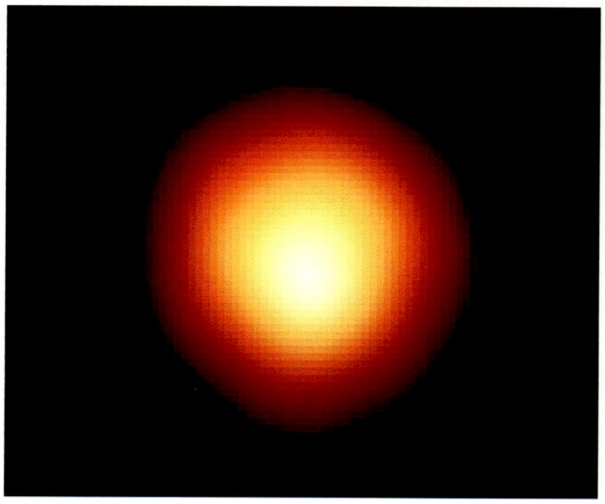

Géantes et supergéantes

À la fin de leur vie, les étoiles enflent et deviennent des géantes (jusqu'à 100 fois plus éclatantes que le Soleil) ou des supergéantes (de 10 000 à 100 000 fois plus éclatantes). *Ci-dessus :* Bételgeuse, supergéante d'Orion.

Étoiles variables

Les étoiles variables changent d'éclat et de couleur, progressivement ou soudainement. L'étoile variable située au centre de cette nébuleuse a émis un bref éclair de lumière, il y a quelques années seulement.

Étoiles à neutrons et pulsars

Une étoile à neutrons est une étoile morte, écrasée par sa propre force de gravité. Les pulsars, étoiles à neutrons tournoyantes, émettent des faisceaux de rayons. Lorsque ces rayons balaient la Terre, ils sont détectés comme des ondes radio.

Les trous noirs

Plus une étoile est massive, plus elle s'effondre en mourant, et plus sa force d'attraction est importante. Les plus massives deviennent des trous noirs qui attirent tout ce qui est proche ; même la lumière ne peut s'en échapper.

Poussière d'étoiles

L'espace qui sépare les étoiles, ou milieu interstellaire (ISM), n'est pas vide. Les nébuleuses ci-dessus sont d'immenses nuages de poussière expulsée par les étoiles vieillissantes. Un pour cent de la masse de l'ISM de notre Galaxie est constitué de poussière, le reste étant du gaz.

C'EST SCIENTIFIQUE !

LA COULEUR DES ÉTOILES

Toutes les étoiles nous paraissent blanches car l'éloignement atténue leur éclat. En réalité, beaucoup sont colorées. Des plus chaudes aux plus froides, elles passent du bleu au jaune, puis à l'orange et même au rouge. Certaines étoiles semblent rouges, car leur lumière traverse des nuages de poussière.

LES CONSTELLATIONS

PAR UNE BELLE NUIT ÉTOILÉE ET SANS LUNE, nous pouvons voir quelque deux mille étoiles dans le ciel. Jadis, les hommes ont identifié les formes et motifs qu'elles semblaient dessiner et ont donné à ces regroupements apparents le nom de constellations.

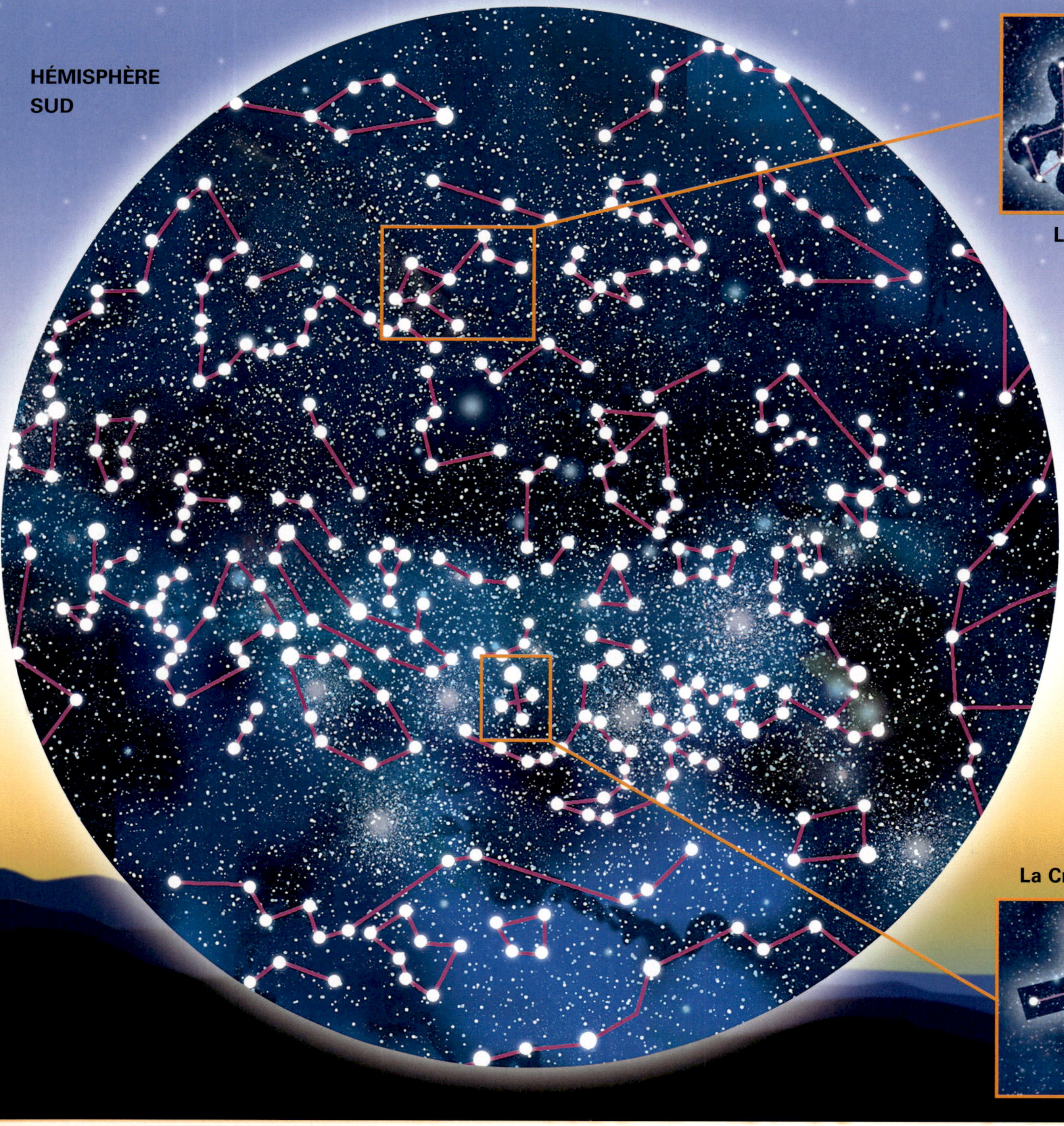

Le Phénix

La Croix du Sud

LE NOM DES CONSTELLATIONS

On dénombre aujourd'hui 88 constellations. Certaines, dont Pégase et Hercule, portent le nom qui leur a été attribué il y a plusieurs millénaires ; d'autres, dont la Machine pneumatique et le Télescope, ont été baptisées il y a quelques siècles.

Pégase

HÉMISPHÈRE NORD

ÉTOILES DOUBLES

Des étoiles qui semblent proches peuvent être très éloignées les unes des autres, mais certaines sont effectivement très proches, à tel point que certaines étoiles binaires nous apparaissent comme des étoiles simples.

Hercule

Des nuages dans l'espace

Lorsque les hommes ont commencé à braquer des télescopes vers le ciel nocturne, ils y ont vu des formes aux contours indéfinis, que l'on appela « nébuleuses » (du latin *nebula*, « brouillard »).

DIFFÉRENTS TYPES
On classe les galaxies selon leur forme. La Voie lactée est une galaxie spirale barrée.

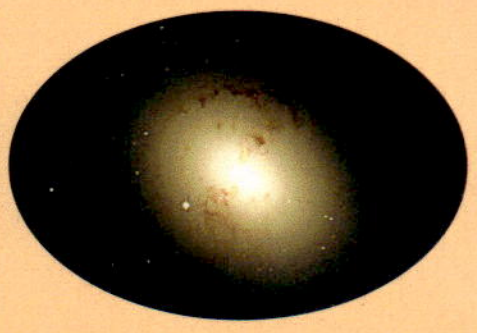

Les galaxies elliptiques, constituées de vieilles étoiles, sont ovales.

Sur les bras des galaxies spirales naissent de nouvelles étoiles.

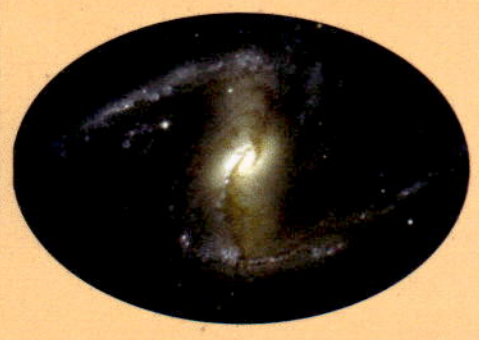

Une bande d'étoiles traverse le centre des galaxies spirales barrées.

Les galaxies irrégulières présentent toutes sortes de formes et de tailles.

Il existe de nombreuses sortes de nébuleuses. Certaines sont constituées de milliards d'étoiles lointaines : ce sont des galaxies ; d'autres, plus proches de la Terre, sont des amas gazeux luminescents ou d'obscurs nuages de matières raréfiées.

Notre galaxie, la Voie lactée

Cent milliards d'étoiles, dont le Soleil, constituent la Voie lactée (ou parfois « la Galaxie »). Les étoiles proches sont visibles comme des points distincts dans le ciel, mais les étoiles plus lointaines se fondent dans une bande lumineuse floue.

Autres galaxies

La plupart des étoiles de l'Univers sont regroupées en galaxies. Plus de cent milliards de ces galaxies s'étirent dans l'espace, et les plus importantes contiennent des milliers de milliards d'étoiles.

Diverses nébuleuses

Les nébuleuses « en émission » émettent leur propre lumière, alors que les nébuleuses « de réflexion » sont éclairées par les étoiles voisines. Les nébuleuses planétaires sont des boules de gaz chauds.

La nébuleuse d'Orion

C'est une région de l'espace où naissent de nouvelles étoiles. Dans cette partie de la nébuleuse, une jeune étoile baptisée *LL Orionis* provoque des rides et des vagues dans les nuages de gaz qui tourbillonnent autour d'elle.

L'UNIVERS

LA TOTALITÉ DE CE QUI EXISTE – mais aussi de ce qui a existé ou existera jamais – fait partie de l'Univers. Celui-ci est un espace infini, dont l'ampleur dépasse notre imagination, mais la majeure partie de cet espace est vide.

L'UNIVERS EN EXPANSION

Dans les années 1920, les astronomes ont eu la stupéfaction de découvrir que les galaxies s'éloignent les unes des autres à grande vitesse ; plus elles sont éloignées et plus elles s'éloignent rapidement, ce qui indique que l'Univers dans son ensemble est en expansion.

Le système solaire – La Terre et la Lune
Les 384 400 km (1,28 seconde-lumière) de la Terre *(à gauche)* à la Lune *(à droite)* sont infimes à l'échelle de l'Univers.

Étoiles locales – les Pléiades
Les étoiles de notre région de l'Univers sont distantes de quelques années-lumière (des dizaines de milliers de milliards de kilomètres).

Galaxies – Andromède
La galaxie d'Andromède contient environ un millio de millions d'étoiles ; son diamètre est de quelque centaines de milliers d'années-lumière.

LE BIG BANG

L'expansion de l'Univers a lieu depuis que celui-ci est né dans une brutale explosion d'énergie, appelée le big bang, il y a 13,7 milliards d'années. La faible chaleur résiduelle du big bang est encore mesurable.

LA FIN DE L'UNIVERS

Nul ne sait avec certitude comment l'Univers prendra fin, mais il est fort probable qu'il poursuivra à jamais son expansion et son refroidissement. Toutes les étoiles s'éteindront progressivement, jusqu'à ce que l'Univers soit totalement froid et sombre.

Amas – Le Capricorne
Les galaxies forment des amas comme ce groupe situé dans le Capricorne. Notre propre Galaxie appartient à un amas appelé Groupe local.

Galaxies lointaines
Il s'agit des galaxies les plus lointaines que nous puissions observer, au moyen d'images prises par le télescope spatial Hubble. Elles sont à des milliards d'années-lumière de nous.

La vie ailleurs

Sommes-nous seuls dans l'Univers ? La quête d'une réponse à cette question est l'un des sujets de recherche de l'astronomie actuelle.

La recherche d'une vie extraterrestre est menée de plusieurs façons. Des robots spatiaux cherchent la vie dans les sables de Mars, de puissants signaux sont émis vers les étoiles, et les radiotélescopes guettent les éventuels messages émis par des civilisations extraterrestres.

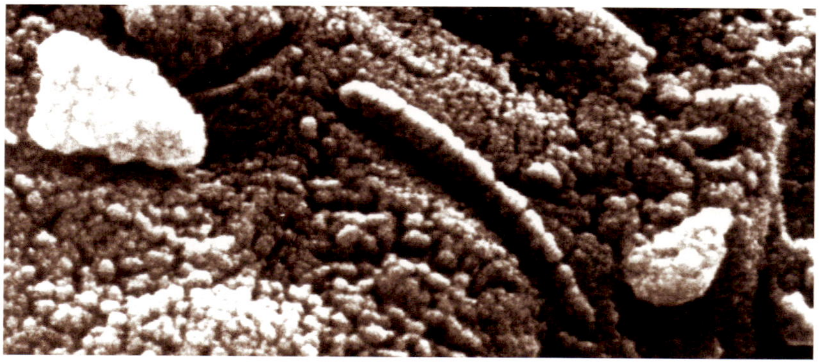

Y a-t-il de la vie sur Mars ?

En 1984, une météorite venue de Mars a été découverte dans l'Antarctique. Les savants y ont découvert des formes rappelant des bactéries. Cependant, ces structures n'ont vraisemblablement jamais été vivantes.

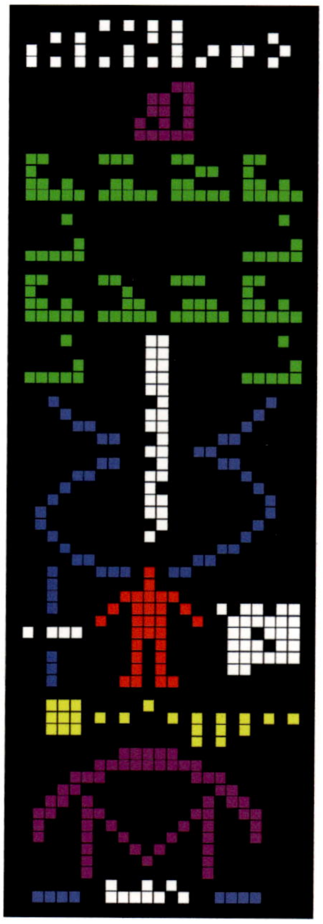

Des couleurs ont ici été ajoutées au message pour mettre en évidence ses différents éléments.

La quête de la vie

Ce message a été envoyé par radio dans l'espace en 1974. Il se compose de la silhouette d'un être humain et de celle du radio-télescope émetteur, ainsi qu'une carte simplifiée du système solaire.

Près des planètes géantes

On voit ici la surface gelée d'Europe, l'une des lunes de Jupiter. Sous ces épaisses couches de glace d'eau s'étend une mer de 50 km de profondeur au moins, réchauffée par la gravitation qu'exerce Jupiter et qui pourrait abriter la vie.

Des signaux venus de l'espace

En 1977, un radiotélescope de l'Ohio (États-Unis) a détecté un signal, appelé « signal Wow ! ». Ce brusque et puissant jet d'ondes radio émises de l'espace a duré 72 secondes. On ne l'a jamais plus détecté, et aucune cause naturelle n'a pu lui être attribuée.

C'EST CULTUREL !

EXTRATERRESTRES DE SCIENCE-FICTION

Une multitude de livres et de films ont eu comme héros des extraterrestres, souvent effrayants et dangereux – contrairement à ce sympathique alien du film *Men In Black (ci-dessus)*. Plus une planète est différente de la Terre et plus les êtres intelligents susceptibles d'y vivre seraient différents de nous.

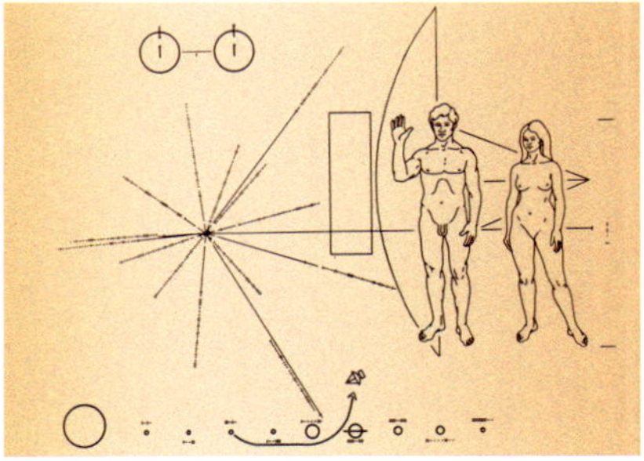

Carte postale

Cette image gravée sur du métal a été envoyée avec les sondes *Pioneer 10* et *11*. Il s'agit d'un message conçu pour être aisément déchiffré par les extraterrestres intelligents susceptibles de le découvrir.

Des êtres étranges

La vie extraterrestre est difficile à imaginer. Il se pourrait que des êtres flottants *(ci-dessous)* vivent dans les nuages de planètes géantes gravitant aux abords de certaines étoiles.

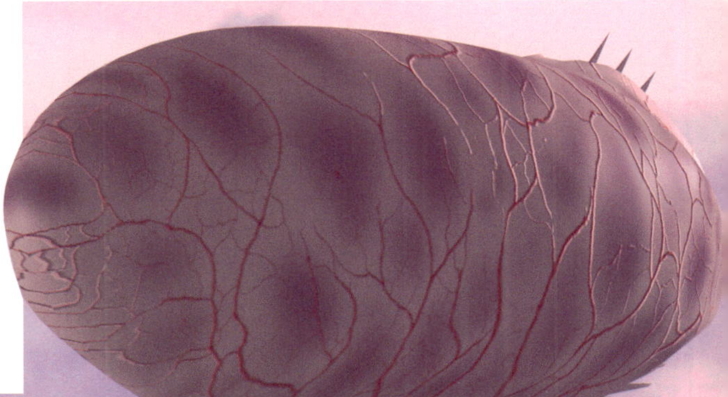

L'astronomie

Les efforts des hommes pour expliquer ce que l'on voit dans le ciel nocturne ont fait de l'astronomie l'une des premières disciplines scientifiques.

En 1609, le savant italien Galilée réalisa une lunette astronomique pour étudier la voûte étoilée. En 1687, l'Anglais Isaac Newton publia un traité de physique où étaient décrits les mouvements de la Lune, des planètes et des comètes.

Lunettes et télescopes

Pour observer des objets lointains, les télescopes sont pourvus d'un miroir concave, alors que les lunettes astronomiques utilisent des lentilles de verre.

Radiotélescopes

De nombreux astres émettent des ondes que des appareils captent et amplifient. La parabole d'un radiotélescope fait converger ces signaux vers un collecteur, à la manière du miroir d'un télescope classique.

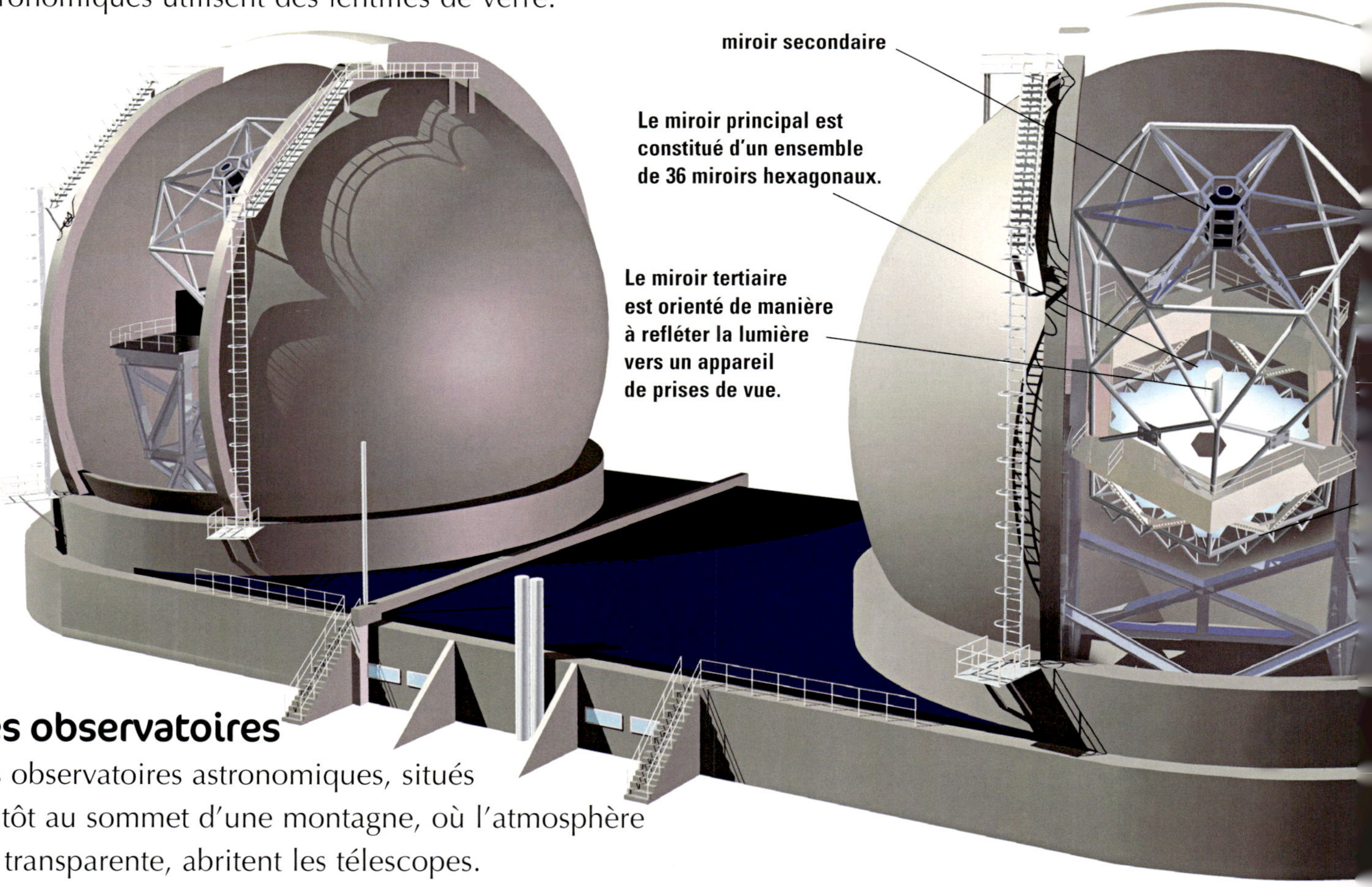

Les observatoires

Les observatoires astronomiques, situés plutôt au sommet d'une montagne, où l'atmosphère est transparente, abritent les télescopes.

Le nez dans les étoiles

Les astronomes amateurs découvrent parfois de nouvelles comètes et étudient les étoiles variables. Il leur faut placer leurs instruments d'observation sur un trépied, afin que l'image reste stable.

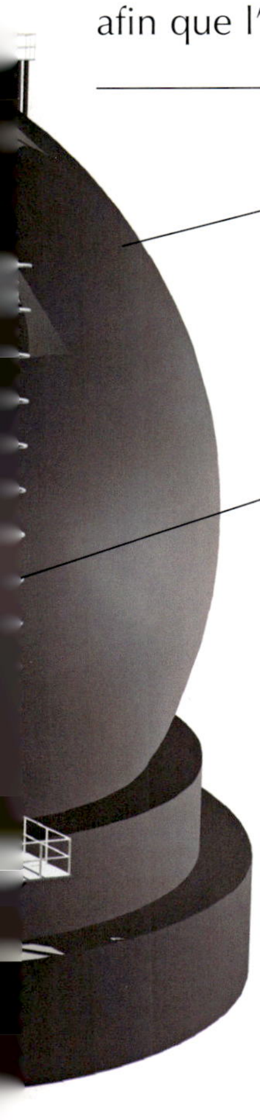

La température de la coupole est maintenue autour de 0 °C afin d'empêcher les déformations.

Des microcapteurs et des vérins orientent chacun des miroirs au gré de la rotation de la coupole.

Les télescopes jumeaux de l'observatoire Keck sont placés à 4200 m d'altitude, au sommet du mont Mauna Kea de l'île d'Hawaii. Ils comptent parmi les plus grands télescopes optiques du monde.

Télescopes spatiaux

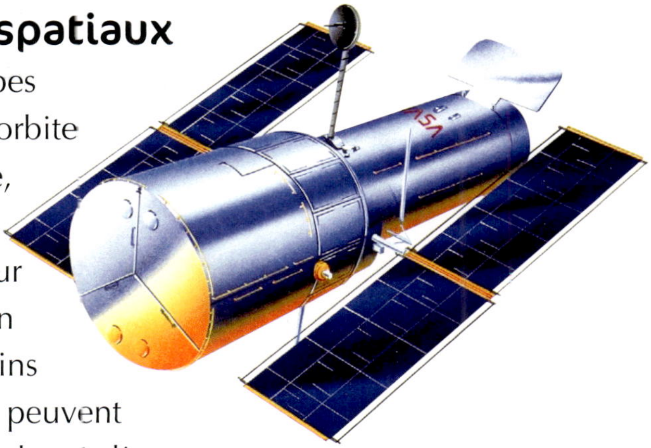

Plusieurs télescopes spatiaux sont en orbite autour de la Terre, là où il n'y a pas d'atmosphère pour perturber la vision des étoiles. Certains rayonnements ne peuvent être mesurés que depuis l'espace, car de nombreux rayons sont absorbés par l'atmosphère de notre planète avant d'avoir atteint le sol.

Étoiles d'antan

Les étoiles sont très éloignées, de sorte que leur lumière met des années à atteindre la Terre. Si l'on dit d'une étoile qu'elle est à cent années-lumière, cela signifie que nous la voyons telle qu'elle était il y a cent ans.

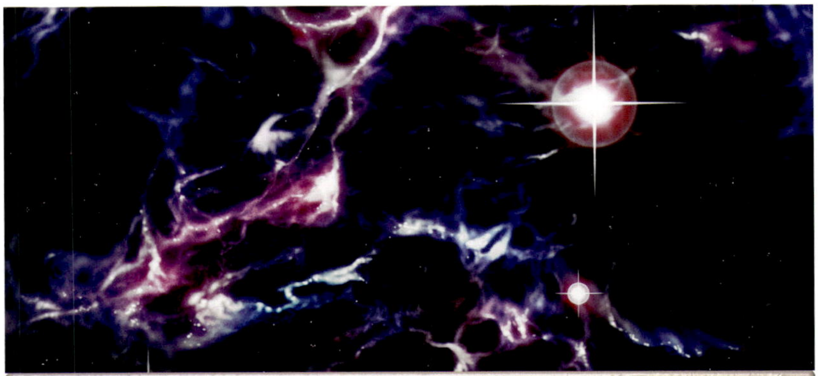

C'EST SCIENTIFIQUE !

LA COSMOLOGIE

La cosmologie est l'étude de l'Univers, ou cosmos : ses origines, sa forme, sa taille, son avenir… Cette science fait appel à des théories mathématiques complexes et à de puissants ordinateurs afin de modéliser l'Univers. L'image de synthèse ci-dessus montre les structures en « voile » qui existaient dans les premiers temps de l'histoire de l'Univers.

L'espace en chiffres

Les distances qui séparent les planètes sont ici données en unités astronomiques (ua). L'unité astronomique équivaut à la distance moyenne entre la Terre et le Soleil (soit environ 150 millions de kilomètres). L'année-lumière (al) est la distance parcourue par la lumière en une année terrestre (soit 9 460 730 472 580,800 kilomètres).

PLANÈTES DU SYSTÈME SOLAIRE

Mercure
Distance au Soleil : 0,387 ua
Diamètre : 0,382 diamètre terrestre

Vénus
Distance au Soleil : 0,723 ua
Diamètre : 0,949 diamètre terrestre

Terre
Distance au Soleil : 1 ua (149 597 871 km)
Diamètre : 12 756 km

Mars
Distance au Soleil : 1,524 ua
Diamètre : 0,532 diamètre terrestre

Jupiter
Distance au Soleil : 5,203 ua
Diamètre : 11,19 diamètres terrestres

Saturne
Distance au Soleil : 9,555 ua
Diamètre : 9,41 diamètres terrestres

Uranus
Distance au Soleil : 19,22 ua
Diamètre : 3,98 diamètres terrestres

Neptune
Distance au Soleil : 30,11 ua
Diamètre : 3,81 diamètres terrestres

GRANDES MISSIONS SPATIALES

1957 *Spoutnik* 1 : 1er satellite artificiel
1961 *Vostok* 1 : Youri Gagarine, 1er homme en orbite dans l'espace
1962 *Mariner* 2 : 1er engin spatial vers Vénus
1965 *Mariner* 4 : 1er engin vers Mars
1969 *Apollo* 11 : Neil Armstrong et Buzz Aldrin, 1ers hommes sur la Lune
1971 *Saliout* 1 : 1re station spatiale
1973 *Pioneer* 10 : 1er engin spatial vers Jupiter
1974 *Mariner* 10 : 1er engin spatial vers Mercure
1979 *Pioneer* 11 : 1er engin spatial vers Saturne
1981 Navette *Columbia* : 1er vaisseau spatial réutilisable
1986 *Voyager* 2 : 1er engin spatial vers Uranus
1989 Voyager 2 : 1er engin spatial vers Neptune
2000 1ers hommes vivant à bord de la Station spatiale internationale (ISS)

Lever de Terre vu de la Lune.

SITES INTERNET

http://www.cnes.fr/web/CNES-fr/107-mini-encyclopedie-spatiale.php – Petite encyclopédie de l'espace.

http://www.nasa.gov/; http://www.nasaimages.org/ – Large collection d'images et de données sur la conquête spatiale.

http://www.cieletespace.fr/ – Dossiers et images en français sur la recherche spatiale.

Découvrir le monde naturel

Notre planète est occupée par un nombre extraordinaire d'organismes vivants, qui vont des bactéries seulement visibles au microscope jusqu'à la gigantesque baleine bleue, longue de 33 mètres et pesant 180 tonnes. Plus de 1,8 million d'espèces animales et végétales ont été identifiées à ce jour, et les scientifiques estiment qu'il en resterait dix fois plus à découvrir.

Habitats et biomes

Plantes et animaux vivent dans des lieux, ou habitats, qui leur procurent la nourriture et la protection dont ils ont besoin pour vivre.

Un biome est un ensemble d'écosystèmes, tel qu'une forêt tropicale humide ou un désert chaud. Chaque biome comprend différents habitats pouvant accueillir des espèces variées.

Les communautés

Les êtres vivants qui partagent un même habitat forment une communauté où tous sont en relation. Les plantes enrichissent en oxygène l'eau d'une mare où les insectes pondent leurs œufs. Plantes et œufs fournissent la nourriture de poissons et d'insectes qui, à leur tour, nourrissent des oiseaux…

S'adapter pour survivre

Plantes et animaux ont dû s'adapter à leur habitat. Les cactées des déserts possèdent des tiges charnues qui retiennent l'eau. La chevêchette des saguaros, la plus petite de toutes les chouettes, profite de cette caractéristique en faisant son nid dans les cactus des déserts américains.

Habitats spécialisés

Certaines espèces ont besoin d'un habitat particulier. Le panda géant, qui se nourrit de bambou, ne peut vivre que dans les forêts fraîches et humides des montagnes de Chine.

La biodiversité

Ce terme désigne la richesse et la variété des formes que prend la vie sur notre planète. On connaît 1,8 millions d'espèces vivantes, et il en reste des millions à découvrir.

Au soleil

Le fucus vésiculeux, une algue brune, possède des poches d'air pour flotter à la surface et capter la lumière du soleil.

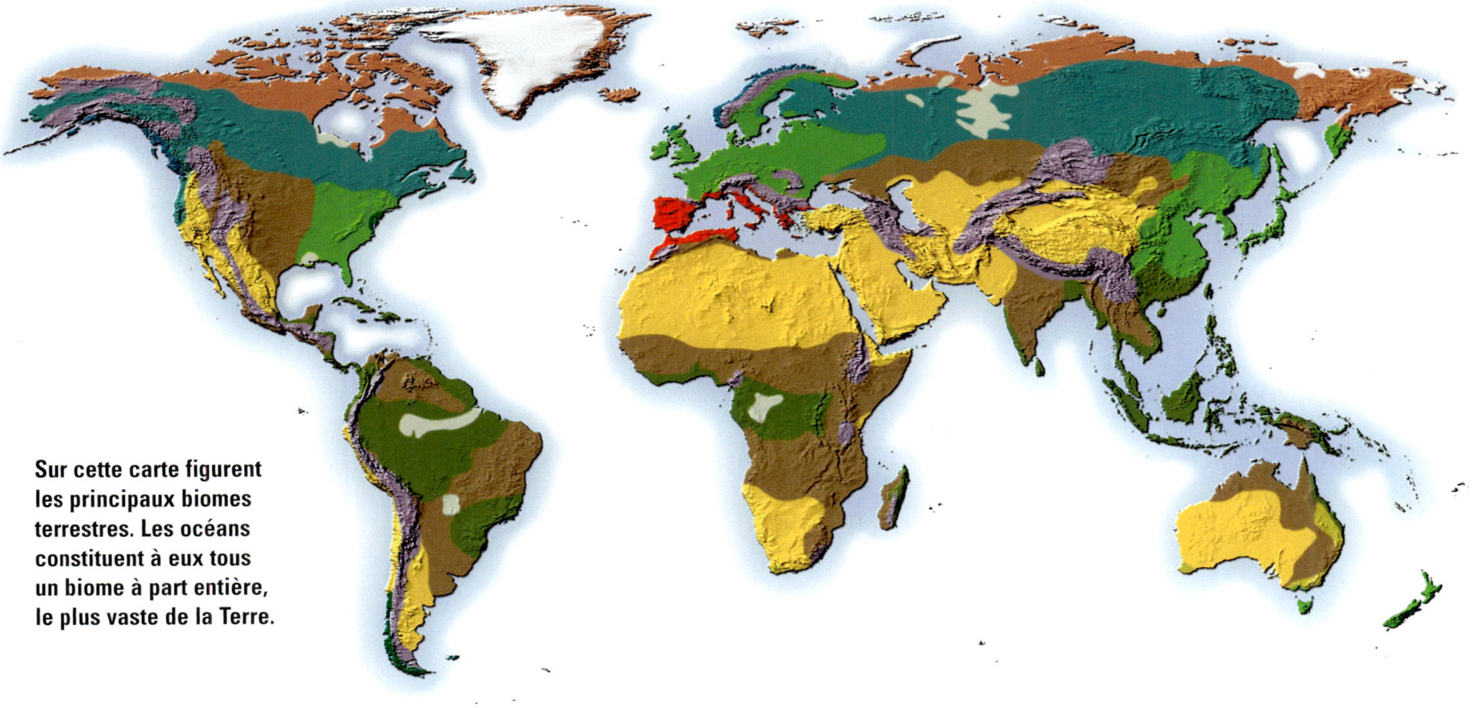

Sur cette carte figurent les principaux biomes terrestres. Les océans constituent à eux tous un biome à part entière, le plus vaste de la Terre.

- Déserts polaires
- Toundra
- Forêts tempérées de conifères
- Déserts
- Forêts tropicales humides
- Maquis méditerranéen
- Marécages
- Forêts tempérées
- Prairies et savanes
- Montagnes

Les biomes du monde

Les biomes sont façonnés par le climat, qui détermine quels sont les animaux et les végétaux pouvant vivre dans une région. Certains êtres, dont les hommes, sont parvenus à prospérer dans de nombreux biomes différents de par le monde.

Le biome alpin

Dans le biome de pelouses alpines, hivers rudes et vents violents font que seules survivent les plantes basses, telles que mousses, lichens et saxifrages. Le froid ne convient pas aux reptiles ; on n'y trouve que des vertébrés à sang chaud, dont des oiseaux, des chamois, des marmottes *(au centre)*…

Deux bouquetins combattent dans leur habitat de pelouses alpines.

Écosystèmes et cycles naturels

Un écosystème, communauté complète d'êtres vivants dans leur environnement, peut être aussi vaste qu'un récif corallien ou aussi petit qu'un seul arbre.

Les nutriments et ressources tels que le carbone, l'azote et l'eau permettent aux êtres vivants… de vivre. Ils sont employés et réemployés par la nature, en un « cycle » constitué d'échanges continuels de nutriments.

Un système équilibré

Nul être vivant n'existe seul, chacun appartient à un écosystème et entretient des relations complexes avec d'autres êtres comme avec son habitat.

Dans une chaîne alimentaire, chaque niveau se procure de l'énergie en se nourrissant au niveau inférieur.

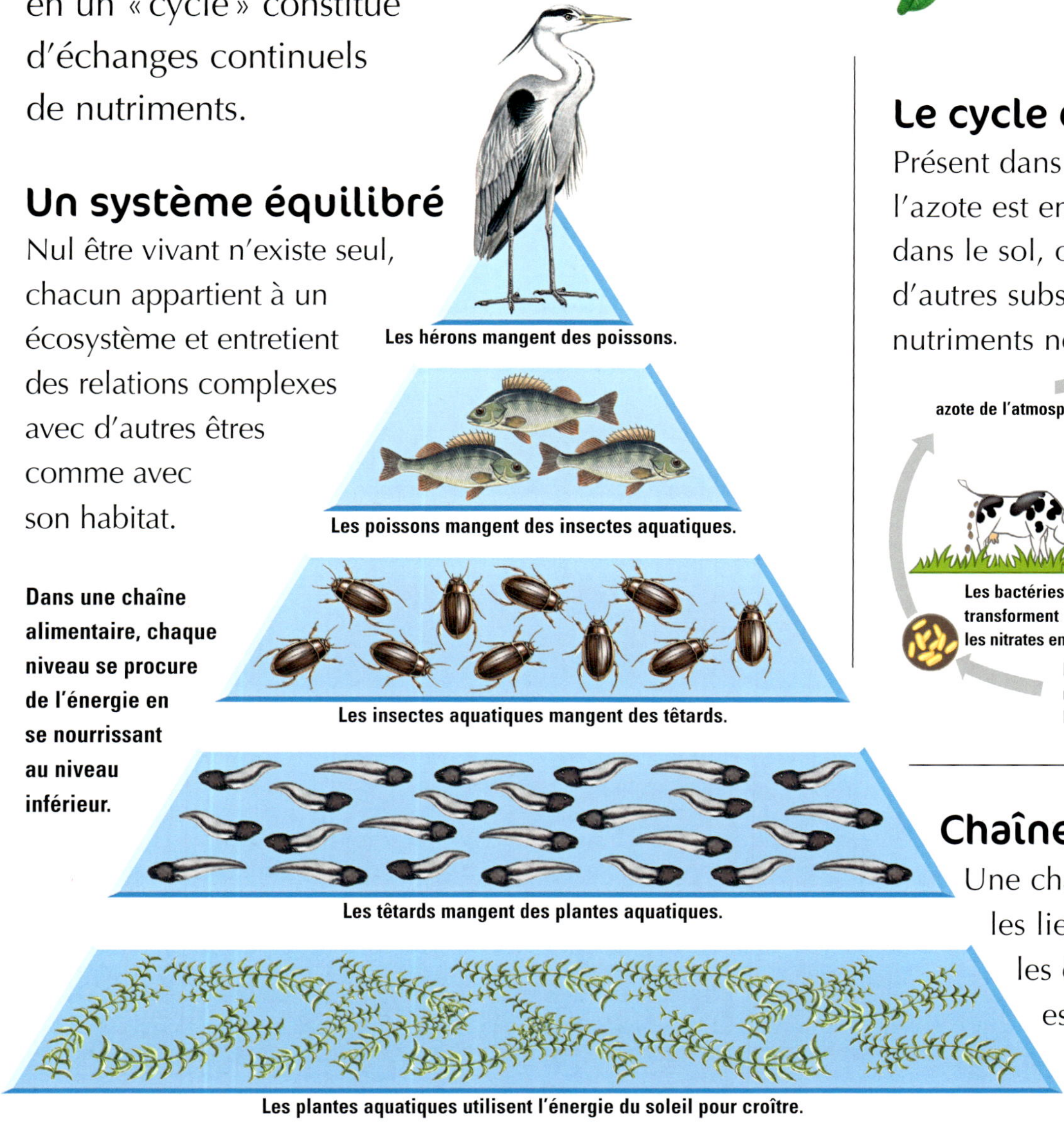

Le cycle de l'azote

Présent dans l'atmosphère, l'azote est entraîné par la pluie dans le sol, où il se combine avec d'autres substances, créant des nutriments nécessaires aux plantes.

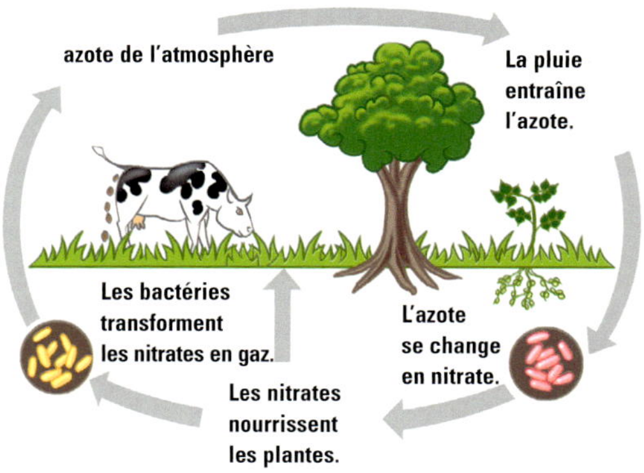

Chaînes alimentaires

Une chaîne alimentaire illustre les liens de dépendance entre les êtres vivants. Le héron est le prédateur supérieur de cette chaîne simple *(ci-contre)*.

La symbiose

La symbiose est la relation profitable entre deux espèces différentes. Ainsi, le pluvier d'Égypte se procure sa nourriture en nettoyant les dents des crocodiles. Les plantes épiphytes, dont certaines orchidées, vivent sur d'autres plantes afin de mieux capter la lumière.

Le cycle du carbone

Le carbone est présent dans tous les organismes vivants. Les plantes absorbent le dioxyde de carbone de l'atmosphère. Des animaux se nourrissent de ces plantes et libèrent le dioxyde de carbone en respirant.

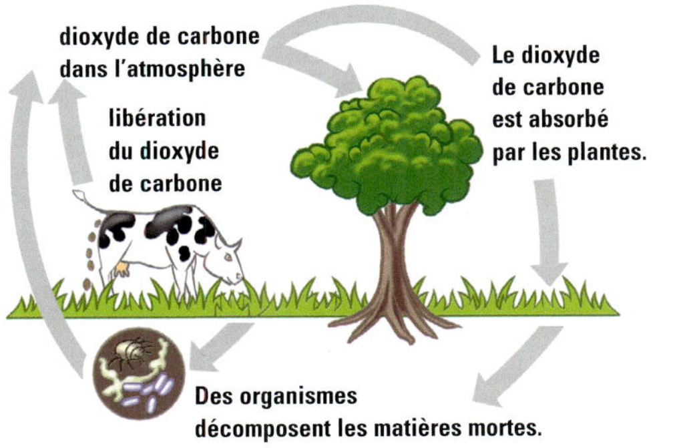

À chacun son rôle

Les végétaux sont des producteurs primaires. Ils captent la lumière du soleil et fabriquent des nutriments. Les animaux sont des consommateurs, qui se nourrissent des plantes ou d'autres animaux.

C'EST NATUREL !

LES CHAMPIGNONS

On connaît plus de 70 000 espèces de champignons, qui comprennent aussi les levures et les moisissures. Dépourvus de chlorophylle, ils ne fabriquent pas de nutriments mais décomposent les cadavres et débris organiques, ce qui libère des nutriments et autres substances chimiques dans le sol.

LES ZONES CLIMATIQUES

LE CLIMAT D'UNE RÉGION est constitué par l'ensemble de ses caractéristiques durant une période prolongée. Le découpage en zones climatiques est une façon de représenter les grands types de climats du monde.

La zone de climat continental couvre l'intérieur des continents nord-américain et asiatique, ainsi que l'Europe septentrionale. Cette zone présente de grandes différences entre les températures les plus basses et les plus élevées.

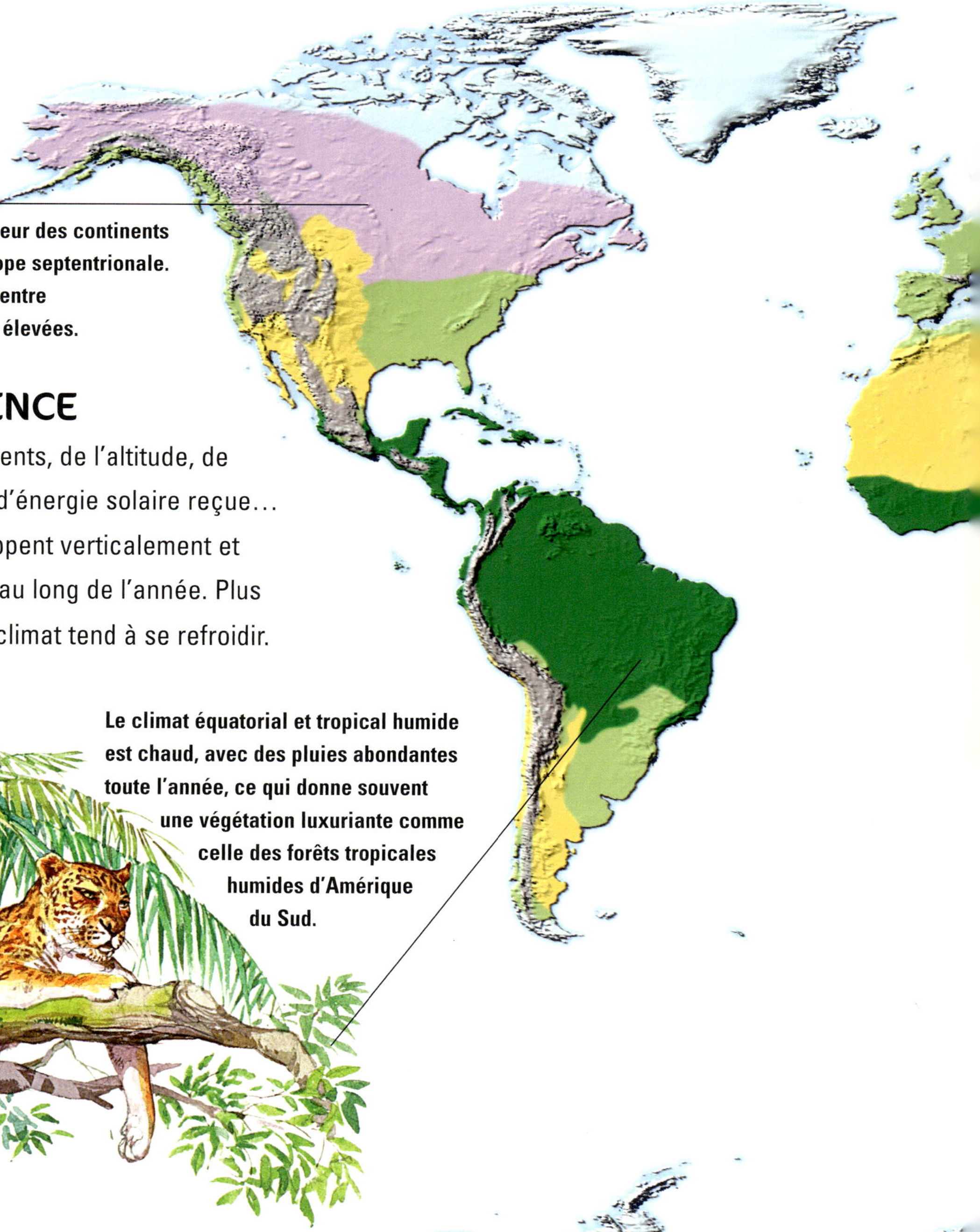

CLIMATS SOUS INFLUENCE

Les climats varient en fonction des vents, de l'altitude, de la distance à l'océan, de la quantité d'énergie solaire reçue… À l'équateur, les rayons du soleil frappent verticalement et la température demeure élevée tout au long de l'année. Plus on s'éloigne de l'équateur et plus le climat tend à se refroidir.

Le climat équatorial et tropical humide est chaud, avec des pluies abondantes toute l'année, ce qui donne souvent une végétation luxuriante comme celle des forêts tropicales humides d'Amérique du Sud.

Sous les climats montagnards, il fait plus froid sur les sommets que dans les vallées. Les cimes reçoivent en outre davantage de précipitations (pluie et neige).

LES CLIMATS DU MONDE

- Polaire
- Montagnard
- Aride et semi-aride
- Équatorial humide
- Tempéré
- Continental

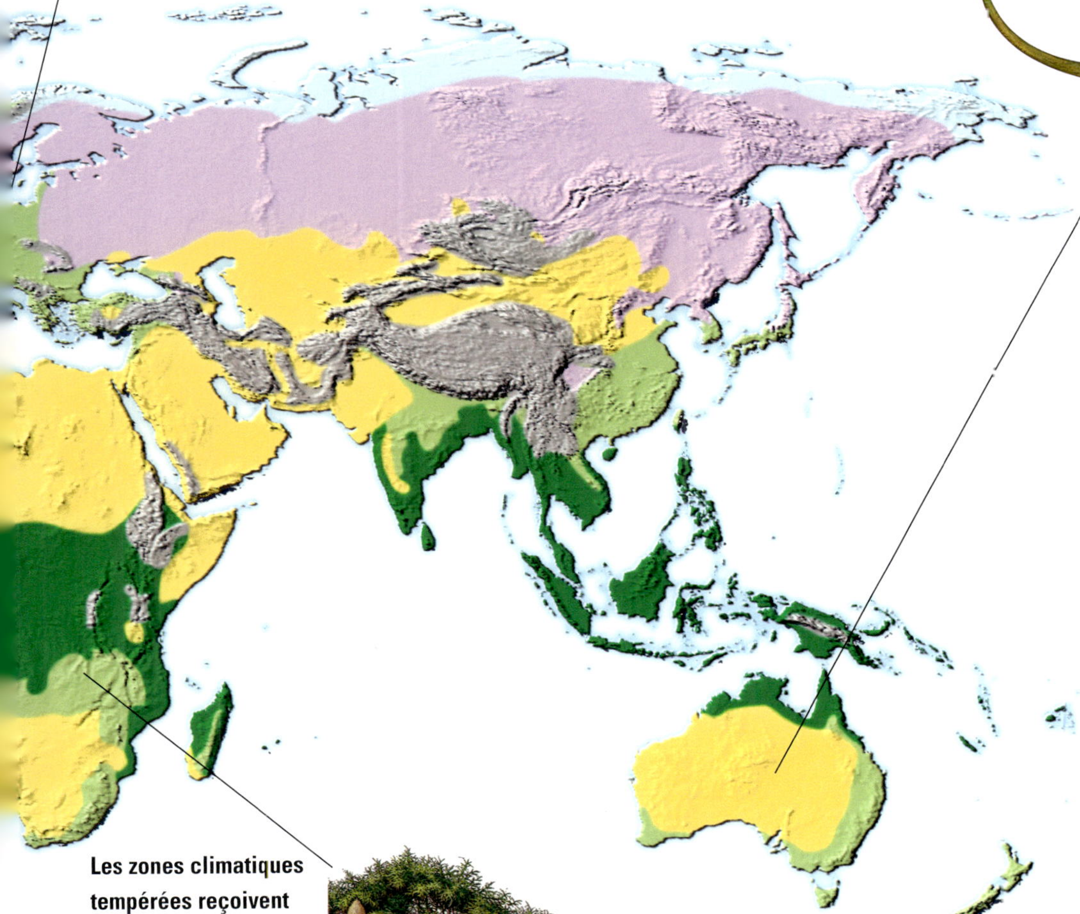

Les zones arides et semi-arides ne reçoivent que très peu de précipitations. Il y fait sec et généralement chaud tout au long de l'année – certaines contrées connaissent toutefois des hivers froids. Ce lézard à collerette vit dans une zone climatique aride, dans l'intérieur désertique de l'Australie.

Les zones climatiques tempérées reçoivent des précipitations tout au long de l'année (comme par exemple en Europe), ou bien il y fait doux avec une brève saison des pluies (comme dans les savanes d'Afrique).

Le climat polaire des confins nord et sud de la planète est sec et glacial. Ces manchots vivent la majeure partie de l'année sous des températures inférieures à 0 °C, en Antarctique.

La météorologie

La météorologie décrit le temps qu'il fait sur une région, notamment la température, le niveau des précipitations, la vitesse des vents, l'ensoleillement.

TYPES DE NUAGES

On classe les nuages selon leur forme.

Les cumulonimbus annoncent l'orage.

Les nimbostratus apportent la pluie.

Les cumulus sont des nuages de beau temps.

Les cirrus sont des nuages d'altitude.

Les cirrostratus forment des rides en altitude.

Le Soleil, en réchauffant la surface terrestre, met en mouvement des zones de haute et basse pression qui produisent des vents et d'autres phénomènes météorologiques.

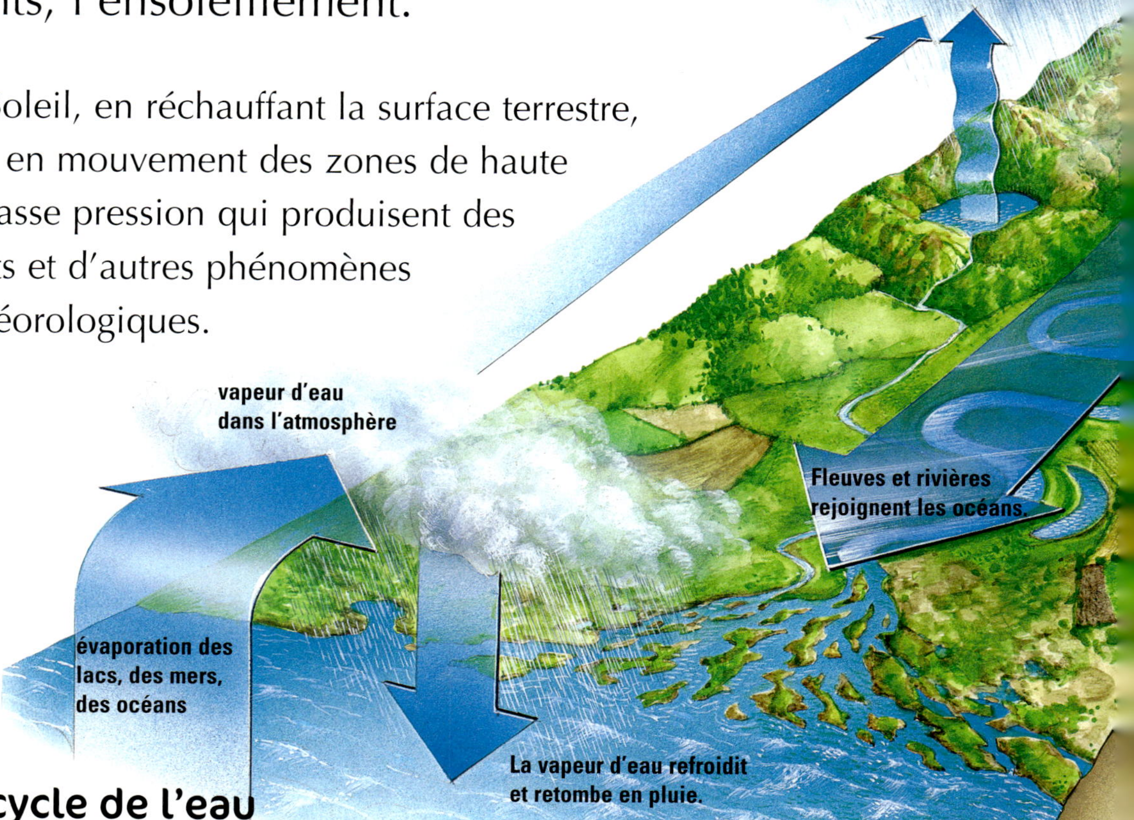

Le cycle de l'eau

L'eau est recyclée en permanence. La chaleur du Soleil provoque l'évaporation de l'eau des lacs, des mers et des cours d'eau. La vapeur d'eau dans l'air forme des nuages puis retombe en pluie, en neige ou en grêle.

Nuages et précipitations

L'air humide s'élève et forme des nuages. Lorsque ceux-ci ne peuvent plus retenir l'eau qu'ils contiennent, la pluie tombe. La réverbération du soleil sur les gouttelettes d'eau crée un arc-en-ciel.

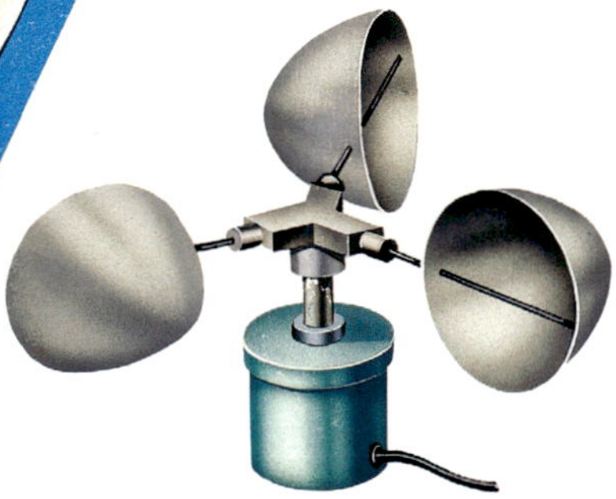

Relevés météo

Des relevés météorologiques sont assurés par divers instruments, tels que thermomètres et pluviomètres. Un anémomètre *(ci-dessus)* sert à mesurer la vitesse du vent.

Les prévisions météo

Satellites et ordinateurs scrutent et enregistrent les phénomènes atmosphériques. Les prévisionnistes s'efforcent de prévoir le temps qu'il fera, bien que les conditions soient souvent changeantes et imprévisibles.

Neige et grêle

Les gouttelettes d'eau qui gèlent dans les nuages forment des cristaux de glace qui se rassemblent en flocons de neige. La grêle est faite de billes de glace qui tombent surtout des nuages d'orage.

Chaleur moite

L'hygrométrie est la mesure du degré d'humidité de l'atmosphère. Plus l'air est chaud et plus il peut contenir d'humidité ; on se sent alors moite, car la transpiration ne s'évapore pas facilement.

C'EST SCIENTIFIQUE !

LE RÉCHAUFFEMENT CLIMATIQUE

La plupart des scientifiques pensent que les récentes élévations de température sont dues à la déforestation *(voir p. 30-31)* et à la pollution de l'atmosphère. D'énormes quantités de gaz sont dégagées dans l'atmosphère, comme le dioxyde de carbone, qui emprisonne le rayonnement solaire et réchauffe ainsi la planète.

COLÈRES DU CIEL

PLUS DE 1 500 ORAGES se produisent à chaque instant dans le monde. Vents violents, ouragans, pluies torrentielles ou tempêtes de neige sont aussi susceptibles de semer la désolation.

LES OURAGANS

Ouragans, typhons et cyclones naissent au-dessus des océans tropicaux. Ces tempêtes font souvent plus de 600 km de diamètre et s'accompagnent de vents soufflant à 200 km/h et plus. Le centre, appelé « œil », est une zone de calme.

LES MOUSSONS

La mousson est un régime de vents saisonniers qui soufflent dans une direction pendant l'hiver et dans une autre direction pendant l'été. Les moussons d'Asie s'accompagnent de très fortes pluies en été (d'avril à octobre, généralement), qui provoquent fréquemment de graves inondations au Bangladesh, en Inde et dans d'autres pays asiatiques.

LES TORNADES

Les tornades sont des colonnes d'air qui tournoient avec rapidité, et dont le diamètre au sol est de moins de 500 mètres. Leur violence peut causer de gros dégâts. Les vents y atteignent parfois 480 km/h : ce sont les plus rapides sur Terre.

LA FOUDRE

La foudre est une décharge électrique qui se produit dans l'atmosphère lors d'un orage, sous l'effet des collisions entre les particules d'eau chargés d'électricité. Les éclairs peuvent être diffus et demeurer dans le ciel ou fourchus et atteindre le sol. Le tonnerre est le vacarme provoqué par l'expansion brutale de l'air chauffé par la foudre.

Les plantes

Hormis certaines bactéries, les végétaux sont les seuls organismes vivants capables de produire leur propre nourriture. Il en existe plus de 300 000 espèces.

Les racines de cet arbre à feuillage caduc s'enfoncent profondément dans le sol.

Les plantes sont indispensables à la survie des autres espèces ; elles fournissent une grande part des aliments de notre planète et de l'oxygène de son atmosphère.

Les fougères sont proches de la végétation préhistorique qui couvrait autrefois la Terre.

Plantes sans fleurs

Mousses, hépatiques, prêles et plus de 10 000 espèces de fougères sont des plantes sans fleurs. Dépourvues de racines, les mousses se fixent au moyen de poils, les rhizoïdes.

Les racines

Les racines d'une plante sont une partie généralement souterraine, qui s'étend parfois loin sous le sol. Elles puisent l'eau et les nutriments dans le sol au moyen de filaments appelés radicelles. Elles ancrent en outre la plante dans le sol.

La photosynthèse

Les plantes se nourrissent par photosynthèse : un pigment vert présent dans les feuilles, la chlorophylle, absorbe l'énergie du soleil et crée de l'oxygène et des hydrates de carbone (glucose, amidon), aliments de la plante.

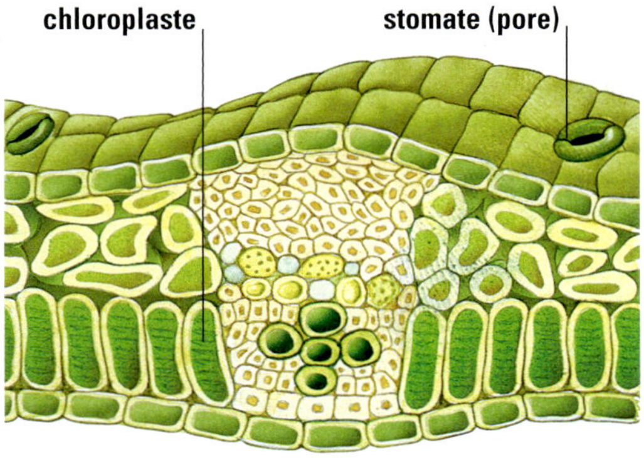

Anatomie d'une feuille

Les feuilles, de forme et de taille variées, renferment des chloroplastes contenant de la chlorophylle. Les échanges gazeux entre la plante et l'atmosphère s'effectuent par de minuscules orifices de la feuille, les stomates.

La tige

La tige soutient les feuilles et les fleurs. Elle contient des sortes de tubes appelés xylèmes et phloèmes qui transportent l'eau et les nutriments. Chez certaines plantes, dont les cactus, les nutriments sont fabriqués dans la tige plutôt que dans les feuilles.

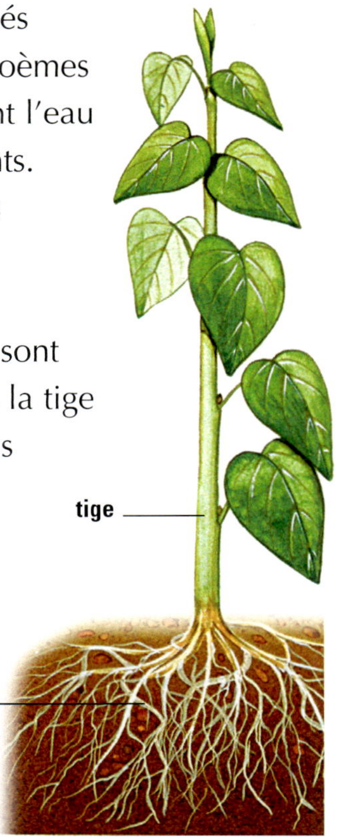

Stockage des nutriments

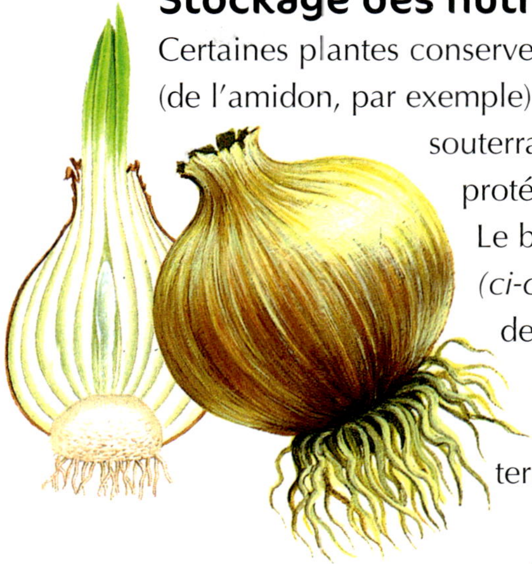

Certaines plantes conservent leur nourriture (de l'amidon, par exemple) dans des renflements souterrains, afin de les protéger des animaux. Le bulbe de l'oignon *(ci-contre)* est composé de plusieurs feuilles. Les tubercules, telles les pommes de terre, sont homogènes.

ÉTONNANTE NATURE

LES PLANTES CARNIVORES

Des insectes sont au menu de certaines plantes, dont l'une des plus connues est la dionée « attrape-mouches » *(ci-dessus)*. Une libellule attirée par la plante effleure de minuscules poils sensibles sur la feuille qui se referme en un dixième de seconde sur la proie. Des dents emprisonnent l'insecte, qui est digéré par des substances chimiques.

LA REPRODUCTION

CHEZ DE NOMBREUSES PLANTES, les cellules et organes sexuels sont contenus dans les fleurs. Une ou plusieurs graines s'y développent, dont la croissance donne naissance à une nouvelle plante.

NI GRAINES, NI FLEURS

Les mousses et les fougères se reproduisent au moyen de minuscules spores, produites sur les feuilles et dispersées par le vent et la pluie. Le fraisier produit de longues tiges, qui s'enracinent et donnent de nouvelles plantes. Les fraises sont aussi pourvues de graines, de sorte que ces plantes possèdent deux modes de reproduction distincts.

PLANTES À FLEURS

La plupart des plantes produisent des fleurs avec des cellules sexuelles mâles et femelles différenciées. Les premières constituent le pollen ; leur union avec les cellules sexuelles femelles est appelée pollinisation. Chez la plupart des plantes, le pollen doit être transporté jusqu'à une autre plante pour que la pollinisation ait lieu.

Ce papillon d'Australie aspire le nectar d'une fleur. Ses pattes se couvrent de pollen. En se posant sur une autre plante, peut-être en assurera-t-il la pollinisation.

Le pollen qui adhère au corps de cette abeille sera déposé par frottement dans la prochaine fleur que l'insecte visitera.

Le coquelicot possède des fleurs d'un rouge éclatant dont le centre recèle le nectar que les abeilles recueillent pour faire du miel.

corbeille à pollen, où l'abeille stocke le pollen nourricier à rapporter à la ruche

LA DISPERSION DU POLLEN

Le vent disperse le pollen des herbes, et l'eau celui des plantes aquatiques. Les plantes à fleurs ont elles aussi besoin d'une aide extérieure : leurs fleurs aux couleurs vives, emplies d'un nectar sucré, attirent les insectes ou les oiseaux pollinisateurs.

Le pollen adhère aux plumes de ce colibri qui se sert de son long bec pour boire le nectar.

Graines et croissance

Les plantes produisent des graines qui contiennent des réserves nutritives et une plante en devenir. La plupart des graines sont protégées à l'intérieur d'un fruit, ou d'un cône chez les conifères.

TYPES DE GRAINES
Le nombre de graines varie selon les fruits, d'une seule à plusieurs dizaines.

tomate

figue

pastèque

avocat

marron d'Inde

Les graines doivent s'éloigner de la plante mère et trouver leur propre emplacement dans le sol pour pouvoir grandir. Ce phénomène est appelé dissémination.

Les graines

Les graines comportent généralement une enveloppe dure remplie d'une réserve de nourriture utilisée quand elles commencent à germer. La plus grosse graine est celle du cocotier de mer ; appelée « coco-fesse », elle dépasse 20 kilos.

Les fruits

Les fruits contiennent des graines. Ils peuvent être secs (gousses), durs (glands), ou juteux (tomates). La graine de ces cerises de caféier *(ci-dessous)* sert à produire le café.

La croissance

Les plantes croissent tout au long de leur vie, très rapidement pour certaines (30 cm par jour pour certains bambous). Elles poussent de la racine aussi bien que de la cime. Les racines vont en profondeur chercher l'humidité du sol. En surface, la plante pousse vers le haut, ou incline parfois ses tiges pour capter la lumière du soleil (phénomène de phototropisme).

La dissémination

Les plantes usent de diverses méthodes pour disperser leurs graines. Elles les confient le plus souvent au vent, ou aux animaux qui les frôlent ou les mangent. Le concombre d'âne, lui, explose en expulsant ses pépins.

Le concombre d'âne expulse ses pépins dans un jet de liquide.

La germination

Une graine germe en terre quand le sol, l'eau et la température s'y prêtent. La graine se fend et une racine se forme, puis une petite tige perce la surface et donne les premières feuilles.

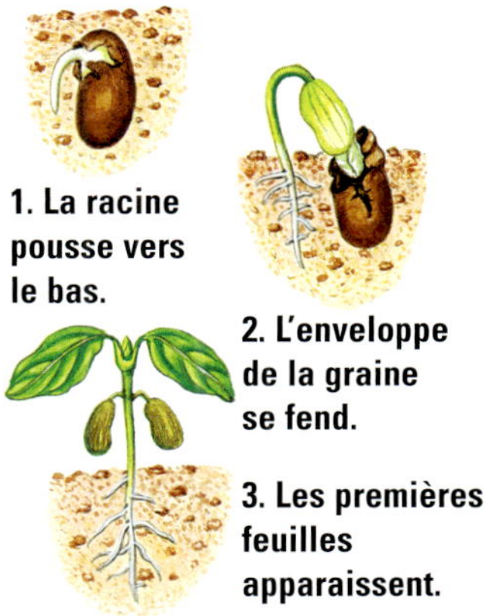

Annuelles ou vivaces

Une plante annuelle germe à partir d'une graine, puis croît, fleurit, donne une ou plusieurs graines et meurt dans la même année. Les vivaces vivent plus longtemps. Leurs feuilles et leurs tiges peuvent dépérir mais les racines survivent : il refleurira l'année suivante.

Les arbres et les forêts

Les arbres sont de grandes plantes possédant une forte tige de bois – le tronc – et qui vivent de longues années. Les forêts recouvrent environ le tiers des terres émergées.

ARBRES DU MONDE

Parmi les milliers d'espèces d'arbres, certaines sont caractéristiques.

Le tronc du baobab, arbre d'Afrique, dépasse parfois 9 m de diamètre.

Les immenses feuilles des palmiers poussent depuis un même point.

Certains pins à cône épineux ont près de 5000 ans.

Les racines aériennes du banyan tombent de ses branches.

Les arbres sont vitaux pour notre planète, car ils libèrent de grandes quantités d'oxygène dans l'atmosphère, créent des habitats précieux et contribuent à protéger les sols de l'érosion.

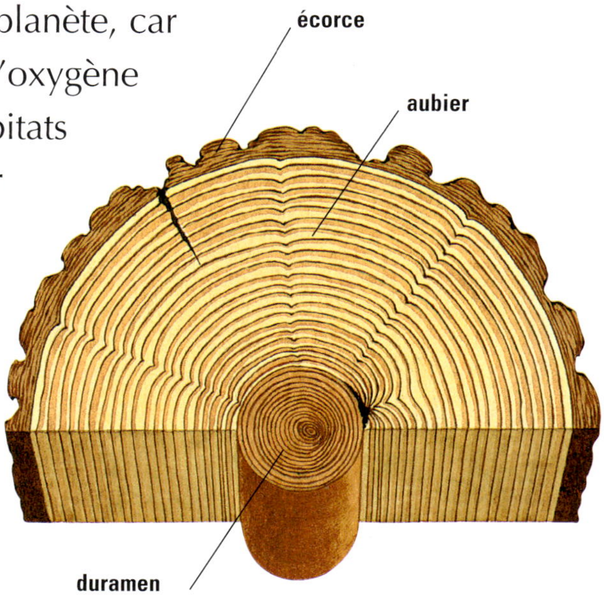

Anatomie d'un arbre

Les arbres sont constitués des feuilles, des branches, des racines et d'un tronc recouvert d'une écorce imperméable, qui protège l'aubier plus tendre où circule la sève.

Feuillage caduc

Les arbres à feuillage caduc perdent leurs feuilles en automne. On compte parmi eux le chêne, le marronnier, l'orme, l'érable… Tous ces arbres portent des fleurs et des fruits qui renferment leurs graines.

Feuillage persistant

Les conifères, comme les pins, les cyprès et les sapins, sont des arbres à feuillage persistant : leurs feuilles en aiguilles tombent et repoussent tout au long de l'année, de sorte qu'ils restent verts en hiver.

Les ressources des forêts

Les forêts sont des écosystèmes très riches. Aux hommes, elles offrent abri, combustible, nourriture, matériaux de construction, etc. La sève de l'hévéa *(ci-dessus)* sert à fabriquer le caoutchouc naturel.

Forêts tempérées

Les forêts des régions tempérées comprennent surtout des arbres à feuilles caduques ; en automne, elles prennent diverses teintes de rouge, de jaune et de brun.

ÉTONNANTE NATURE

UN ARBRE D'EXCEPTION

Le séquoia géant est un gigantesque conifère de Californie, aux États-Unis. Les plus grands atteignent 93 m, leur tronc mesure près de 9 m de diamètre et pèse plus de 6000 tonnes. Les plus vieux spécimens ont environ 3200 ans. Un seul arbre adulte dissémine chaque année 300000 graines.

La taïga

La taïga, ou forêt boréale, s'étend dans les régions du Nord, au-dessous de la toundra. Des prédateurs tels que les loups y chassent de grands cervidés, comme les élans.

LA FORÊT PLUVIALE

LES DENSES FORÊTS PLUVIALES sont de vastes écosystèmes qui s'étendent dans les régions tropicales et équatoriales chaudes et humides, ainsi que dans des contrées plus tempérées.

LA VIE À TOUS LES ÉTAGES

Les forêts pluviales couvrent moins d'un dixième des terres émergées, mais les scientifiques estiment qu'entre 60 et 90 % de toutes les espèces animales et végétales y sont représentées. Ces espèces occupent tous les étages de la forêt : rongeurs, crabes, serpents et insectes pullulent sur le sol, tandis que des oiseaux, chauves-souris, grenouilles et singes fréquentent les hauteurs, la canopée.

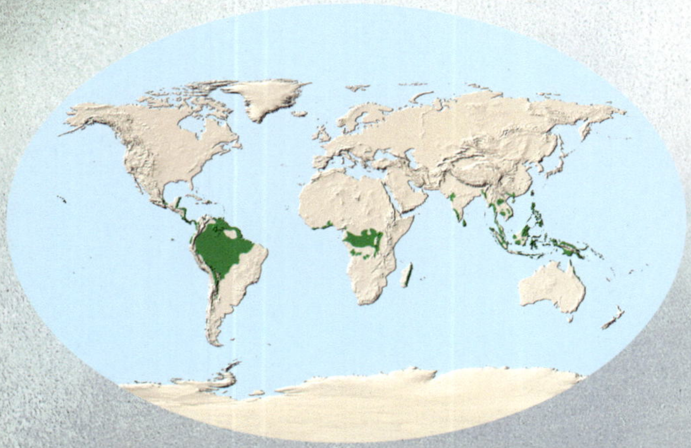

Les forêts tropicales humides occupent des régions où règne un climat aux températures élevées et aux fortes précipitations (entre 2 000 et 10 000 mm par an). Plus de la moitié des forêts pluviales du monde s'étendent en Amérique centrale et du Sud, les autres se situant en Asie du Sud-Est, en Afrique et dans des îles du Pacifique.

La forêt pluviale compte quatre strates : celle des arbres émergents, la canopée, l'étage dominé et enfin le sol. La canopée, constituée par la cime de milliers d'arbres, capte la majeure partie de la lumière.

Déserts chauds ou froids

Les déserts couvrent environ le quart des terres émergées. Zones les plus arides de la planète, ce sont les régions où les précipitations sont inférieures à 250 mm par an.

Les déserts ne sont pas tous chauds et sableux : il existe aussi des déserts froids. Torrides ou glacials, les déserts fournissent de rudes conditions de vie aux plantes et aux animaux.

La quête de l'eau

L'obtention et le stockage de l'eau sont indispensables à la survie des plantes des déserts chauds. Certaines ont de longues racines qui courent loin dans le sol pour y capter l'humidité ; d'autres, dont les cactées, possèdent des tiges charnues qui emmagasinent l'eau ; d'autres encore, telle la welwitschia, recueillent l'eau des brouillards.

Animaux du désert

Insectes, reptiles et divers petits mammifères absorbent l'eau contenue dans les plantes. Dans les déserts chauds, beaucoup vivent sous terre, à l'abri de la chaleur ; leurs mœurs sont souvent nocturnes (ils dorment dans la journée et sont actifs la nuit).

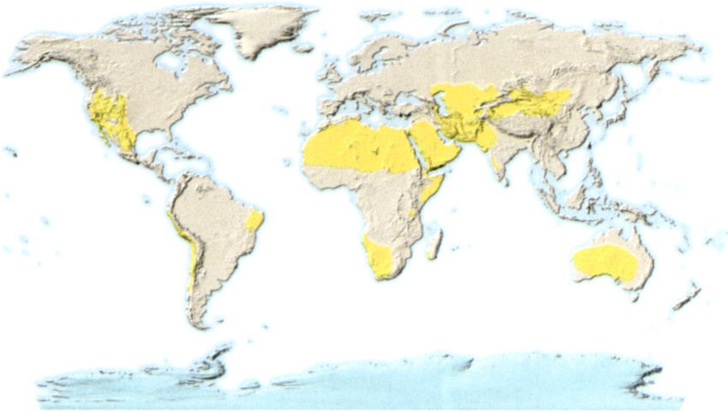

Les régions désertiques

Cette carte indique quelles sont les régions désertiques du monde. Des déserts chauds se trouvent sur tous les continents, à l'exception de l'Europe tempérée et de l'Antarctique glacial. Le plus vaste désert est le Sahara, qui couvre la majeure partie de l'Afrique du Nord.

L'Arctique

La zone arctique s'étend autour du pôle Nord et englobe l'océan Arctique. Les grandes quantités de poissons qui y vivent nourrissent de gros mammifères comme les morses et les phoques *(ci-dessus)*. L'ours blanc, plus grand carnassier terrestre, vit aussi dans les contrées arctiques.

L'Antarctique

L'Antarctique est un vaste désert presque entièrement glacé, dont certaines zones reçoivent moins de 60 mm de précipitations par an. Les températures hivernales vont de −70 °C à −20 °C. Les manchots ont une épaisse couche de graisse et un plumage qui les protègent du froid.

La toundra

La toundra occupe 15 % des terres émergées, au sud de l'Arctique. Seuls des mousses, des herbes et des buissons bas survivent aux hivers glacials. En été, la végétation s'épanouit brusquement, attirant des millions d'insectes, d'oiseaux et de mammifères tels que lemmings et rennes. Le sous-sol de la toundra demeure gelé en permanence.

LA VIE DANS L'OCÉAN

LA VIE GROUILLE DANS LES MERS ET LES OCÉANS de notre planète, qui abritent environ le quart de toutes les espèces vivantes que l'on connaisse dans le monde.

CHAÎNES ALIMENTAIRES OCÉANIQUES

De microscopiques organismes végétaux et animaux présents dans les océans – le plancton – fournissent la nourriture de millions de poissons, mollusques et crustacés. Ceux-ci constituent à leur tour les proies d'autres poissons et de mammifères marins comme les phoques et les morses. Les baleines franches australes *(ci-contre)* passent l'été à se nourrir dans les mers proches de l'Antarctique, puis migrent vers le nord en hiver pour se reproduire au large des côtes de l'Amérique du Sud, de l'Afrique australe et de la Nouvelle-Zélande.

HAUTS FONDS ET LITTORAL

Certains animaux vivent dans les profondeurs de l'océan, mais la majeure partie de la vie marine fréquente des eaux proches de la surface ou des hauts fonds ; le littoral, où se rencontrent terre et mer, procure des habitats variés sur les rochers, les grèves sableuses et les falaises. Certaines espèces se sont adaptées pour ne pas être emportées par les marées : ainsi, les palourdes s'enfoncent dans le sable et les berniques se fixent aux rochers.

LES RÉCIFS CORALLIENS

Les coraux des eaux chaudes et peu profondes constituent des récifs qui composent un habitat propice pour maints animaux et végétaux. Le corail est constitué de polypes, des tubes durs qui contribuent à la croissance des récifs. La Grande Barrière de Corail, en Australie, longue de 2 000 km, est le plus grand récif corallien du monde.

Prairies et savanes

Les prairies sont de grands espaces couverts d'herbes et parsemés d'arbres rares et de buissons. Ces contrées connaissent des saisons bien marquées, les unes humides et les autres plus sèches.

Herbes et autres plantes croissent rapidement à la saison humide ; elles fournissent une nourriture abondante aux rongeurs et aux oiseaux, mais aussi à de grands troupeaux d'herbivores et à leurs prédateurs.

Les plaines d'Amérique du Nord

Les prairies nord-américaines étaient jadis parcourues par d'immenses troupeaux de bisons. On y pratique aujourd'hui l'élevage de grands troupeaux de bovins et d'ovins, ainsi que des cultures céréalières (blé et maïs, notamment).

Les savanes africaines

Chaleur et sécheresse règnent sur les savanes d'Afrique, mais la saison des pluies permet une végétation suffisante pour assurer la survie de troupeaux d'antilopes, de zèbres, de gnous et d'autres herbivores. Ces animaux sont les proies de carnivores tels les lions, les guépards et les hyènes. Plus de deux millions d'herbivores migrent chaque année, au changement de saison, vers le Serengeti, aux confins du Kenya et de la Tanzanie.

Les pampas

Les pampas sont de vastes plaines d'Amérique du Sud. Elles s'étendent sur environ 750 000 km², soit près d'une fois et demie la superficie de la France, et sont peuplées de nombreux animaux, dont des capybaras et autres cobayes sauvages *(ci-dessous)*.

Les prairies d'Australie

Les grandes plaines herbeuses d'Australie sont peuplées d'insectes, de marsupiaux – kangourous, wallabies, koalas et wombats – ainsi que d'oiseaux comme les émeus et les martins-chasseurs. La végétation se compose d'herbes et d'arbres bas : eucalyptus, mimosas, acacias, etc.

antilopes dans la plaine du Serengeti

Les ressources naturelles

La nature offre de multiples ressources aux hommes : des aliments, des sources d'énergie, des matières premières et des médicaments.

MATÉRIAUX NATURELS
Les plantes fournissent des matières que les hommes ont appris à exploiter utilement.

On cultive le coton avant de le filer et de le tisser pour fabriquer des vêtements.

Les fibres de la tige du jute sont transformées en cordes et en sacs.

Les tiges des bambous servent à fabriquer des meubles, des clôtures et autres objets.

Les ressources naturelles varient d'un pays à l'autre. L'Arabie Saoudite, par exemple, recèle un quart des réserves de pétrole connues.

L'agriculture

Les pratiques d'agriculture et d'élevage diffèrent selon les régions. Le riz, très cultivé en Asie, est pratiquement absent sur le continent américain, où le maïs *(ci-dessus)* occupe le premier rang.

La pêche

L'industrie de la pêche emploie 200 millions de personnes dans le monde. La plupart des poissons sont capturés dans des filets géants traînés par des chalutiers.

L'exploitation forestière

Le bois est l'une des ressources naturelles les plus utiles. Après l'abattage des arbres, le bois est transformé en de nombreux produits. Ses fibres servent, par exemple, à fabriquer du papier.

Matériaux de construction

La nature fournit divers matériaux de construction. De nombreux hommes vivent dans des huttes de roseaux *(ci-dessus)*, de boue et d'herbes, ou bien de briques de terre crue.

C'est renouvelable !

Certaines ressources naturelles sont renouvelables, comme les arbres, à condition qu'on leur laisse le temps de repousser. Les énergies solaire (du soleil), éolienne (du vent) et géothermique (de la chaleur de la Terre) sont également renouvelables.

L'exploitation minière

On extrait du sous-sol des minerais et minéraux comme des métaux (fer, or, cuivre…), des pierres précieuses et du charbon. Le marbre et le calcaire sont extraits dans des carrières *(ci-contre)*.

ÉTONNANTE NATURE !

DES MÉDICAMENTS NATURELS

De nombreux médicaments proviennent de plantes, et plus des quatre cinquièmes de la population mondiale ont recours à des médecines naturelles. Ainsi, la quinine extraite du quinquina est utilisée contre la malaria ; l'aloe vera aide les plaies à cicatriser. En Asie, on trouve souvent sur les marchés des étals de plantes médicinales *(ci-dessus)*.

Menaces et protection

Des régions entières de la planète et beaucoup d'espèces sont menacées, surtout en raison de l'accroissement de la population humaine et de la consommation excessive des ressources.

La protection de l'environnement naturel a pour objectif de réduire les périls qui menacent les habitats et écosystèmes, ainsi que les espèces menacées d'extinction.

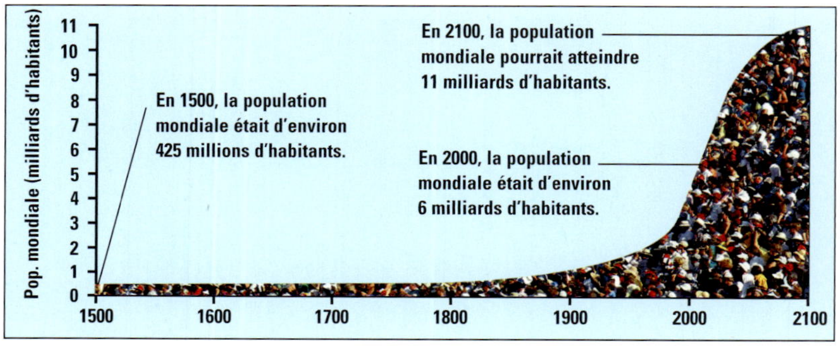

Une croissance exponentielle

La population humaine a connu un accroissement considérable depuis deux siècles. Elle a doublé entre 1950 et 1990 et atteint aujourd'hui 6,6 milliards. Et nous avons tous besoin d'eau et de nourriture !

La pollution

Les substances nocives rejetées dans la nature polluent l'environnement, endommagent les écosystèmes, tuent animaux et végétaux. Déchets divers, hydrocarbures *(ci-dessus)*, fumées toxiques sont autant de sources de pollution.

Le barrage des Trois Gorges

Le gigantesque barrage des Trois Gorges, en Chine, qui fournit de l'électricité, suscite la controverse, car sa construction a entraîné la destruction de vastes territoires et de leurs écosystèmes.

Défrichage intensif

Des milliers de kilomètres carrés de forêts sont défrichés chaque année pour fournir du combustible ou du bois d'œuvre, ou bien des terres pour les cultures et les habitations. Mais beaucoup d'espèces animales et végétales sont ainsi anéanties.

Les parcs nationaux

De nombreux pays assurent sur certaines portions de leur territoire la protection de l'environnement naturel et des espèces qui y vivent. La plupart des parcs nationaux reçoivent de nombreux visiteurs.

Espèces en danger

Plus de 4 000 espèces de plantes et d'animaux (dont le tigre) sont désormais menacées de disparition, du fait principalement de la chasse, de la destruction des habitats et de la pollution.

LES LOIS DE LA NATURE

TOURISME ET PROTECTION DE L'ENVIRONNEMENT

Le tourisme de masse endommage des écosystèmes fragiles (tels que les récifs coralliens) et engendre une importante pollution. Pratiqué avec le souci de préserver l'environnement, le tourisme pourrait être bénéfique. Ainsi, un safari photo dans une réserve africaine *(ci-dessus)* peut aussi contribuer à développer des mesures de protection de la nature.

La nature en chiffres

La vie sur Terre prend des formes extrêmement diverses. Des milliards d'êtres vivants occupent des biomes, écosystèmes et habitats variés, qui vont des forêts pluviales et des déserts aux mers tempérées et à l'Antarctique glacial.

LES PLUS GRANDS DÉSERTS

Sahara (Afrique du Nord) 9 100 000 km²
Gobi (Mongolie/Chine) 1 300 000 km²
Patagonie (Argentine) 670 000 km²
Rub al-Khali (Arabie Saoudite/Yémen/Oman) 650 000 km²
Great Sandy (Australie) 390 500 km²
Great Victoria (Australie) 390 500 km²
Chihuahua (Mexique/É.-U.) 360 000 km²
Takla-Makan (Chine) 360 000 km²
Sonora (Mexique/États-Unis) 310 000 km²
Kalahari (Afrique du Sud) 260 000 km²

LES PLUS GRANDES ZONES BOISÉES

Féd. de Russie 809 millions d'hectares
Brésil 478 millions d'ha
Canada 310 millions d'ha
États-Unis 303 millions d'ha
Chine 197 millions d'ha
Australie 164 millions d'ha
Rép. dém. du Congo 134 millions d'ha
Indonésie 88 millions d'ha
Pérou 69 millions d'ha
Inde 68 millions d'ha

RECORDS MÉTÉOROLOGIQUES

Site le plus sec : Calama (désert d'Atacama, Chili) : moyenne annuelle des précipitations = 0 mm
Site le plus arrosé : La Réunion (France), dans l'océan Indien : 1825 mm en 24 h
Température la plus basse jamais enregistrée : Station Vostok (Antarctique) : –89 °C
Température la plus élevée jamais enregistrée : Al-Aziziyah (Libye) : 58 °C
Vent le plus puissant (hors tornade) : Mt Washington (New Hampshire, É.-U.) 372 km/h

LES PLUS GRANDES ZONES PROTÉGÉES

Groenland du N.-E. 972 000 km²
Rub al-Khali (Arabie Saoudite) 650 000 km²
Great Barrier Reef, Australia 344 400 km²
Papahanaumokuakea Marine National Monument (États-Unis) 341 362 km²
Qiangtang (Chine) 298 000 km²
Îles Macquarie (Australie) 162 060 km²
Sanjiangyuan (Chine) 152 300 km²
Galápagos (Équateur) 133 000 km²

Dunes de sable dans le désert du Sahara.

SITES INTERNET

http://www.cnrs.fr/cw/dossiers/dosclim/index.htm – Une mine d'informations et d'illustrations originales validées par des chercheurs.
http://www.onf.fr/activites_nature/sommaire/decouvrir – Informations, activités et astuces pour bien connaître l'écosystème forestier.

Découvrir la vie animale

La diversité des formes de vie sur notre planète est stupéfiante. Il y a des animaux assez gros pour nous écraser, et d'autres si minuscules que l'on ne peut les voir sans microscope. La présence de l'être humain sur Terre est plutôt récente, bien plus que celle de la plupart des animaux, et pourtant la plus grande menace qui pèse sur beaucoup d'espèces est le fait des activités humaines.

Qu'est-ce qu'un animal ?

Les animaux sont des êtres vivants qui respirent l'oxygène de l'air. Ils sont capables de se mouvoir et de percevoir leur environnement.

Certains animaux vivent en solitaires et ne rencontrent leurs congénères que pour se reproduire. D'autres vivent en groupes sociaux parfois immenses : les hommes et les fourmis, par exemple.

Points communs

Les animaux sont presque tous dotés d'un cerveau, d'yeux, d'oreilles et de membres. Ce sont les seuls êtres vivants à posséder des muscles et des nerfs permettant mouvements et sensations.

Les orangs-outans vivent dans les forêts des îles de Bornéo et Sumatra.

Où vivent les animaux ?

L'environnement qu'occupe un animal constitue son habitat. Les habitats vont des cimes des montagnes au fond des océans. Certains animaux, appelés parasites, vivent sur ou dans le corps d'autres animaux et se nourrissent à leurs dépens. Les animaux sont très adaptables : certains survivent à la congélation ou au dessèchement.

À sang chaud

Les mammifères sont des animaux à sang chaud, dont l'organisme se maintient à une température constante. Ils conservent la chaleur grâce à leur pelage, et se rafraîchissent en agitant leurs grandes oreilles ou en transpirant.

À sang froid

Reptiles, amphibiens et poissons contrôlent leur température interne en se déplaçant entre lieux froids et chauds. Peu actifs quand il fait froid, ils se réchauffent au soleil. On les qualifie d'ectothermes, ce qui signifie que leur chaleur corporelle provient du milieu extérieur.

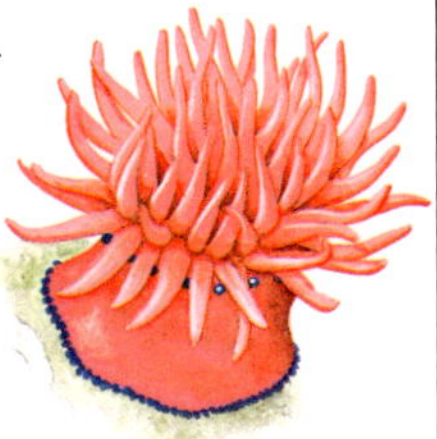

Les invertébrés

97 % des animaux actuels sont des invertébrés, dépourvus de colonne vertébrale et souvent de tout os, comme cette anémone de mer. Certains, comme les escargots, possèdent cependant une coquille externe.

Les vertébrés

Ces animaux possèdent une colonne vertébrale et généralement un squelette. Poissons, amphibiens, reptiles *(ci-dessous)*, oiseaux et mammifères appartiennent tous à ce groupe.

LES LOIS DE LA NATURE

PROIES ET PRÉDATEURS

Les animaux qui en chassent d'autres pour se nourrir sont des prédateurs. Ils sont équipés d'armes (dents acérées, griffes, venin…) ; pour se défendre, leurs proies recourent à diverses méthodes dont la vitesse, la couleur, la projection de substances diverses, le camouflage, des piqûres, etc. Cette coccinelle *(ci-dessus)* attaque sa proie favorite, un puceron.

Évolution et extinction

On estime à trente millions le nombre actuel d'espèces vivantes, mais depuis l'apparition de la vie il y en a eu quatre milliards et demi : presque toutes ont disparues, frappées d'extinction.

AU FIL DU TEMPS

Les chevaux ont beaucoup évolué en 55 millions d'années, s'adaptant à différents climats et habitats.

Hyracotherium, de la taille d'un chien, avait quatre orteils.

Meryhippus, deux fois plus gros, avait trois orteils.

Equus, le cheval moderne, a un orteil.

Les chevaux de course sont élevés pour leur vitesse et non leur force.

Chaque génération d'êtres vivants peut différer légèrement de la précédente. Au fil du temps, ces petites modifications deviennent de grandes différences. Cette adaptation permanente, c'est l'évolution.

S'adapter ou mourir

Pour survivre, les animaux ont dû s'adapter. Les extinctions ont souvent résulté de changements de niveau des mers, de températures ou de climat.

Proie trop facile, le dodo a disparu au XVIIe siècle.

Sélection par l'élevage

Les hommes ont modifié les caractéristiques d'animaux à leur profit. Ainsi, le chien, qui descend du loup, a été élevé pour la chasse, la garde des troupeaux, l'agrément…

La sélection naturelle

Le naturaliste britannique Charles Darwin (1809-1882) a montré que l'évolution des animaux dépendaient d'une « sélection naturelle ». Dans la lutte pour la vie, seuls survivent ceux qui ont réussi à s'adapter progressivement, au fil des générations, aux modifications de leur milieu.

Adaptation au milieu

Les ours bruns qui ont gagné le nord sont devenus de meilleurs chasseurs ; leur corps s'est protégé du froid par une couche de graisse ; leur fourrure a blanchi pour mieux les camoufler : ce sont désormais des ours blancs.

Les fossiles

Les restes d'animaux conservés dans la roche renseignent sur le lointain passé. À sa mort, l'ammonite (1) coule au fond de la mer, puis se recouvre de sédiments (2). La coquille durcit comme de la roche (3). La coquille fossilisée se conservera des millions d'années (4).

La même solution

Des espèces distinctes adoptent parfois la même solution. Les fourmiliers, tatous, oryctéropes et échidnés, qui ne sont pas apparentés, possèdent tous une langue poisseuse pour se nourrir de fourmis.

Le tamanoir se sert de sa longue langue poisseuse pour engluer et dévorer les termites dans leur termitière.

LES LOIS DE LA NATURE

LA FIN DES DINOSAURES

Les dinosaures ont disparu il y a 65 millions d'années, après avoir régné sur Terre pendant 160 millions d'années. Selon une hypothèse, un énorme astéroïde aurait percuté la Terre et soulevé tant de poussière que le soleil en aurait été masqué pendant de longs mois. Ceci tua les plantes dont se nourrissaient les dinosaures herbivores, qui ne purent survivre, entraînant la disparition des carnivores dont ils étaient la proie.

LA CLASSIFICATION

L'ENSEMBLE DU VIVANT EST CLASSÉ EN CATÉGORIES selon ses caractéristiques, au moyen du système de classification mis au point par le botaniste suédois Carl Linné au XVIIIe siècle. L'usage du latin permet aux scientifiques du monde entier de se comprendre.

LES QUATRE ÈRES

La vie est apparue il y a 3,5 milliards d'années, au Précambrien (violet). Le Paléozoïque (bleu) vit un foisonnement d'espèces et l'apparition des plantes. Il fut suivi par le Mésozoïque (vert), âge des reptiles. Le Cénozoïque (orange) est l'âge des mammifères.

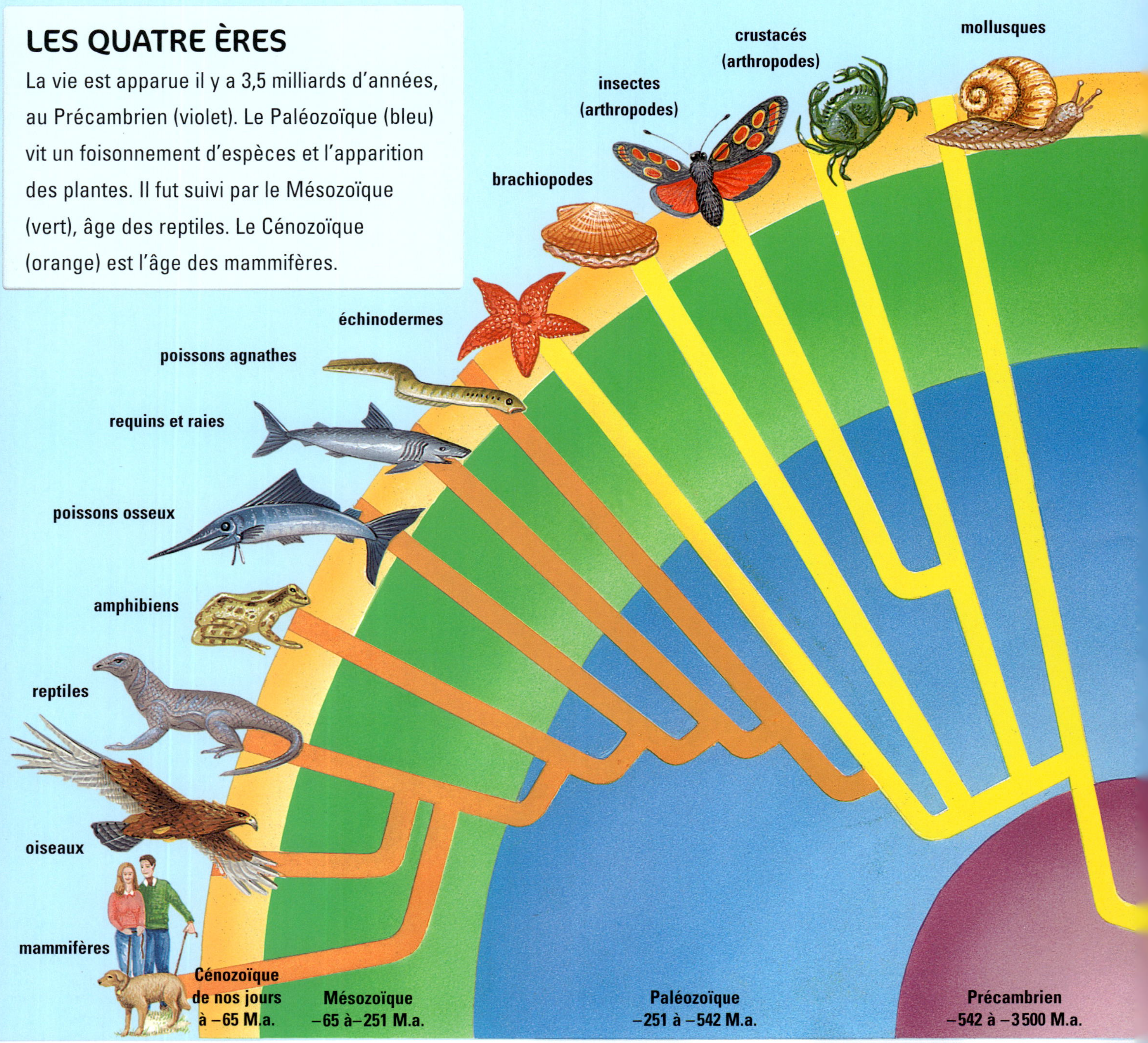

RÈGNES, PHYLUMS…

Les organismes vivants sont répartis en groupes appelés règnes, dont les plus importants sont ceux des animaux et des plantes. Ces règnes sont eux-mêmes divisés en embranchements, ou phylums.

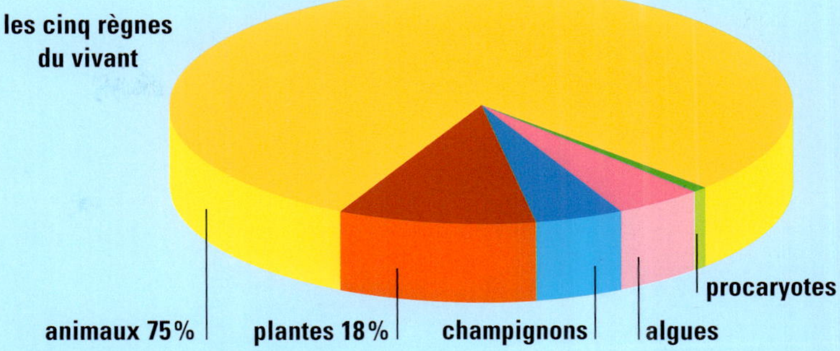

… CLASSES, FAMILLES, ESPÈCES

Chaque phylum est divisé en classes, ordres, familles, genres et espèces. Ainsi, les hommes appartiennent au phylum des Chordés (avec une colonne vertébrale), à la classe des Mammifères, à l'ordre des primates, à la famille des Hominidés (grands singes), au genre *Homo* (êtres humains), à l'espèce *sapiens* (homme pensant).

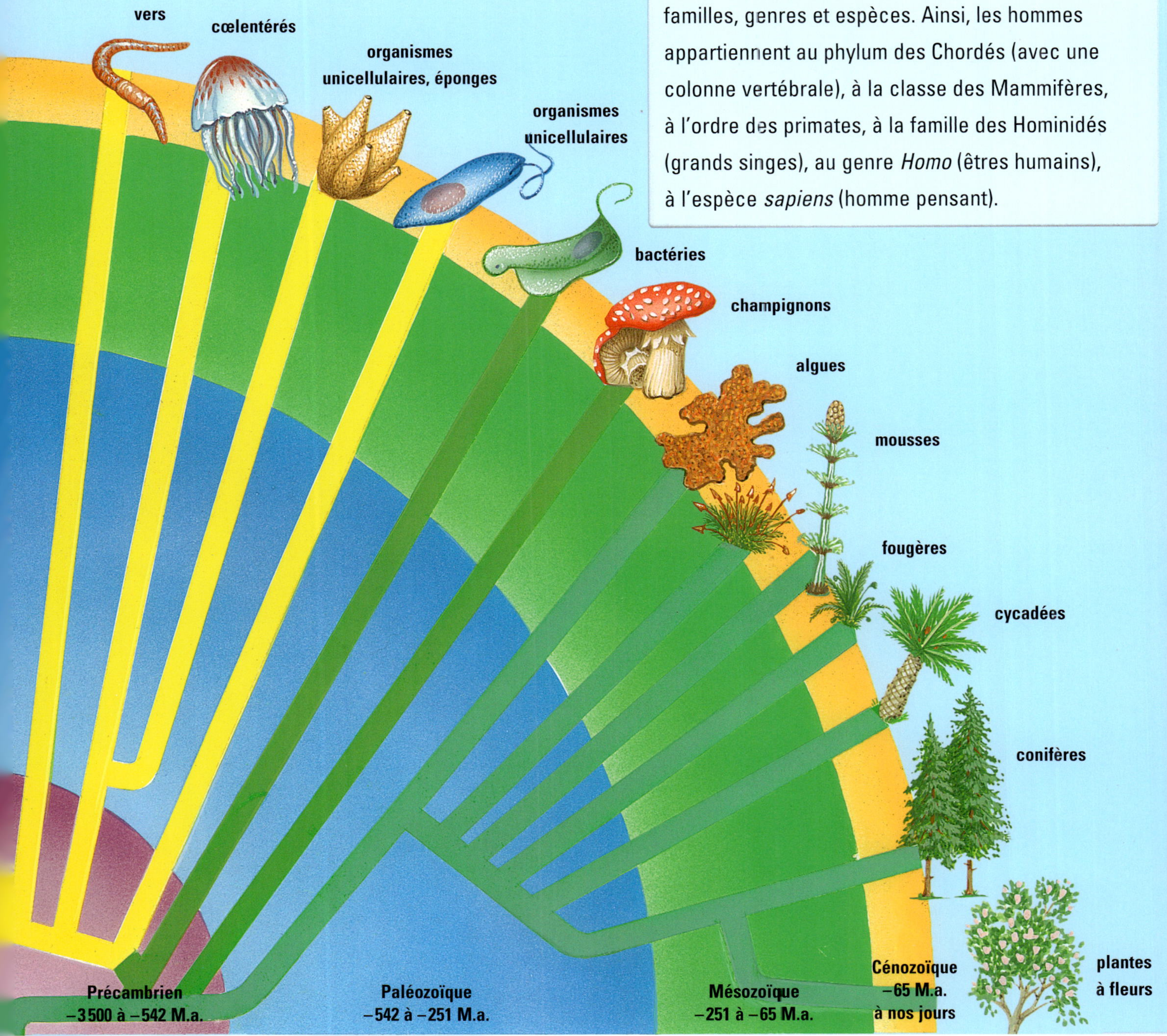

L'essor de la vie animale

La vie sur Terre est apparue il y a 3,5 milliards d'années, sous la forme de minuscules êtres unicellulaires. Ces premiers animaux étaient des invertébrés et vivaient dans la mer.

Les scientifiques pensent que la vie est apparue lorsque des substances chimiques contenant du carbone se sont combinées par hasard, en donnant des organismes vivants.

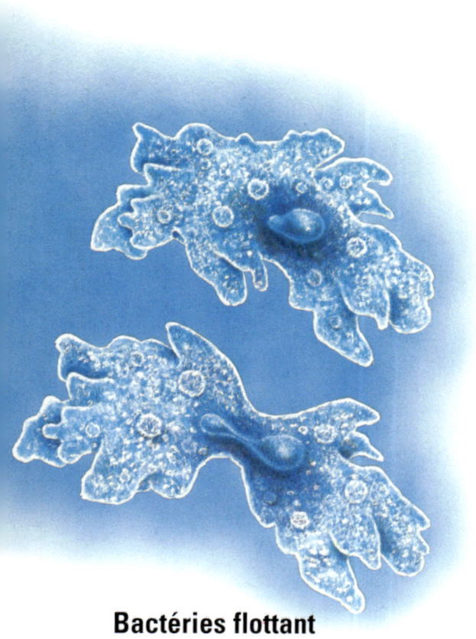

Bactéries flottant dans l'eau de mer

Les débuts de la vie

Les premières formes de vie, des bactéries unicellulaires (composées d'une seule cellule) en suspension dans la mer, existent encore. Elles se nourrissent de minuscules nutriments, ou fabriquent leur propre nourriture à l'aide de la lumière du soleil.

Les vers

Les premiers vers étaient petits et plats ; beaucoup vivaient dans l'organisme d'autres animaux, en parasites. Leur corps s'arrondit d'abord en un tube protecteur, puis se segmenta pour creuser le sol plus facilement.

Les vers sont des invertébrés.

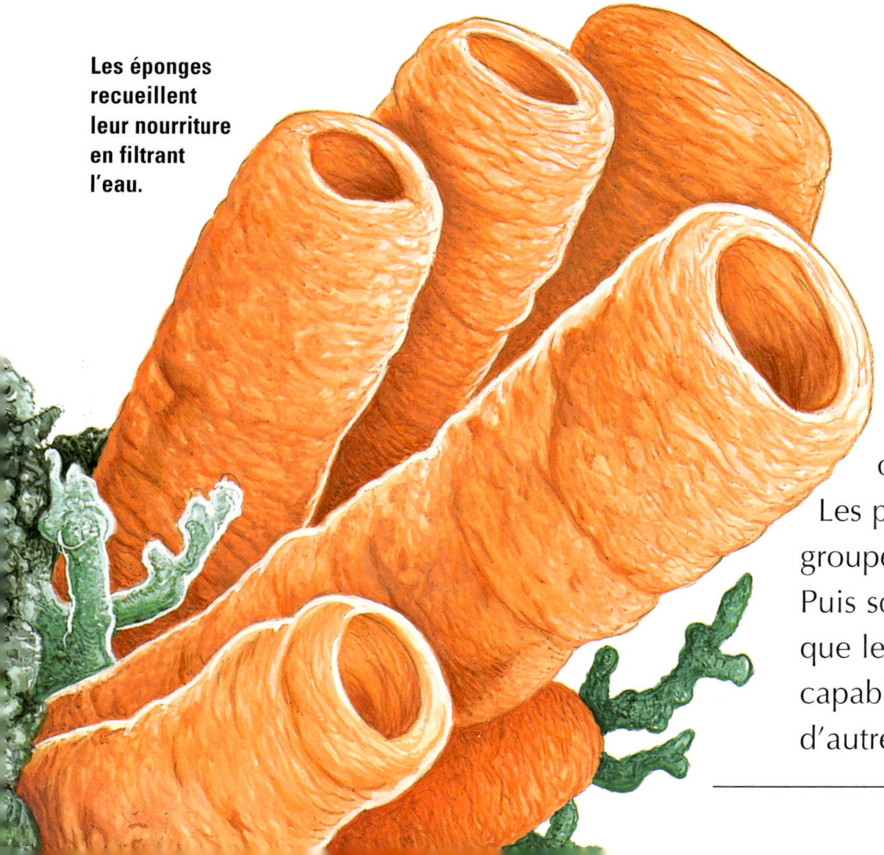

Les éponges recueillent leur nourriture en filtrant l'eau.

Les êtres multicellulaires

Il y a environ un milliard d'années, des organismes multicellulaires sont apparus. Les plus anciens, tels que les éponges, sont des groupes de cellules qui ne peuvent se déplacer. Puis sont apparus des êtres plus complexes, tels que les méduses et les anémones de mer, capables de chasser ou de se protéger en piquant d'autres animaux.

Les pieuvres possèdent des tentacules souples pourvus de ventouses pour s'accrocher aux rochers ou à leurs proies.

Mollusques à coquille

Certains êtres se dotèrent de coquilles et se servirent d'un pied unique en ventouse pour se déplacer ou se fixer aux rochers. La coquille des bivalves, divisée en deux, s'ouvre pour qu'ils se nourrissent et se ferme par mesure de protection.

La coquille des escargots protège leur corps mou.

Les céphalopodes

Issus des mollusques, ils sont plus évolués, et, pour la plupart, ont perdu leur coquille. Dotés d'un gros cerveau et d'une bonne vision, ils peuvent se propulser vers l'arrière en expulsant de l'eau. Les seiches et les pieuvres décontenancent leurs prédateurs en s'entourant d'un nuage d'encre.

Les crustacés

Les crustacés (homards, crabes et crevettes, par exemple) possèdent un corps segmenté, un squelette externe et des membres articulés. Leur coquille ne grandit pas : ils la quittent et en fabriquent une nouvelle.

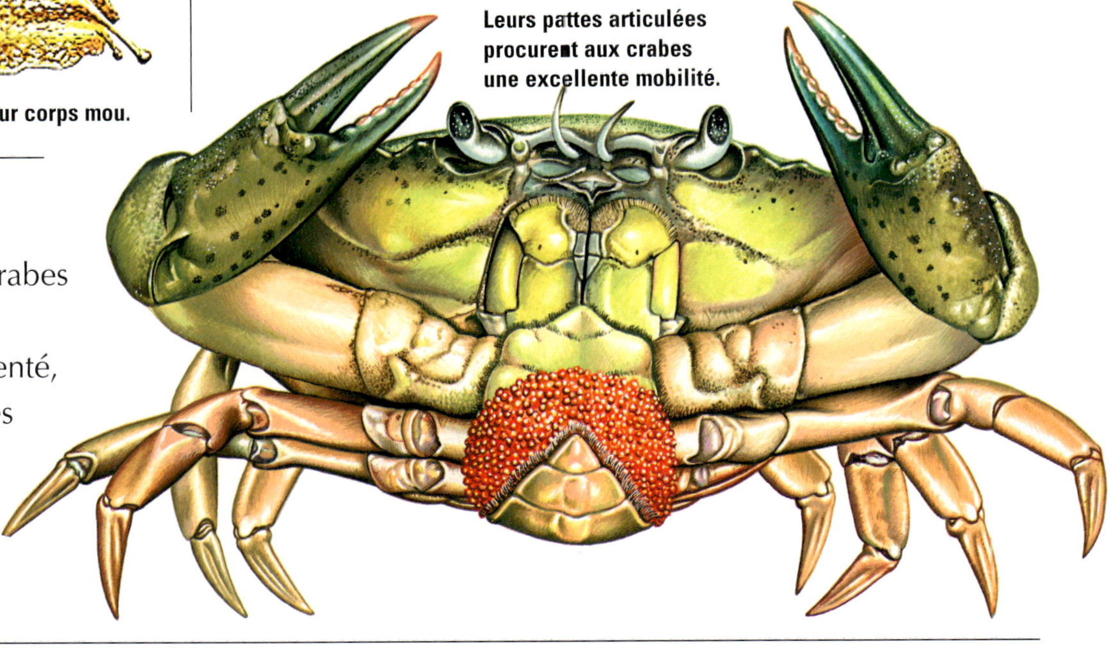

Leurs pattes articulées procurent aux crabes une excellente mobilité.

Les primates

Les 180 espèces de primates possèdent des membres longs, aux doigts et aux orteils souples – avec des ongles plutôt que des griffes, chez la plupart. Les plus évolués, y compris les êtres humains, sont intelligents et vivent en groupes sociaux.

La plupart des primates sont adaptés à la vie en forêt et se nourrissent principalement de fruits et de plantes (certains sont également carnivores). Beaucoup sont menacés, par la chasse ou par la destruction de leurs habitats.

Les gorilles atteignent 175 kg dans la nature et souvent beaucoup plus en captivité.

Les singes

Avec leurs mains préhensiles et leur longue queue souple, les singes, tels que ces singes hurleurs connus pour leur cri aigu, sont d'excellents grimpeurs, qui se balancent d'arbre en arbre. Leur grand estomac leur permet de digérer les feuilles, qui constituent leur principale nourriture.

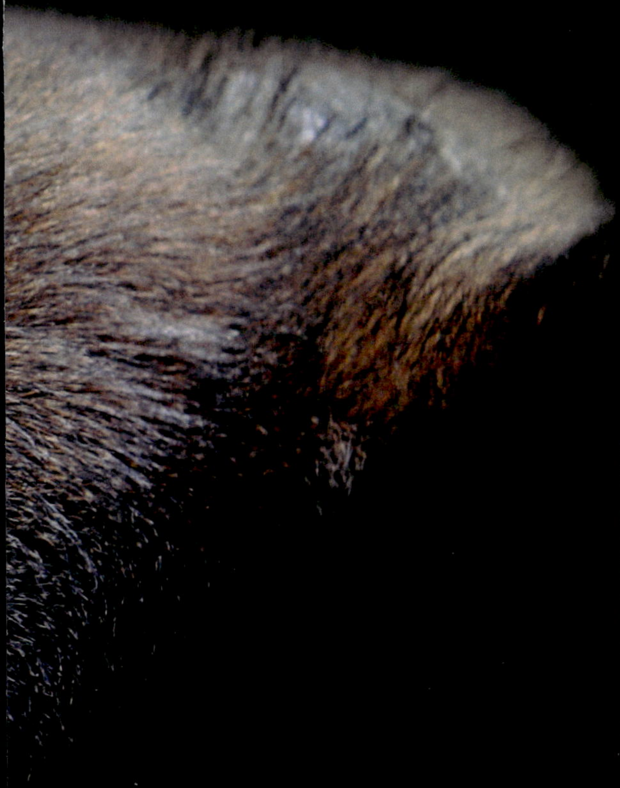

Les hommes

Contrairement aux grands singes, les hommes n'ont pas le corps couvert de fourrure, et ont donc besoin de vêtements. Ils marchent dressés sur leurs deux longues jambes aux grands pieds. Leur cerveau est le plus gros et le plus complexe qui soit, et ce sont les seuls animaux à utiliser le langage parlé et écrit.

Les lémuriens

Les lémurs, qui vivent exclusivement dans l'île de Madagascar, au large de l'Afrique de l'Est, y ont prospéré en l'absence de primates concurrents. Grâce à leur queue annelée, les lémurs catta (ou makis catta) se voient les uns les autres pendant qu'ils cherchent leur nourriture au sol.

Les grands singes

Les grands singes hominidés n'ont pas de queue. Les plus imposants sont les gorilles ; les plus intelligents, les chimpanzés, se servent de bâtons et de pierres comme outils et transmettent ce savoir à leurs petits. Tous sont quadrupèdes, et vivent en groupes comptant jusqu'à quarante individus.

Autres mammifères

Les mammifères, qui ont supplanté les anciens reptiles en tant qu'animaux dominants sur Terre, ont su s'adapter à des habitats très différents – sur terre, en mer et même parfois dans les airs.

On dénombre environ 4 500 espèces de mammifères. Tous possèdent des os, des dents et des poils, respirent au moyen de poumons et allaitent leurs petits (même les mammifères marins, tels que le dauphin).

La bonne température

Contrairement aux animaux à sang froid, les mammifères possèdent une température corporelle constante (d'environ 37°C pour les hommes). Chez la plupart d'entre eux, le pelage contribue à conserver la chaleur.

Mammifères volants

Les chauves-souris sont les seuls mammifères volants ; leurs ailes sont des membranes de peau. La plupart ont une vision médiocre ; comme les dauphins, elles recourent à l'écholocation : elles émettent des sons suraigus et évaluent les distances selon la vitesse à laquelle les sons leur reviennent.

LES MARSUPIAUX

Les petits naissent peu développés, et poursuivent leur croissance dans la poche de leur mère.

1

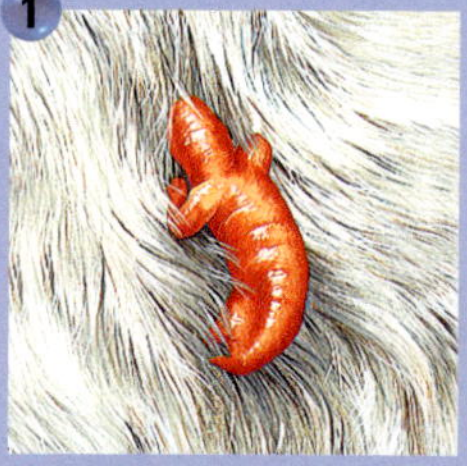

Le kangourou nouveau-né rampe jusqu'à la poche marsupiale.

2

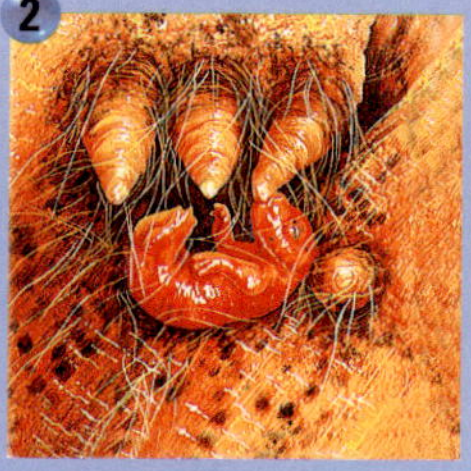

Il y trouve des tétines, et se nourrit de lait.

3

Le petit poursuit sa croissance pendant plusieurs mois dans la poche.

Le plus gros des mammifères

La baleine bleue peut mesurer 33 mètres de long et pèse jusqu'à 180 tonnes. Son cœur est aussi gros qu'une petite voiture. Dépourvue de dents, elle ouvre son immense bouche pour laisser pénétrer l'eau de mer, puis la filtre de ses fanons. Elle retient ainsi le krill (petites crevettes).

Les monotrèmes

Chez les échidnés et l'ornithorynque *(ci-dessous)*, qui vivent en Australie et en Nouvelle-Guinée, la femelle pond des œufs mais allaite ses petits. Ce sont les seuls mammifères dans ce cas.

Les grands félins

Le lion appartient à la sous-famille des grands félins, avec le tigre, le léopard, l'once et le jaguar. Ce lion se repose à découvert car il n'a pas de prédateur naturel. Ce sont les lionnes qui chassent pour nourrir la troupe. La plupart des autres félins vivent en solitaire.

Le plus petit mammifère terrestre

La musaraigne pygmée ne pèse que 2 grammes, mais elle consomme chaque jour son propre poids d'insectes. Son cœur bat à 750 pulsations par minute, deux fois plus quand elle est effrayée. Pour repousser les prédateurs, elle sécrète un liquide nauséabond.

L'ÉLÉPHANT

L'ÉLÉPHANT EST LE PLUS GROS MAMMIFÈRE TERRESTRE : il pèse jusqu'à 6 tonnes. Les éléphants d'Afrique et d'Asie (plus petit) sont très intelligents, capables d'apprendre et de transmettre leurs compétences.

LA VIE DE FAMILLE

Les éléphants vivent en troupeaux d'une dizaine d'individus, sous la conduite d'une femelle. La gestation dure une vingtaine de mois ; le groupe tout entier accueille et prend soin des éléphanteaux, qui à la naissance pèsent un quintal (100 kg) environ. Les mâles quittent le troupeau vers l'âge de 14 ans.

LA TROMPE DE L'ÉLÉPHANT

Sa trompe est très utile à l'éléphant : elle lui permet de sentir, de respirer, mais aussi de boire 100 litres d'eau par jour et de saisir sa nourriture, 250 kg d'herbes, de plantes et de fruits. L'éléphant s'en sert aussi pour communiquer, percevoir les vibrations du sol, faire sa toilette, ou encore saisir des bâtons pour se gratter.

ÉLÉPHANTS D'AFRIQUE

On distingue deux espèces d'éléphants en Afrique : l'éléphant des forêts et celui des savanes. Tués pour leurs défenses d'ivoire, ces pachydermes sont également chassés par les paysans car ils dévastent les cultures. Alors qu'ils étaient plusieurs millions autrefois, ils ne sont plus qu'un demi-million, et sont donc menacés.

Les oiseaux

Les oiseaux sont les seuls vertébrés capables de voler. Ce sont aussi les seuls animaux qui possèdent des plumes.

OISEAUX AQUATIQUES
Grâce à leurs pattes palmées, les oiseaux aquatiques sont d'excellents nageurs.

Les canards peuvent voler et nager très longtemps.

Les oies s'assemblent en volées pour migrer.

Les hérons sont des échassiers.

Les cygnes sont les plus gros des oiseaux aquatiques.

On dénombre quelque 9 600 espèces d'oiseaux. La plupart d'entre eux peuvent voler, ce qui leur permet de se protéger des autres animaux.

Les aigles se nourrissent entre autres de poissons.

Oiseaux marins

La mer et le littoral sont le lieu de vie de nombreux oiseaux marins. Certains ne viennent à terre que pour se reproduire et élever leurs petits. Ces frégates *(ci-dessus)* attaquent des phaétons pour dérober leurs proies.

Oiseaux de proie

Ces rapaces (aigles, faucons, chouettes, etc.) se nourrissent d'autres animaux. Grâce à leur excellente vue, ils repèrent de très haut leurs proies, qu'il saisissent dans leurs serres acérées et tuent de leur bec crochu.

Incapables de voler

Certains oiseaux, tels que nandous, émeus et casoars sont incapables de voler mais excellent à la course (les plus rapides sont les autruches, qui dépassent les 70 km/h) ou à la nage, comme ces manchots empereurs.

Oiseaux des tropiques

De nombreux oiseaux exotiques vivent dans les forêts tropicales humides, où ils se nourrissent de fruits. Les perroquets, dont les couleurs éclatantes dissuadent les prédateurs, sont les seuls oiseaux à tenir leur nourriture avec leurs pattes.

Les échassiers

Ces oiseaux aux longues pattes se nourrissent dans des eaux peu profondes. Les flamants roses *(ci-dessus)* se servent de leur bec pour filtrer la vase.

C'EST SCIENTIFIQUE !

NIDS ET OISILLONS

Les oiseaux pondent des œufs d'où sortent des oisillons. Ils construisent des nids dans les arbres et autres lieux inaccessibles afin de les protéger des prédateurs. Selon les espèces, les femelles pondent jusqu'à 20 œufs, qu'elles couvent. Il arrive souvent que les deux parents nourrissent leurs petits jusqu'à ce que ceux-ci soient capables de se débrouiller seuls.

Les serpents

Les serpents sont des reptiles dépourvus de pattes, de paupières ou d'oreilles externes. Leur peau est recouverte d'écailles lisses et sèches.

700 espèces de serpents sont venimeuses. Ils paralysent ou tuent leurs proies en leur injectant un poison contenu dans leurs crochets.

Un anaconda s'apprête à dévorer entier un cabiai.

Dangereux prédateurs

Carnivores, les serpents ne se nourrissent que de viande ou d'œufs. Ils mordent, paralysent ou étouffent leurs proies, puis les dévorent entières grâce à leurs mâchoires élastiques.

Déplacements

Les serpents ne se déplacent pas tous de la même manière. Certains ondulent d'un côté et de l'autre, d'autres projettent leur corps vers l'avant, et d'autres encore rampent sur leurs écailles. Un crotale, le « sidewinder » *(ci-dessus)*, jette son corps sur le côté, au-dessus du sable. Certains serpents atteignent la vitesse de 20 km/h.

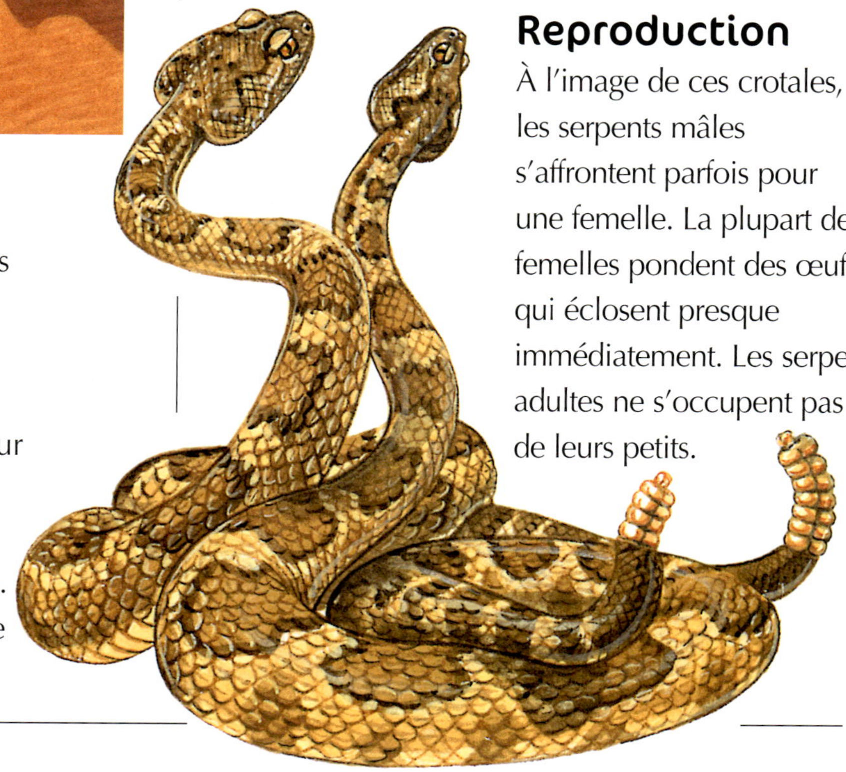

Reproduction

À l'image de ces crotales, les serpents mâles s'affrontent parfois pour une femelle. La plupart des femelles pondent des œufs qui éclosent presque immédiatement. Les serpents adultes ne s'occupent pas de leurs petits.

Sa couleur verte permet à ce crotaliné *(Trimeresurus trigonocephalus)* de se fondre dans les arbres et buissons où il vit. Ce serpent possède de part et d'autre de la tête un organe sensoriel creux qui lui permet de détecter la chaleur émise par ses proies (oiseaux, rats, grenouilles, lézards…).

Un bon odorat

Les serpents ont une vue médiocre et ne perçoivent que les sons graves. Leur sens le plus important est l'odorat : ils se servent de leur langue bifide, en mouvement constant, pour savoir d'où vient une odeur. Ils sentent aussi les vibrations du sol, et beaucoup captent les rayonnements infrarouges émis par les proies.

Autres reptiles

Les reptiles furent les premiers vertébrés à survivre sur la terre ferme. Ils peuplent aujourd'hui tous les continents, à l'exception de l'Antarctique.

SUR LA PLAGE
La plupart des reptiles pondent des œufs. Les tortues marines pondent dans le sable.

1

La femelle se hisse sur la plage.

2

Elle pond ses œufs et regagne la mer.

3

Les petites tortues se servent de leur bouche pour éclore.

4

Elles rampent instinctivement vers la mer.

La peau des reptiles est recouverte d'écailles dures, en kératine. Elle ne grandit pas, ils doivent donc en changer régulièrement.

Terrestres ou marines

Les tortues sont les seuls reptiles à posséder une carapace dure où rentrer la tête, les pattes et la queue. Certaines espèces sont marines, d'autres terrestres.

Les caméléons

Ces animaux changent de coloration en fonction de leur environnement. Un tel camouflage leur sert à se dissimuler dans les arbres dans la journée. Ils sortent surtout la nuit.

Les lézards

Les lézards possèdent généralement une longue queue, que certains peuvent abandonner à leurs prédateurs pour pouvoir s'enfuir. La plupart vivent au sol mais certains sont bons grimpeurs.

Le varan (ou dragon) de Komodo, qui vit en Indonésie, est le plus gros des lézards. Il est capable de s'attaquer à des animaux de la taille d'un cerf.

Système de défense

Lorsqu'il est menacé, le lézard à collerette se fait effrayant en déployant sa collerette jaune et rouge, en montrant ses dents, en sifflant et en agitant sa queue. Il peut aussi se réfugier dans un arbre.

Les alligators vivent aux États-Unis et en Chine.

Les crocodiles vivent en Afrique, en Asie, en Amérique et en Australie.

Les gavials vivent en Asie.

Crocodiles et alligators

A l'affût dans l'eau, ces reptiles ne laissent affleurer que leurs yeux et leurs narines. Le museau étroit du gavial est propice à la capture des poissons. Les quatrièmes dents du bas du crocodile sont toujours apparentes.

ÉTONNANTE NATURE !

UN REPTILE ACROBATE

Le gecko est capable de marcher ou de courir sur des surfaces verticales, ou la tête en bas. Il ne possède pas de ventouses, mais chacun de ses orteils est hérissé de milliers de minuscules poils aplatis en spatule à leur extrémité, qui lui procurent une extraordinaire adhérence.

Les iguanes

L'iguane, l'un des plus gros lézards herbivores, est capable de se laisser tomber au sol depuis de grandes hauteurs, en se servant de ses puissantes griffes arrière pour freiner sa chute.

Les seuls iguanes marins, qui plongent à la recherche des algues dont ils se nourrissent, vivent sur les côtes rocheuses des îles Galápagos.

Les amphibiens

Les amphibiens vivent dans et hors de l'eau. Ces animaux à sang froid prospèrent dans des habitats très variés – déserts, montagnes, forêts pluviales – là où il y a de l'eau douce.

Les crapauds ont une peau verruqueuse.

Les amphibiens (autrefois appelés batraciens) respirent au moyen de branchies, comme les poissons, ou de poumons, comme les mammifères, parfois des unes et des autres. La plupart des adultes respirent aussi par la peau.

Protection

Les amphibiens sont des proies tentantes. Ils se protègent au moyen de glandes venimeuses qui irritent leurs agresseurs, et certains présentent une peau vivement colorée pour dissuader les prédateurs.

Métamorphose

Les jeunes amphibiens changent de forme au cours de leur développement. Nés dans le frai (amas d'œufs fécondés), ils deviennent des têtards pourvues de branchies, puis se dotent de poumons et de pattes.

Les batraciens

Grenouilles et crapauds possèdent des yeux globuleux, une langue poisseuse, des pattes palmées. Les grenouilles attendent que leurs proies passent à leur portée.

salamandre terrestre

Les salamandres

Ces amphibiens ont une longue queue et de courtes pattes, qui se régénèrent lorsqu'elles sont sectionnées. La salamandre terrestre *(ci-dessus)*, présente des bandes jaunes sur fond noir.

Communication

Grenouilles et crapauds communiquent par le son. Certains emplissent d'air une poche de peau élastique sous leur gorge, et la vident en émettant un coassement caractéristique.

Les tritons

triton crêté

La plupart des tritons sont aquatiques, mais certains sont adaptés à la vie terrestre et ne regagnent l'eau que pour se reproduire. Ils avalent leurs proies – poissons, insectes – entières.

Dans les cavernes

Le protée anguillard ou salamandre des grottes se glisse dans les anfractuosités des cavernes pour y chasser vers et insectes. Il conserve à l'âge adulte des branchies externes et reste aveugle.

salamandre des grottes

ÉTONNANTE NATURE !

LA VIE DANS LES ARBRES

Les grenouilles arboricoles possèdent une peau très épaisse, grâce à laquelle ils résistent à la sécheresse. Petites et légères, leurs doigts incurvés et munis de disques enduits d'un mucus gluant leur permettent de se maintenir sur les plus glissantes des feuilles. Certaines grenouilles arboricoles sautent dans les airs et planent en étendant leurs orteils palmés à la manière de parachutes.

LES MIGRATIONS

CERTAINS ANIMAUX parcourent de très longues distances chaque année, ou plusieurs fois au cours de leur vie, pour trouver leur nourriture, pour échapper au froid ou pour se reproduire. Certains ont recours à des repères, d'autres se guident d'après les étoiles. Sans raison apparente, certains oiseaux négligent parfois des habitats propices sur leur parcours, sans doute parce qu'ils suivent des instincts très anciens.

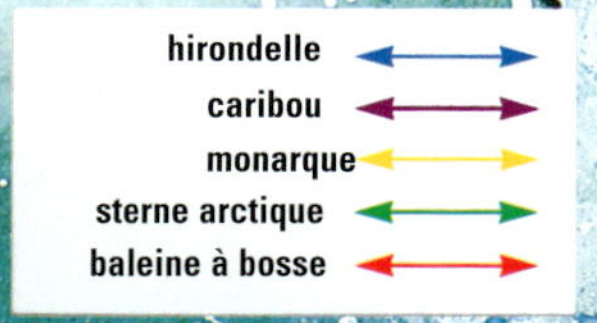

QUELQUES RECORDS

Les baleines à bosse parcourent 25 000 km par an, des mers polaires jusqu'aux mers plus chaudes où elles se reproduisent. Les papillons monarques volent sur 3 200 km, des Grands Lacs d'Amérique du Nord jusqu'au Mexique. À travers la toundra arctique, les caribous franchissent jusqu'à 2 000 km. Certaines hirondelles parcourent 10 000 km, de l'Europe à l'Afrique du Sud. La minuscule sterne arctique effectue le plus long périple : 35000 km jusqu'à l'Antarctique, et retour.

LE VOYAGE DU SAUMON

Les saumons naissent dans des torrents, puis descendent vers la mer pour trouver leur nourriture. Après un à quatre ans, ils reviennent se reproduire dans leur cours d'eau natal, parcourant d'énormes distances sans s'alimenter. La longue lutte contre le courant, qui les oblige à remonter des cascades, les épuise tant que nombre d'entre eux périssent. D'autres accomplissent ce périple plusieurs fois dans leur vie.

La vie dans l'eau

La majeure partie de la Terre est recouverte d'eau, et les poissons y occupent une place de choix. Ils respirent au moyen de branchies.

On compte trois grandes sortes de poissons : agnathes, cartilagineux et osseux. Environ 95 % des poissons sont osseux.

Eau douce

Certains poissons vivent dans l'eau douce des lacs et rivières. Les uns, comme les truites, affectionnent les eaux vives, d'autres, dont les carpes, préfèrent les eaux calmes.

Le poisson archer crache un jet d'eau sur sa proie, et la fait tomber à l'eau.

LES LOIS DE LA NATURE

LA VIE DANS LES MARES

Les mares regorgent de nutriments, et abritent donc souvent une faune riche. On élève également des poissons dans des mares depuis des millénaires. Carpes koï *(ci-dessus)* et poissons rouges, fréquents hôtes des mares, sont un mets de choix pour des prédateurs tels que les hérons.

Agnathes

Ces poissons primitifs, sans mâchoires, aspirent les nutriments du fond de la mer ou se fixent à leur proie, en trouent la peau et en raclent les chairs. Quelques agnathes seulement, dont cette lamproie et les myxines, ont survécu jusqu'à nos jours.

Poissons des abysses

À plusieurs centaines de mètres sous la surface, la mer est sombre, froide et pauvre en nourriture. Les poissons qui y vivent sont lents et possèdent souvent de gros yeux et des éléments luminescents pour détecter les proies et attirer des partenaires.

Cette baudroie abyssale éclaire un appendice pour attirer ses proies. De nombreux poissons des profondeurs produisent une telle bioluminescence.

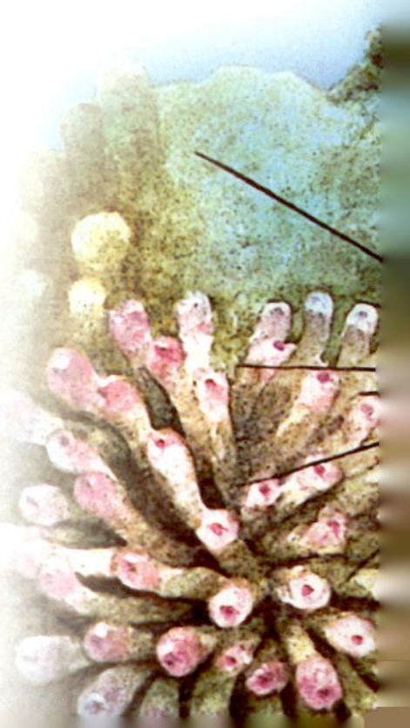

Autodéfense

Certains poissons dissuadent les prédateurs au moyen de leur venin ou de leurs couleurs vives. D'autres disposent de moyens plus spectaculaires : menacé, le poisson porc-épic *(ci-dessus)* avale de l'eau, afin de gonfler et de faire ressortir ses piquants.

Un prédateur des océans

Le requin est un tueur très efficace, qui chasse ses proies à l'odorat. Ses mâchoires puissantes sont hérissées de nombreuses dents, qui sont constamment remplacées. Son squelette est cartilagineux. Les requins doivent nager en permanence pour ne pas couler.

Un requin bleu dévore un calmar.

Les récifs coralliens

Le corail est constitué de millions de minuscules organismes vivants, appelés polypes. Au fil du temps, l'accumulation des coquilles protectrices de ces polypes crée un récif, qui offre abri et nourriture à quantité d'espèces animales. Des poissons se cachent dans les anfractuosités du récif, où vivent également poulpes, murènes, étoiles de mer, mollusques et autres animaux marins.

Le camouflage

Certains animaux ont recours au camouflage pour échapper au regard de leurs proies ou de leurs prédateurs. Le mode de dissimulation le plus simple est celui du ver, dont la peau a la même coloration que la terre.

Le camouflage est particulièrement important pour les animaux actifs dans la journée – ils sont alors plus aisément visibles. Certains se tiennent immobiles afin de ne pas trahir leur présence, d'autres imitent le cri de bêtes féroces.

Couleur et camouflage

La couleur – ou l'absence de couleur, dans le cas des crevettes, transparentes – permet à un animal de se fondre dans son environnement. La fourrure du paresseux *(ci-contre)* est rendue verdâtre par les bactéries qu'elle abrite, qui réagissent à la forte humidité régnant dans les forêts pluviales d'Amérique du sud où il vit.

Mimétisme

Certains animaux imitent la nature environnante. Le corps et les pattes grêles du phasme ressemblent à des brindilles. Si on le dérange, il se laisse tomber comme du bois mort. Les ailes d'autres insectes ressemblent en tous points à des feuilles, avec leurs nervures.

Confusion

Des rayures ou des taches rappelant l'environnement d'un animal peuvent lui permettre de passer inaperçu. Lorsque les zèbres sont en mouvement, les lions peinent à distinguer leurs silhouettes des hautes herbes.

Insectes et araignées

On compte six insectes pour chaque autre animal sur Terre. Les insectes sont présents sur notre planète depuis 500 millions d'années, dans presque tous les milieux, sauf la mer.

Les insectes, qui se nourrissent d'animaux morts, de végétaux en décomposition et d'autres débris, sont des recycleurs indispensables. Les abeilles, par exemple, jouent un rôle crucial dans la reproduction des plantes. *(voir pages 78-79)*.

Anatomie des insectes

Les insectes possèdent six pattes et un corps en trois parties – tête, thorax et abdomen – que protège un exosquelette (carapace). Ils n'ont pas de poumons, mais respirent par des orifices situés sur leurs flancs.

Quel est ce bruit ?

Le bourdonnement des insectes qui volent est produit par le battement très rapide de leurs ailes. Les ailes des moustiques battent 500 fois par seconde, et celles d'autres insectes jusqu'à 1000 fois par seconde.

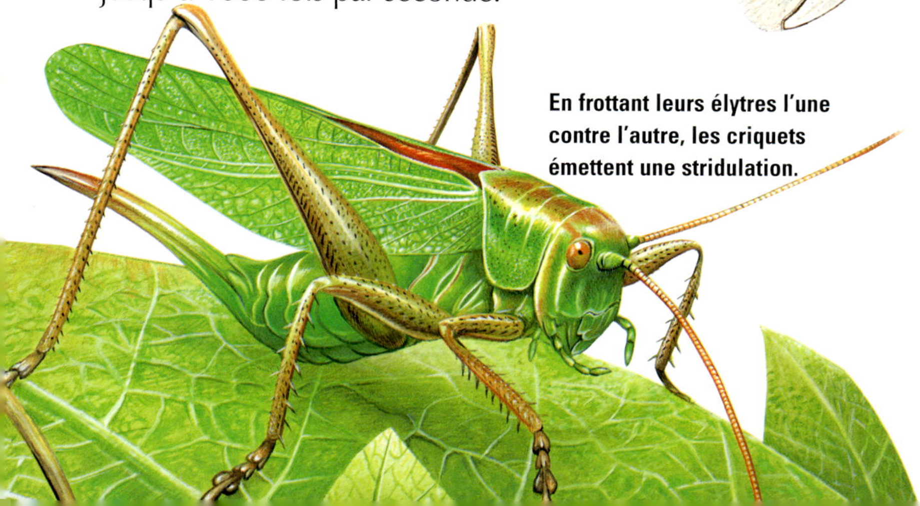

Les fourmis

Les fourmis vivent en colonies au sein desquelles chacune a une fonction. Ces fourmis champignonnistes coupent des feuilles qui serviront de support au champignon dont elles se nourrissent.

Le processus de transformation de la chenille en papillon est appelé « métamorphose ».

1. Une minuscule larve sort des oeufs et cherche à s'alimenter.

2. La chenille grandit, puis se fixe à une brindille.

3. Elle s'entoure d'une chrysalide verte.

4. Un papillon se forme dans la chrysalide.

5. La chrysalide se fend, livrant passage au papillon adulte.

Deux lucanes à la lutte.

Les coléoptères

Les coléoptères, au corps protégé par une paire d'ailes dures, les élytres, sont les insectes les plus répandus. Les lucanes, les coccinelles ou les lucioles sont des coléoptères. Certains dévorent les cultures.

La libellule

La libellule possède deux paires d'ailes qui fonctionnent indépendamment l'une de l'autre, ce qui lui permet de changer très vite de direction lorsqu'elle repère un danger ou une proie.

Des larves à l'adulte

Les insectes pondent des oeufs, d'où sortent des larves, qui souvent ne ressemblent pas du tout à l'adulte, l'imago. Selon les espèces, les larves acquièrent peu à peu les caractéristiques de l'adulte, comme le criquet ou la libellule, ou subissent une métamorphose complète, comme le papillon *(ci-dessus)* ou la mouche.

ÉTONNANTE NATURE !

LES ARACHNIDES

Les araignées ne sont pas des insectes mais des arachnides, au corps en deux parties (tête et thorax sont combinés) et à huit pattes. Ces prédatrices tuent ou paralysent leurs proies, prises au piège dans leur toile, de leur morsure venimeuse. Les araignées possèdent 8 yeux, mais se fient pour chasser aux vibrations de leur toile.

Les animaux en chiffres

Les êtres humains sont minoritaires sur notre planète : pour chacun d'entre nous, on compte environ 200 millions d'insectes, dont un million de fourmis. Il y a aussi deux dauphins et sans doute un rat pour chaque homme, femme ou enfant.

DURÉE DE VIE DE QUELQUES ESPÈCES

Libellule : 24 heures
Souris : 2 à 3 ans
Lapin : 5 ans
Kangourou : 9 ans
Poule : 15 ans
Lion : 25 ans
Hippopotame : 40 ans
Dauphin : 65 ans
Éléphant : 70 ans
Perroquet : 80 ans
Tortue : 100 ans
Ver tubicole des abysses : 170 à 250 ans

L'animal ayant vécu le plus longtemps serait une palourde américaine : 405 ans.

LES PLUS RAPIDES

Dans les airs : faucon pèlerin 320 km/h
À l'attaque : les mâchoires de la fourmi *Odontomachus* se referment à 230 km/h
Sur terre : guépard 110 km/h
Dans l'eau : poisson voilier 110 km/h
Cheval de course : 80 km/h
Chien de course : lévrier 72 km/h
Oiseau coureur : autruche 70 km/h
Insecte : libellule 58 km
Baleine : épaulard 56 km/h
Homme : 45 km/h
Reptile : iguane à queue épineuse 34 km/h
Insecte coureur : blatte 5 km/h

DURÉE MOYENNE DE GESTATION

Hamster : 16 jours
Souris commune : 19 jours
Lapin : 32 jours
Chat : 62 jours
Chien : 65 jours
Lion : 108 jours
Mouton : 148 jours
Chimpanzé : 237 jours
Homme : 260 à 290 jours
Dauphin : 276 jours
Baleine : 365 jours
Girafe : 395 à 425 jours
Chameau : 406 jours
Rhinocéros : 560 jours
Éléphant d'Asie : 624 jours

Une chouette hulotte s'apprête à se poser.

SITES INTERNET

http://www.futura-sciences.com/fr/sciences/dossiers/vie/zoologie/ - Des informations sur les animaux.

http://biodiversite.mediasfrance.org - Des explications, des plans d'actions pour conserver la biodiversite, des jeux en ligne.

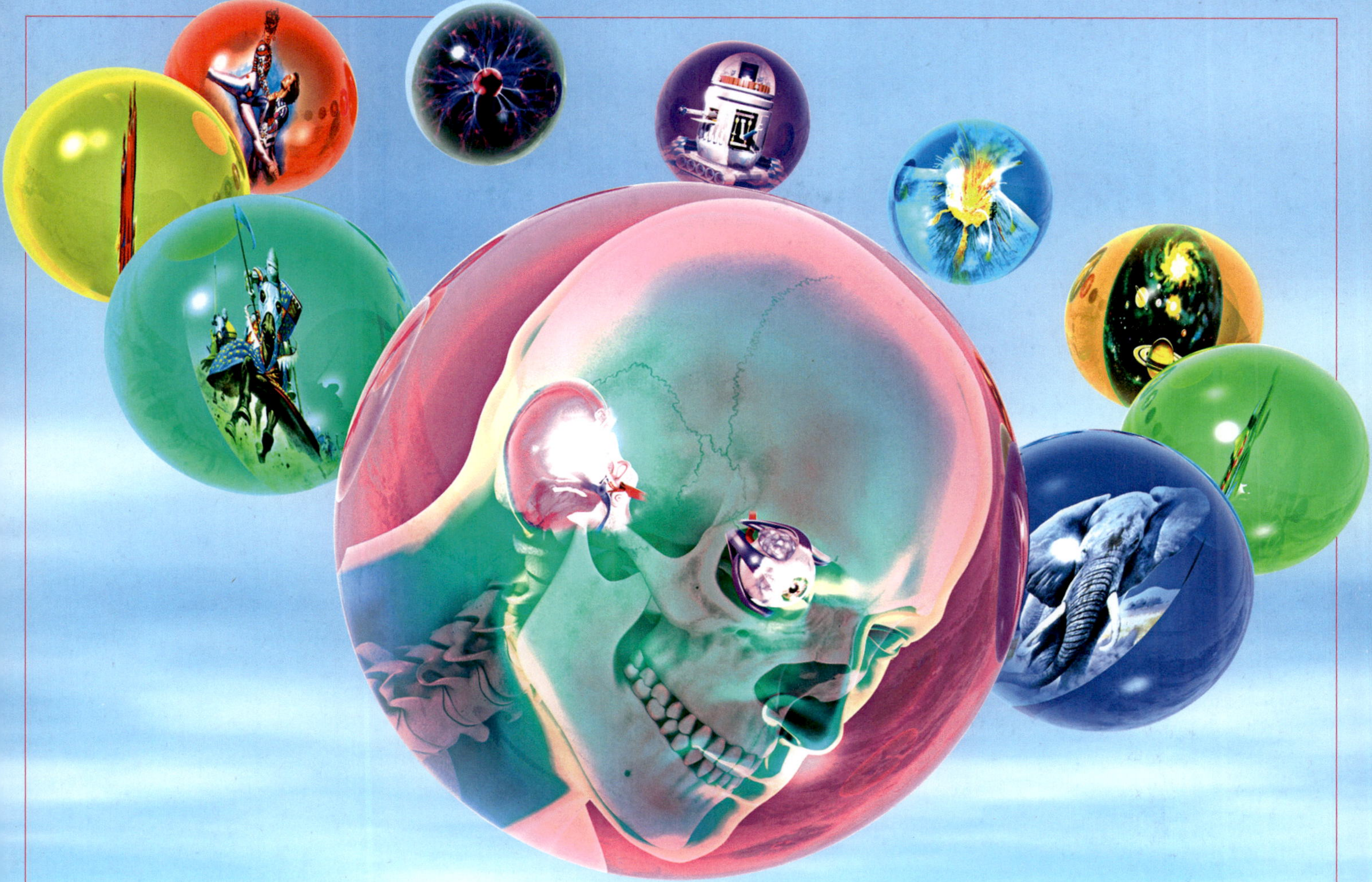

Découvrir le corps humain

Les hommes dominent les autres espèces animales non par leur force physique, mais par leur intelligence : notre capacité à parler, à imaginer et à construire remplace les crocs et les griffes. Notre corps a besoin de protection et de soins, qu'apportent les vêtements et les précautions d'hygiène, mais il s'adapte très bien à son environnement, ce qui nous assure une longévité supérieure à celle de la plupart des autres animaux.

Le squelette

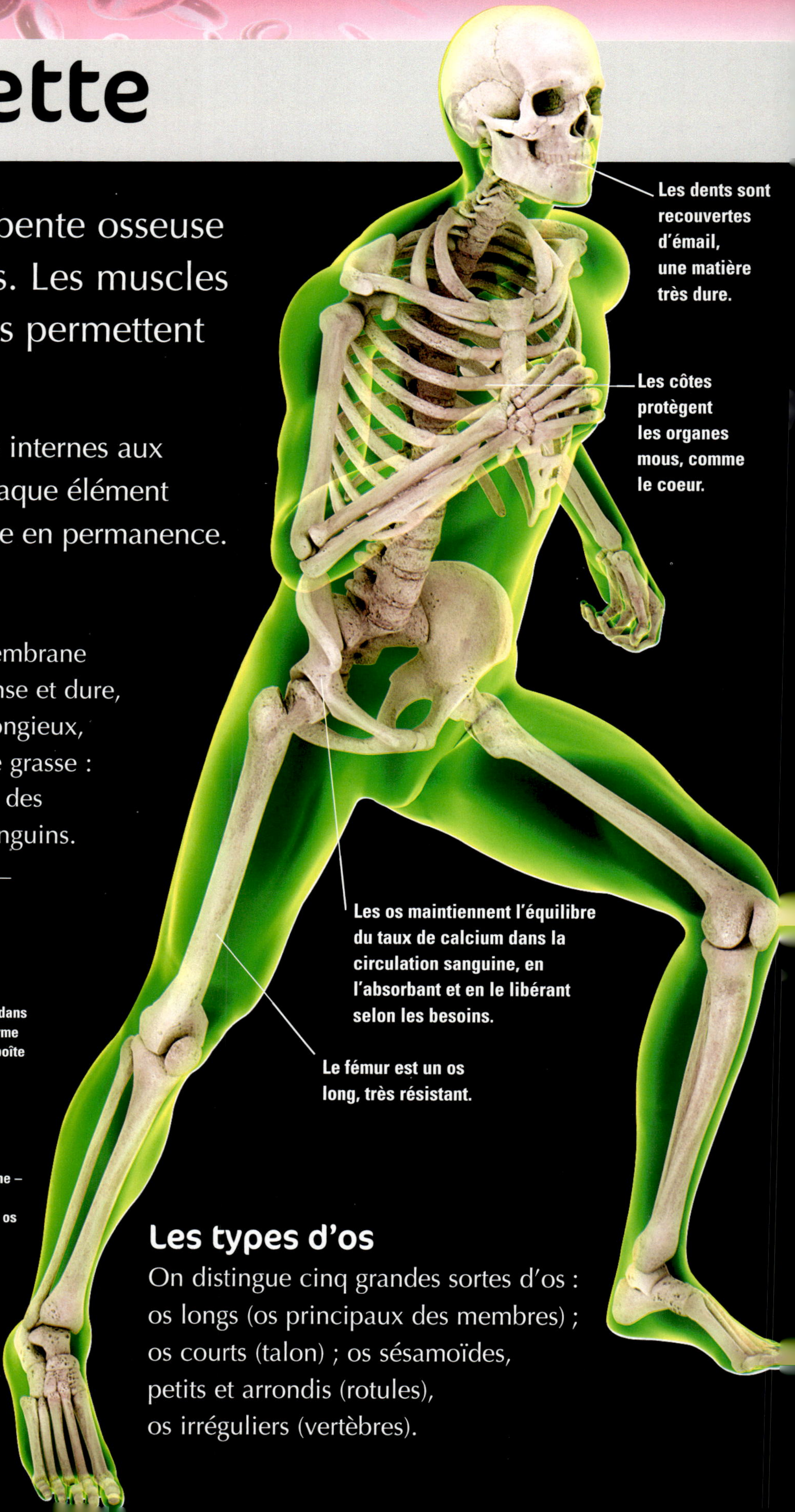

Le squelette est la charpente osseuse qui soutient notre corps. Les muscles qui y sont attachés nous permettent de bouger.

Des six osselets de nos oreilles internes aux six longs os de nos jambes, chaque élément de notre squelette se renouvelle en permanence.

La structure de l'os

Chaque os est enveloppé d'une membrane recouvrant une couche externe dense et dure, sous laquelle se trouve un tissu spongieux, plus léger, entourant une substance grasse : la moelle. Les os contiennent aussi des réseaux de nerfs et de vaisseaux sanguins.

Pivot – la première vertèbre pivote autour de la deuxième.

Charnière – l'un des os du genou s'emboîte dans la tête incurvée d'un autre os.

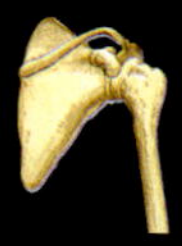

Joint à rotule – dans l'épaule, une forme sphérique s'emboîte dans un creux.

Articulation en selle – la base de l'os du pouce s'emboîte dans la forme en « u » de l'os du poignet.

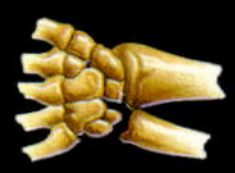

Joint ellipsoïdal – la forme ovoïde de l'os de l'avant-bras s'emboîte dans celle en coupe du poignet.

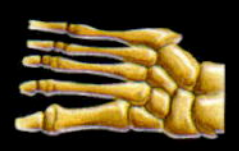

Articulation plane – permet les glissements des os du talon.

Les articulations.

Les articulations sont des jonctions entre des os. La plupart autorisent un mouvement dans plusieurs directions, seules quelques articulations ne sont pas mobiles

Les types d'os

On distingue cinq grandes sortes d'os : os longs (os principaux des membres) ; os courts (talon) ; os sésamoïdes, petits et arrondis (rotules), os irréguliers (vertèbres).

Le cartilage

Ce tissu souple et résistant présente une surface lisse qui permet le mouvement aisé des articulations. C'est le cartilage qui donne leur forme aux oreilles et au nez.

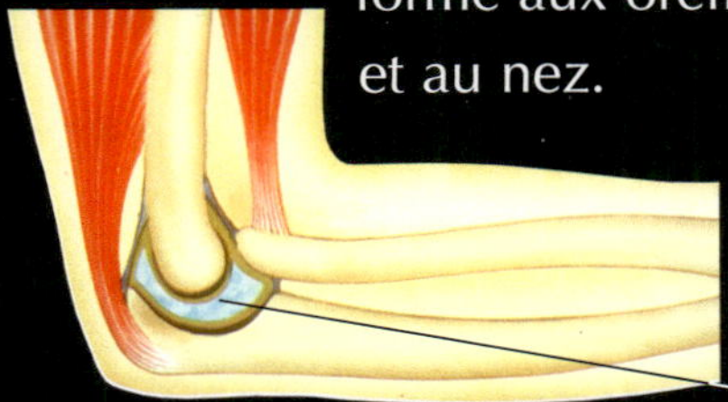

Les éléments du squelette

Le squelette est constitué de 206 os. Ceux-ci permettent le mouvement, donnent sa forme au corps et protègent les organes internes.

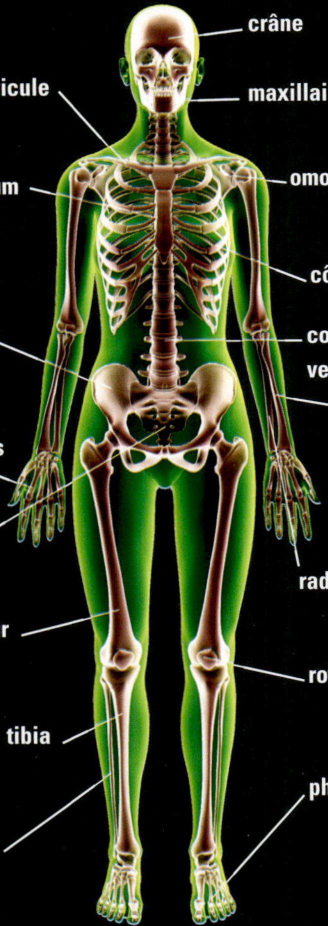

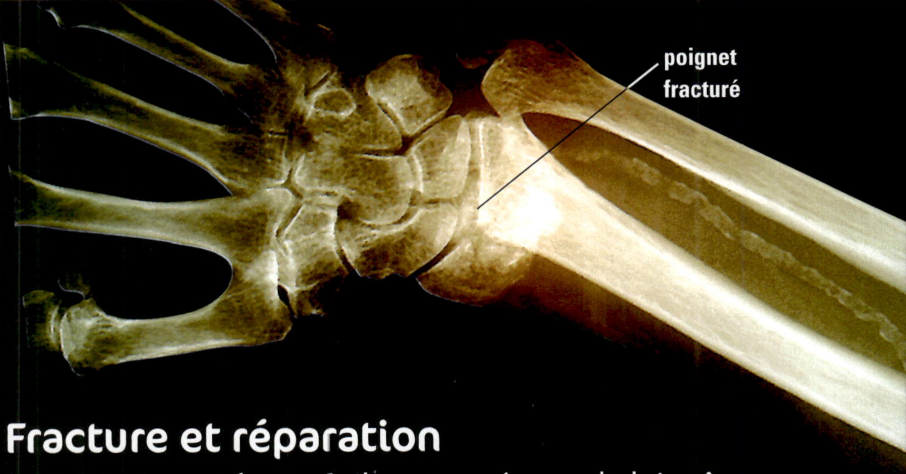

Fracture et réparation

Lorsqu'un os est fracturé, il peut se réparer de lui-même, si les deux parties à ressouder sont maintenues l'une contre l'autre. Ce maintien peut être assuré par les tissus avoisinants (côtes cassées) ou par un plâtre (fracture des membres). Des fibres, puis un tissu osseux souple se forment sur la fracture, progressivement remplacés par de l'os dur.

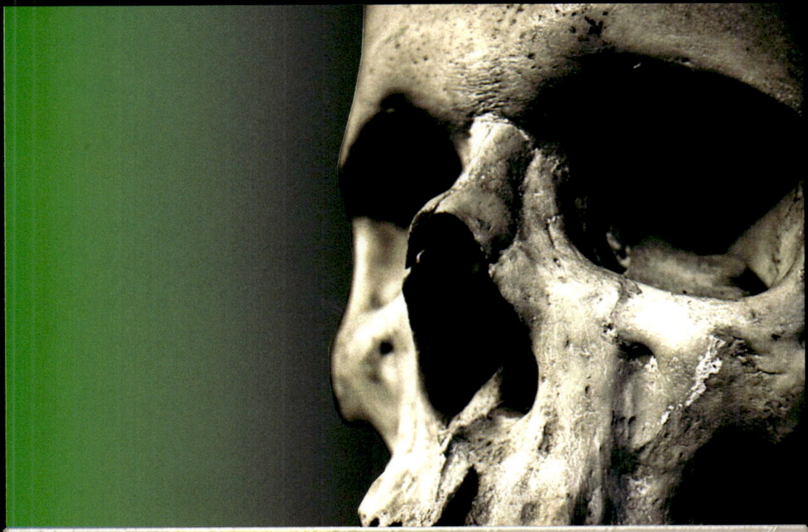

C'EST NATUREL !

LE CRÂNE

Le crâne protège le cerveau, les yeux et les voies nasales. Le crâne des bébés et des enfants présente une certaine souplesse, ce qui permet la croissance. Celui des adultes est fermement soudé, à l'exception de l'os mandibule (mâchoire inférieure). À l'intérieur du crâne, six osselets amplifient les vibrations des tympans, ainsi perçues comme des sons.

Muscles et mouvements

Les muscles nous permettent de bouger et de nous tenir debout ; ils assurent aussi le fonctionnement de nombreux organes.

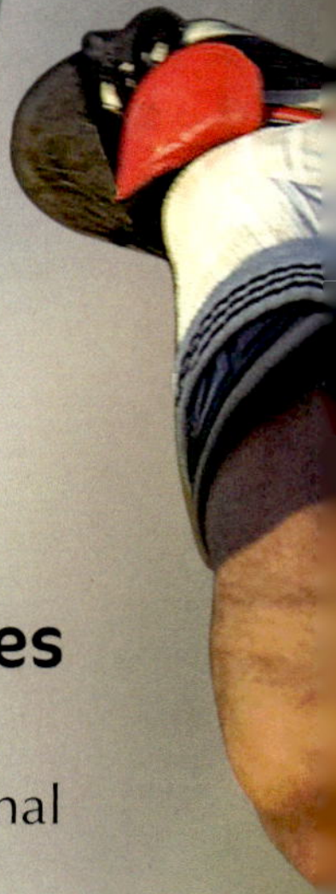

TROIS SORTES DE MUSCLES

La structure des trois types de muscles a évolué pour répondre à différentes fonctions.

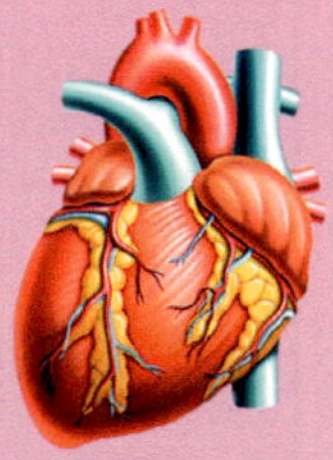

Le muscle cardiaque, unique en son genre, se contracte et se détend rythmiquement.

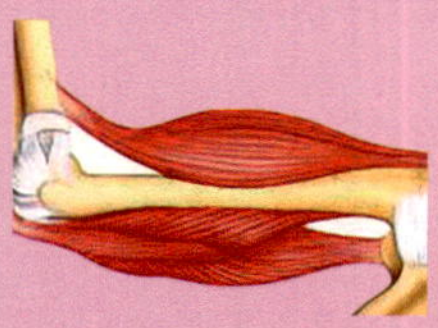

Les muscles squelettiques permettent les mouvements. Le cerveau les contrôle.

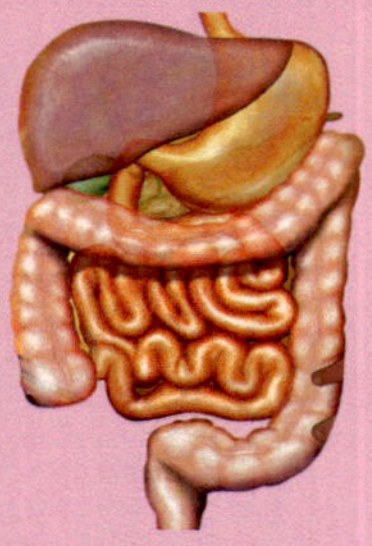

Les muscles lisses sont employés pour les actions involontaires, telles que la digestion.

Les muscles représentent environ la moitié du poids d'un individu moyen. Selon qu'ils sont plus ou moins sollicités, il se renforcent ou s'affaiblissent.

Le fonctionnement des muscles

Les muscles sont constitués de fibres, qui se raccourcissent lorsqu'ils reçoivent un signal des nerfs. Comme ils ne peuvent que tirer et non pousser, ils fonctionnent souvent par paires. Par exemple, le biceps plie le bras et le triceps le tend.

Tendons et ligaments

Les extrémités d'un muscle squelettique sont généralement attachées aux os qu'elles mettent en mouvement par les tendons, très résistants. Ils sont parfois enveloppés d'une gaine emplie d'un lubrifiant, appelé synovie, afin de limiter les frottements.

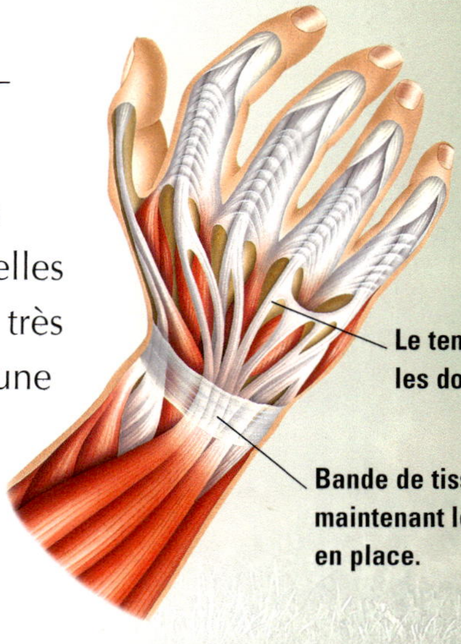

De l'entraînement !

Plus les muscles sont utilisés, et plus ils deviennent puissants. En exerçant ses muscles, on accroît la force et le volume des fibres musculaires, et on leur « apprend » à fonctionner plus efficacement. Les muscles ont besoin d'oxygène pour se contracter, mais ils peuvent aussi fonctionner sans cela.

Les footballeurs en excellente condition physique sont capables d'utiliser leurs muscles pour exécuter des gestes extraordinaires afin d'atteindre le ballon.

Fibres musculaires

Tout muscle squelettique est fait de deux types de fibres. Les fibres rapides se contractent rapidement et puissamment, mais se fatiguent vite. Les fibres lentes se contractent plus lentement, mais peuvent travailler plus longtemps. Elles sont par exemple employées pour le cyclisme et la course de fond.

LE SANG ET LA CIRCULATION

LE SANG TRANSPORTE NUTRIMENTS ET OXYGÈNE dans notre corps. L'oxygène décompose les nutriments de telle sorte que l'énergie qu'ils contiennent puisse être utilisée.

LA CIRCULATION

Le cœur est une véritable pompe qui envoie le sang vers les poumons, où il se charge en oxygène, ce qui lui donne une couleur rouge vif. Il est ensuite acheminé dans tout le corps. L'oxygène utilisé est remplacé par un déchet gazeux, le dioxyde de carbone, qui assombrit le sang. Celui-ci revient vers le cœur puis les poumons, où le dioxyde de carbone est expiré.

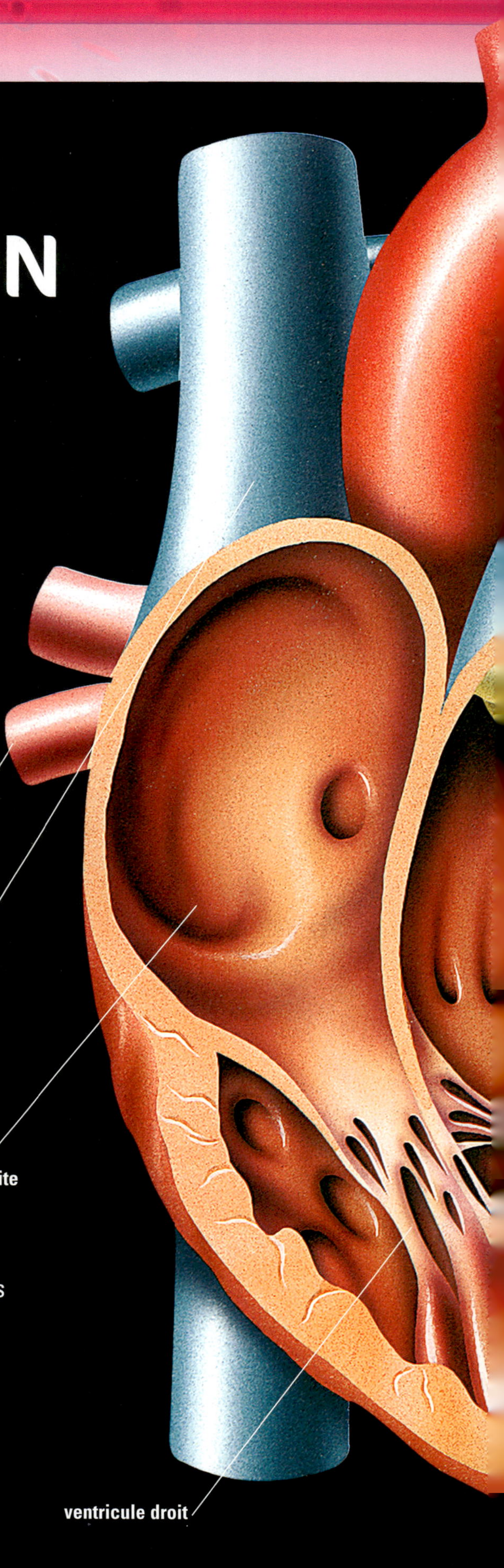

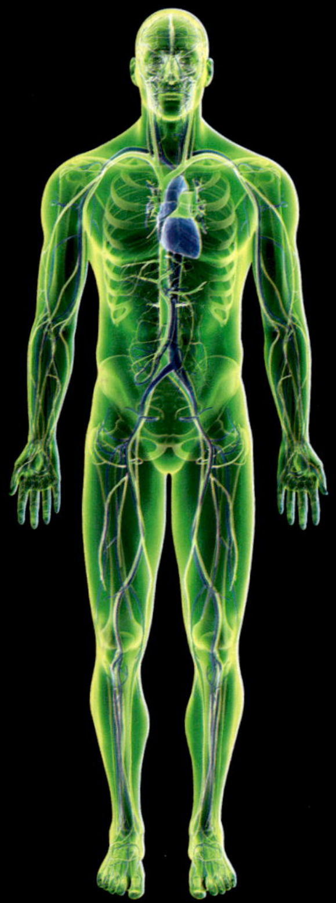

LE SANG

Le cœur fait circuler environ cinq litres de sang par minute et bat plus de trois milliards de fois au cours d'une vie. Le sang contient différents types de cellules en suspension dans un fluide, le plasma. Les globules rouges transportent l'oxygène, les globules blancs combattent les infections, et les plaquettes aident le sang à coaguler afin que les plaies se referment et cicatrisent.

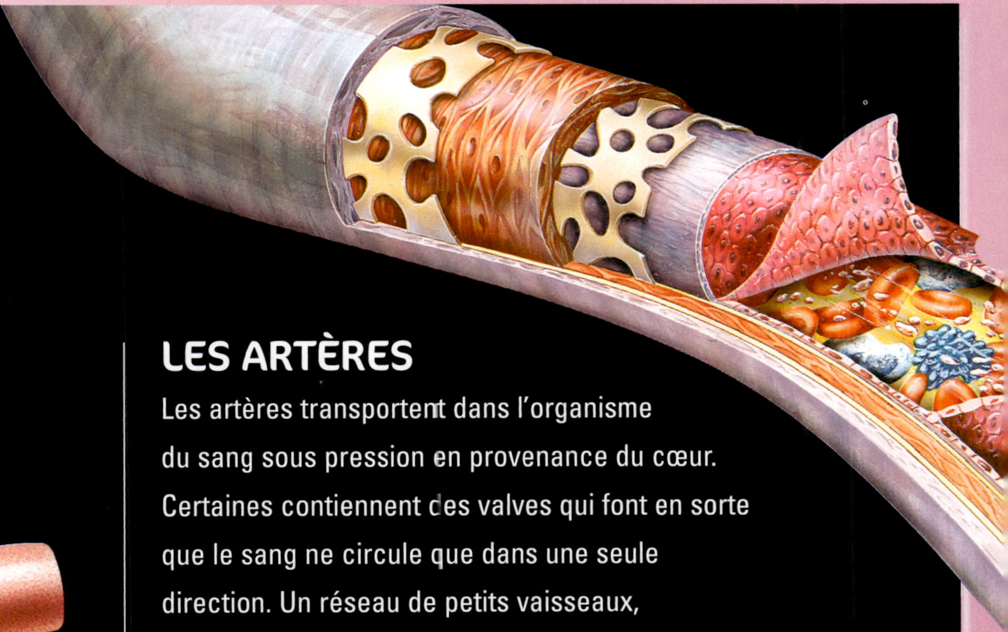

LES ARTÈRES

Les artères transportent dans l'organisme du sang sous pression en provenance du cœur. Certaines contiennent des valves qui font en sorte que le sang ne circule que dans une seule direction. Un réseau de petits vaisseaux, les capillaires, relie les veines et les artères ; leurs parois sont si fines que les nutriments et les déchets peuvent y entrer et en sortir.

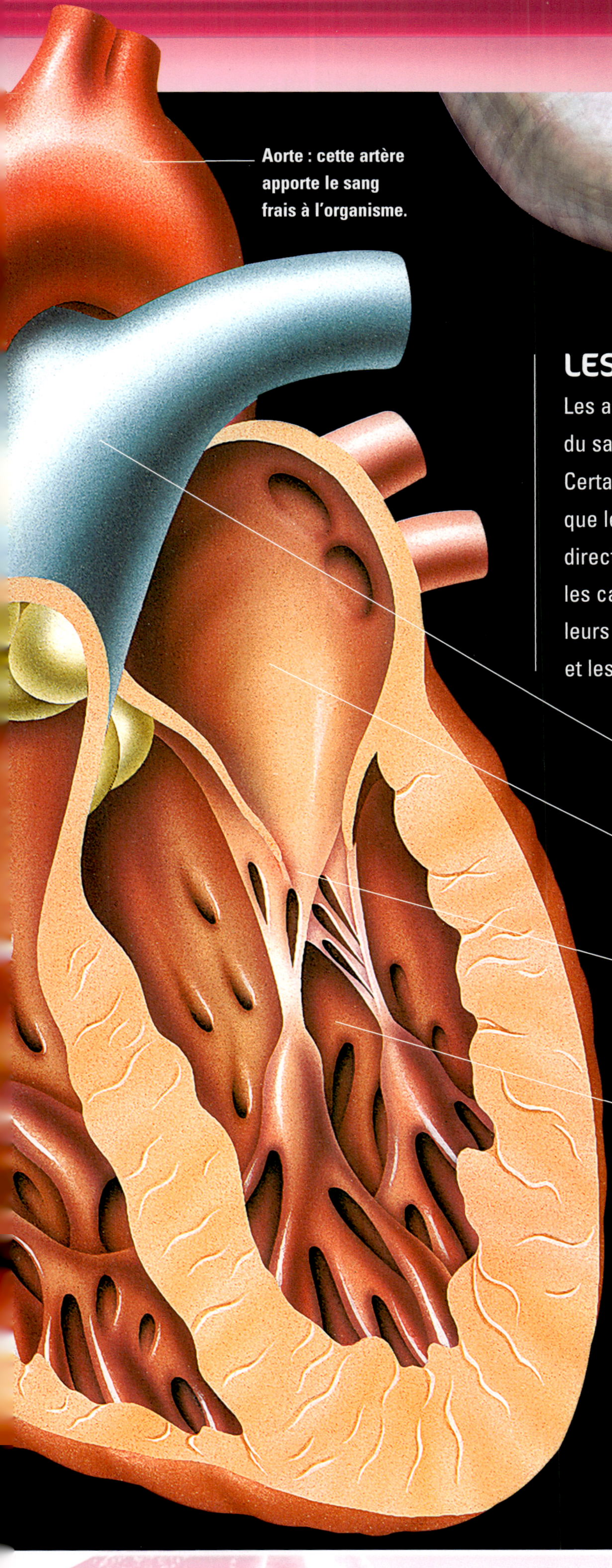

LE CŒUR

Le cœur bat de façon automatique, sans recevoir d'instructions du cerveau. Il accélère lors de l'exercice physique, afin de fournir aux cellules les nutriments et l'oxygène dont elles ont besoin. Le bruit en deux temps des battements cardiaques est émis par la fermeture des valves mitrale et aortique.

Le cerveau et les nerfs

Toutes nos pensées, nos émotions, ainsi que la conscience que nous avons d'être nous-mêmes, existent dans notre cerveau. Le lien entre esprit et cerveau est très mystérieux.

Le cerveau émet en continu des signaux à notre corps afin de le contrôler, mais nous n'en percevons que quelques-uns.

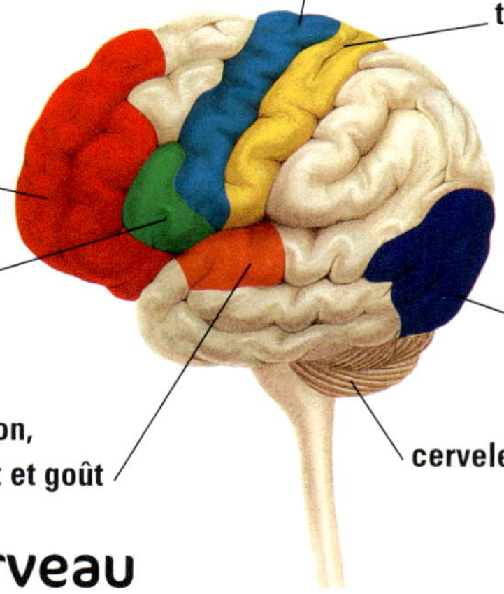

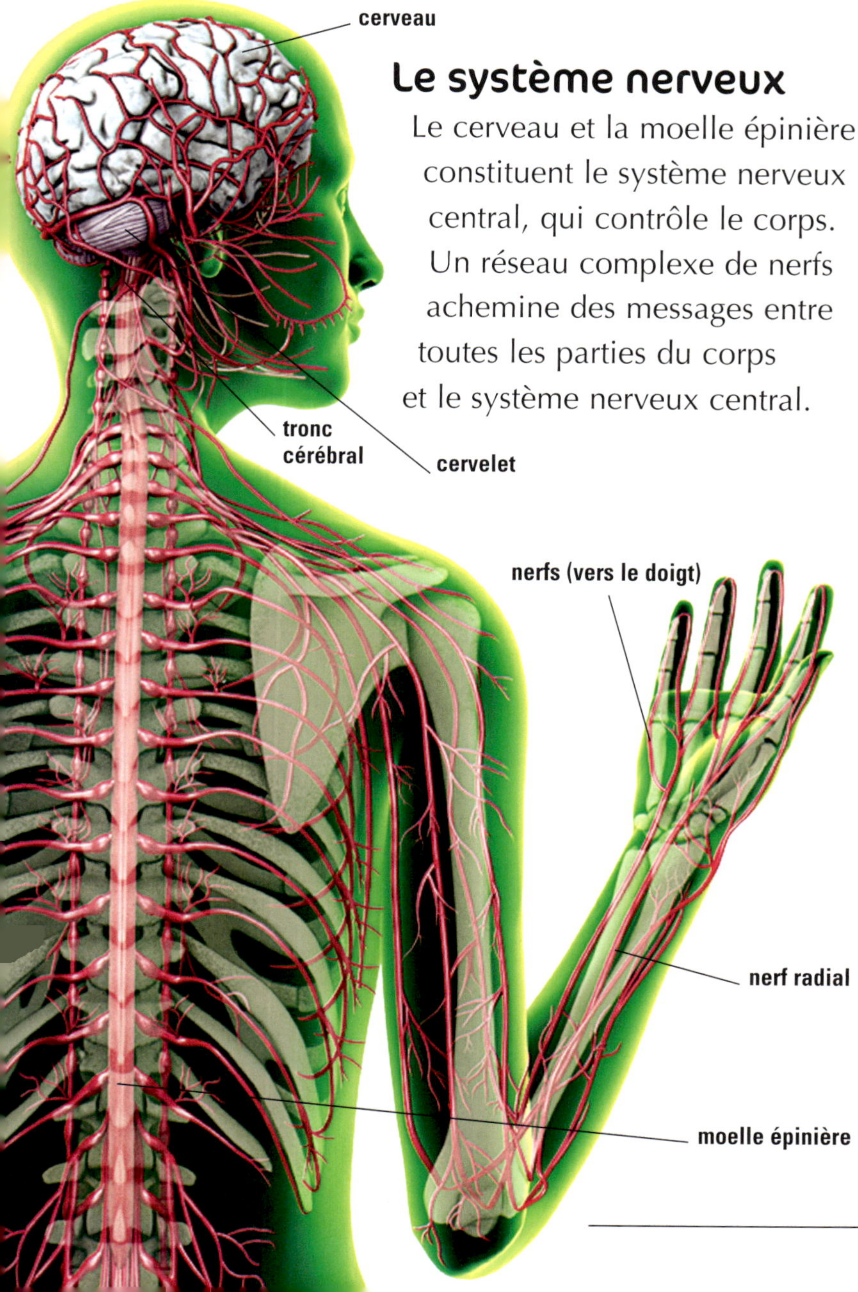

Le système nerveux

Le cerveau et la moelle épinière constituent le système nerveux central, qui contrôle le corps. Un réseau complexe de nerfs achemine des messages entre toutes les parties du corps et le système nerveux central.

Le cerveau

On désigne généralement sous le nom de cerveau l'encéphale, qui se compose de trois parties principales : le cerveau, siège de la pensée ; le cervelet, qui assure la coordination des muscles ; et le tronc cérébral, qui gère la respiration et le rythme cardiaque.

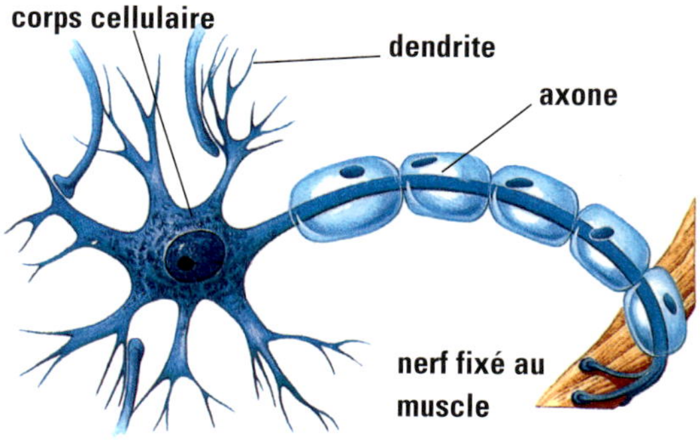

Les neurones

Des signaux électriques se déplacent le long des cellules nerveuses, les neurones. Des messagers chimiques, les neurotransmetteurs, commandent la façon dont les signaux franchissent les espaces entre les neurones (synapses).

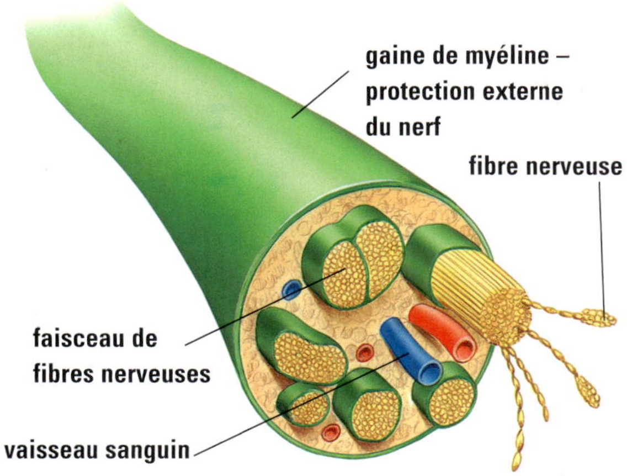

Nerfs sensoriels et moteurs

Les nerfs sensoriels transmettent les signaux (la chaleur, le froid, la douleur, etc.) de cellules réceptrices vers le cerveau. Les nerfs moteurs transmettent les signaux du cerveau aux muscles, qui réagissent en se contractant.

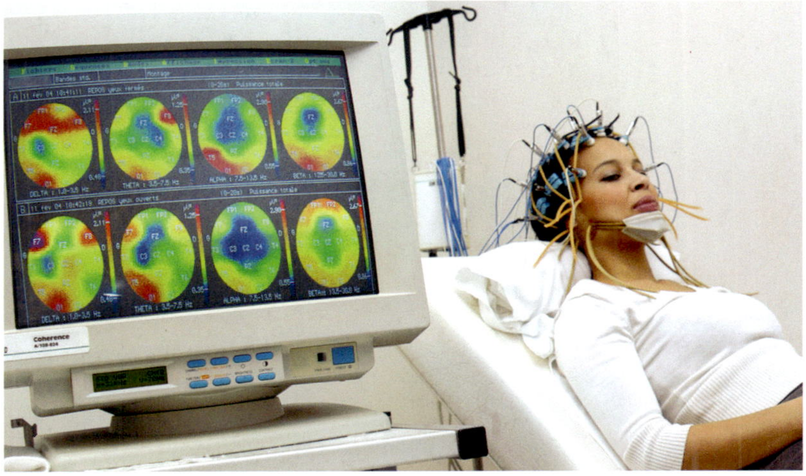

Les ondes cérébrales

Les nombreux signaux électriques du cerveau changent selon notre activité et notre environnement. Certains sont mesurables sur le cuir chevelu et affichés sur un électroencéphalographe *(ci-dessus)*. On peut ainsi savoir si le sujet est éveillé ou endormi, ou s'il rêve.

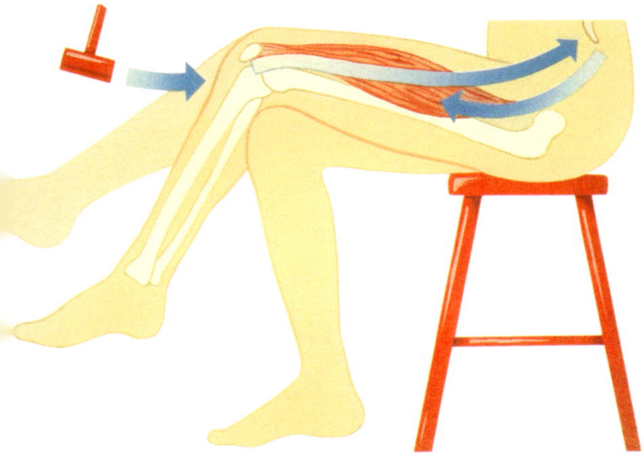

Les réflexes

Le cerveau ne participe pas aux réactions à tous les signaux nerveux. Lorsque l'on frappe le tendon de la rotule avec un maillet, la moelle épinière réagit directement : elle transmet par un nerf moteur un ordre commandant aux muscles de se contracter, ce qui lance la jambe en avant dans un mouvement réflexe.

C'EST SCIENTIFIQUE !

LE SYSTÈME NERVEUX AUTONOME

Le système nerveux fait en sorte que notre organisme réagisse de manière appropriée. Un stress physique ou mental déclenche des réactions « sympathiques » : une accélération du rythme cardiaque ou de la respiration. Les périodes plus calmes entraînent des réactions inverses, « parasympathiques ».

La pensée et les rêves

Le psychisme est mystérieux. Nul ne sait exactement comment fonctionnent les émotions ou les souvenirs, ni comment nous bâtissons des « modèles » mentaux du monde qui nous entoure.

Nous ne savons pas vraiment comment l'esprit crée des idées nouvelles, ni comment il peut être conscient de lui-même. Or, ces deux facultés semblent être le propre de l'être humain, et de lui seul.

La mémoire

On distingue trois niveaux de mémoire. La mémoire sensorielle enregistre pendant une seconde tout ce que nous voyons et entendons. Ce qui retient notre attention est stocké plusieurs secondes dans la mémoire à court terme ; et la mémoire à long terme retient ce à quoi nous pensons de façon répétée.

Le sommeil

Nous passons environ le tiers de notre vie à dormir – même si la quantité de sommeil dont nous avons besoin diminue avec l'âge. Il y a deux types de sommeil : le sommeil paradoxal, pendant lequel nous rêvons, et le sommeil profond. Toutes les nuits, nous traversons trois à cinq cycles, avec alternance du sommeil profond et du sommeil paradoxal.

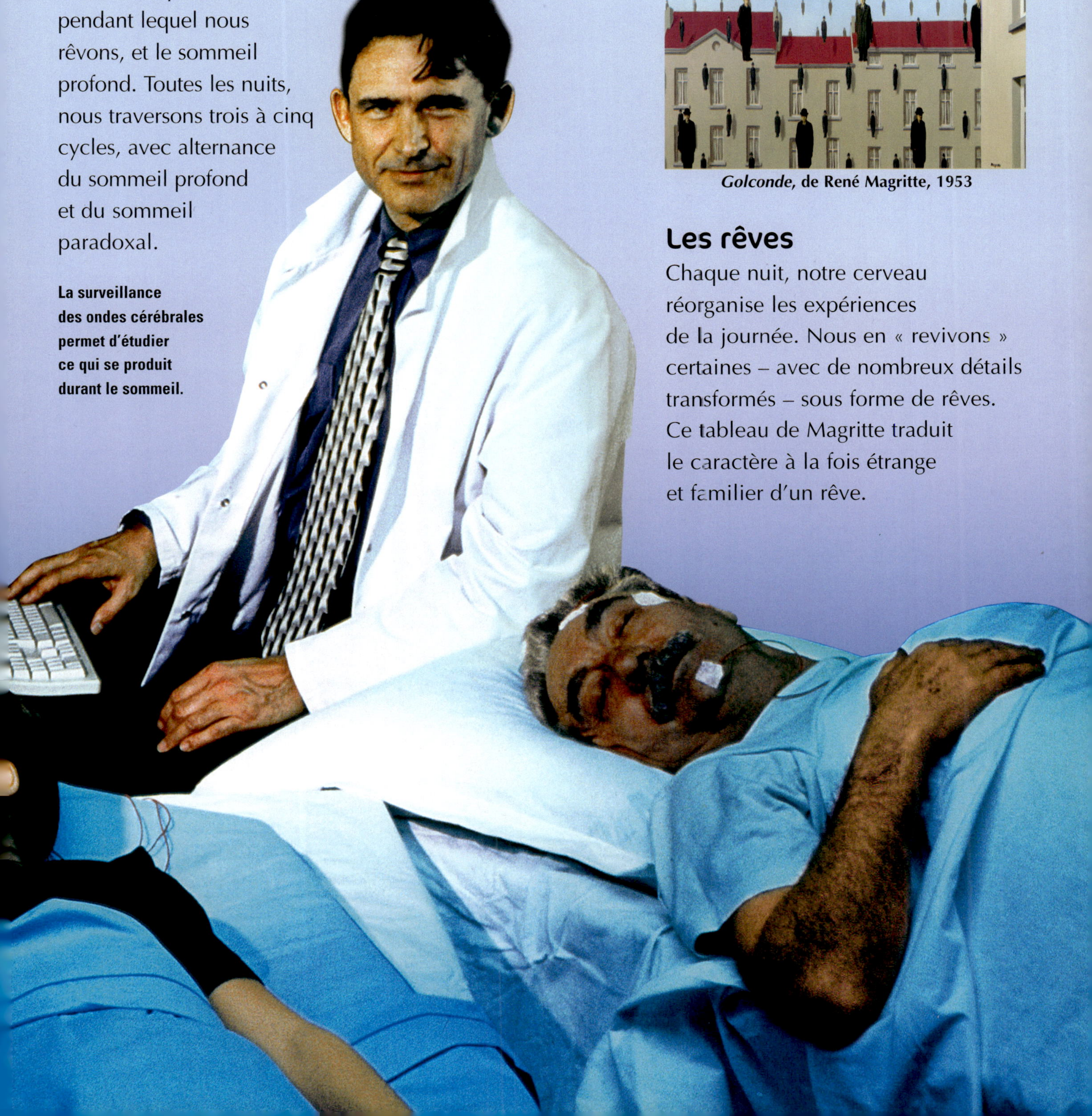

La surveillance des ondes cérébrales permet d'étudier ce qui se produit durant le sommeil.

***Golconde*, de René Magritte, 1953**

Les rêves

Chaque nuit, notre cerveau réorganise les expériences de la journée. Nous en « revivons » certaines – avec de nombreux détails transformés – sous forme de rêves. Ce tableau de Magritte traduit le caractère à la fois étrange et familier d'un rêve.

Les cinq sens

Toutes les informations dont nous disposons sur le monde nous viennent de nos cinq sens : la vue, l'ouïe, le toucher, l'odorat et le goût.

Le cerveau organise les signaux qu'il reçoit de nos organes des sens et les emploie pour construire notre représentation mentale du monde.

Le toucher

Le toucher nous renseigne sur la température, le poids, la texture et la forme des objets. Les capteurs du toucher se concentrent là où ils sont nécessaires : il y en a plus dans la peau des doigts que dans notre dos.

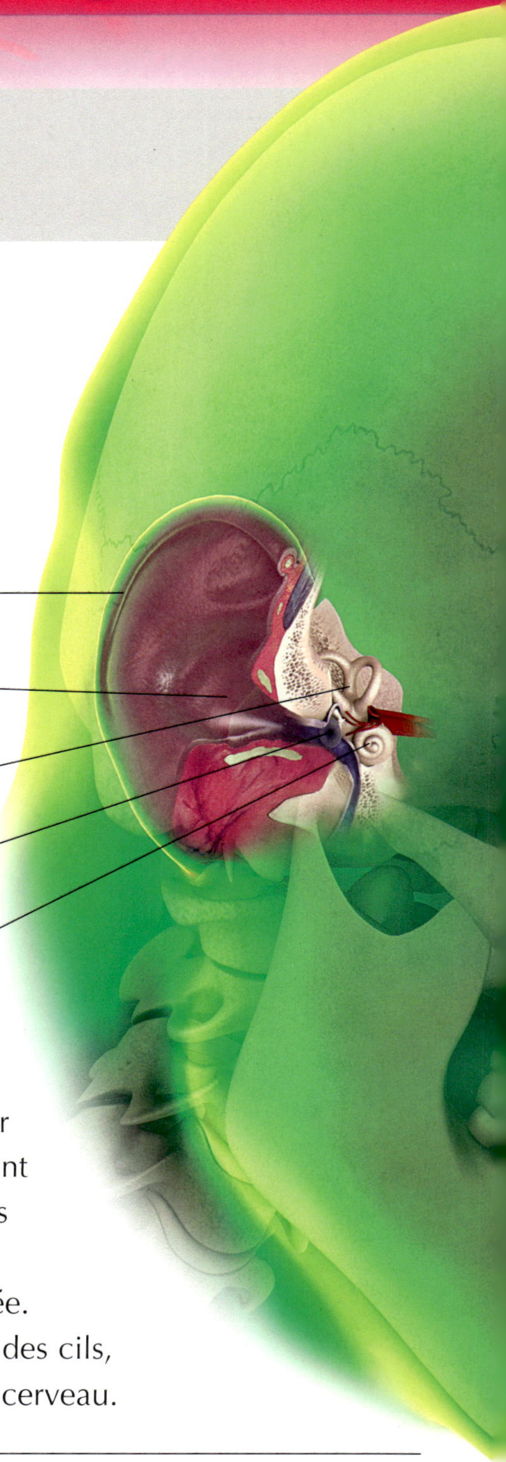

L'audition

Les ondes sonores font vibrer le tympan ; ces vibrations sont transformées en mouvements d'un fluide dans un organe de l'oreille interne, la cochlée. Ces mouvements perturbent des cils, qui envoient des signaux au cerveau.

Le goût

Des chimiorécepteurs, les bourgeons gustatifs, nous renseignent sur le caractère salé, sucré, acide ou amer des aliments, mais nous avons aussi besoin de l'odorat. Il est difficile de distinguer chocolat, thé et café au moyen du seul goût.

L'équilibre

Notre oreille interne nous permet d'entendre, mais aussi de nous tenir debout et de marcher sans tomber. Dans chaque oreille, trois canaux sont emplis d'un liquide dont le mouvement envoie des signaux au cerveau afin qu'il assure notre stabilité.

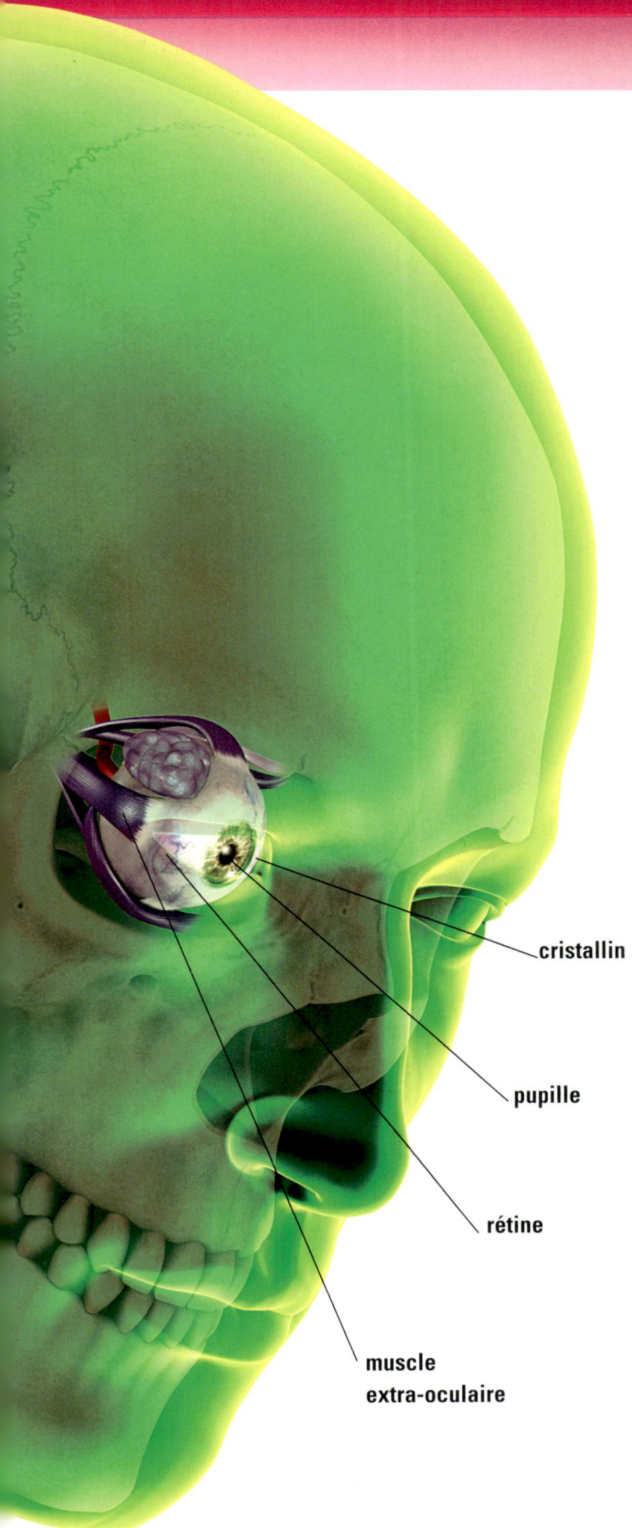

La vision

La lumière qui pénètre dans nos yeux est concentrée par une lentille, le cristallin, sur la rétine photosensible. L'image est alors transformée en signaux électriques à destination du cerveau, qui y ajoute des informations pour fabriquer une image complète.

C'EST NATUREL !

ILLUSIONS D'OPTIQUE

Le cerveau interprète les signaux transmis par les yeux pour construire des images, de sorte que nous pouvons avoir l'impression de voir des choses qui n'existent pas vraiment. Le cerveau reconnaît des éléments séparés de l'image ci-dessus, tels que les escaliers descendants. Il les assemble ensuite, de façon à donner un sens à l'image complète, alors qu'elle n'en a pas !

L'odorat

Nous possédons des centaines de récepteurs olfactifs différents, tous capables d'identifier une substance chimique particulière. En associant les réactions provenant de ces récepteurs, nous identifions des milliers d'odeurs. Le goût et l'odorat sont liés : ensemble, ils nous permettent de savourer toutes sortes de parfums.

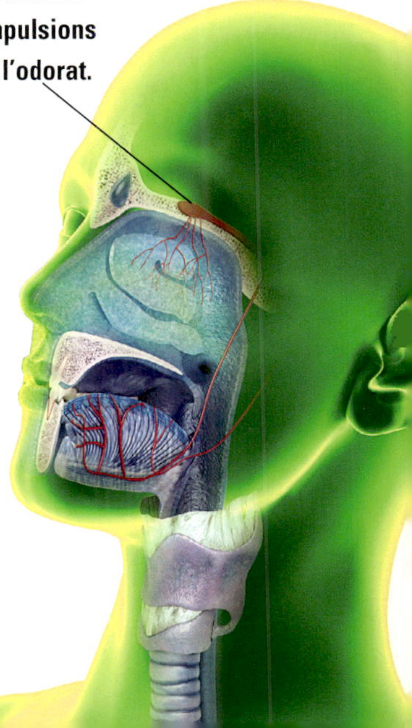

Peau, cheveux, dents

Hormis les yeux, toutes les parties d'une personne que nous voyons sont mortes ! Les couches externes de la peau, les ongles, les poils, les cheveux et les dents sont en effet constituées de cellules mortes, qui dressent une barrière protectrice contre les agressions extérieures.

Tout au long de notre vie, les cellules s'usent et sont remplacées. Les dents ne le sont qu'une fois, mais la peau, les poils, les cheveux et les ongles poussent continuellement.

La femme aux cheveux les plus longs du monde.

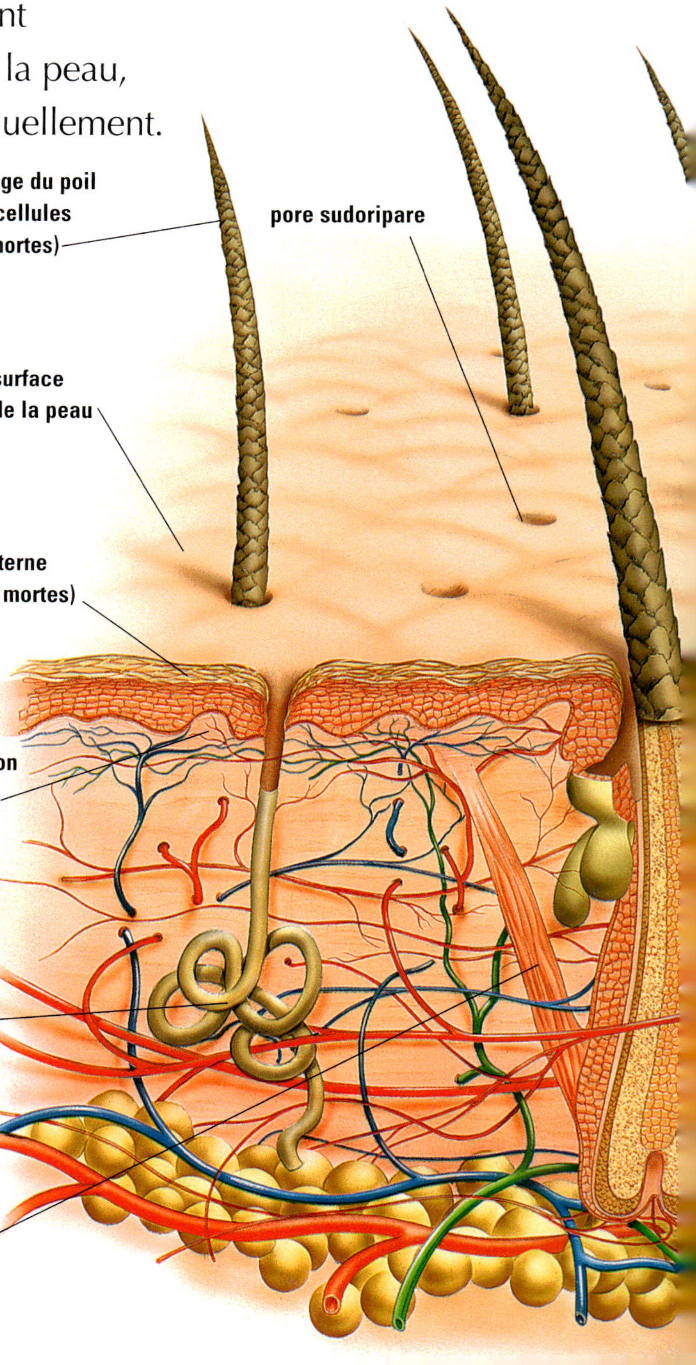

Les poils et les cheveux

Les cheveux nous protègent des ardeurs du soleil comme de l'air glacial ; cils et sourcils protègent nos yeux de la sueur et de la poussière. Par temps froid, les poils se hérissent pour emprisonner l'air tiède : c'est la chair de poule.

La peau

La peau est une barrière très efficace contre les maladies et les chocs, et elle perçoit la chaleur ou le froid pour que notre cerveau puisse réagir. La quantité de sang qui circule dans notre peau varie pour réguler notre température corporelle.

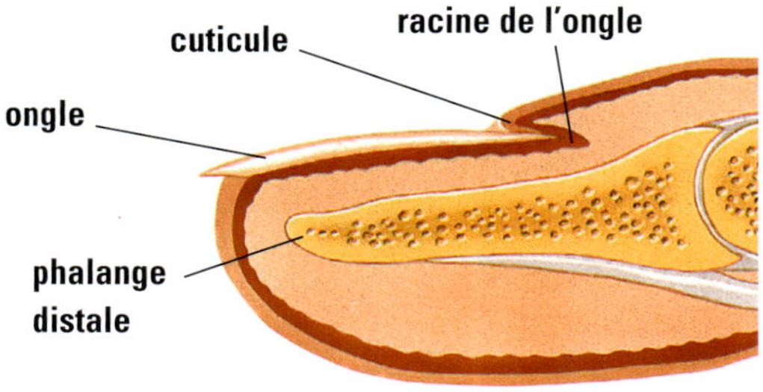

Les ongles

L’extrémité de nos doigts entre très fréquemment en contact avec des surfaces dures et rugueuses, mais la peau doit être mince pour que nous ayons des sensations précises. Les ongles protègent ces zones sensibles.

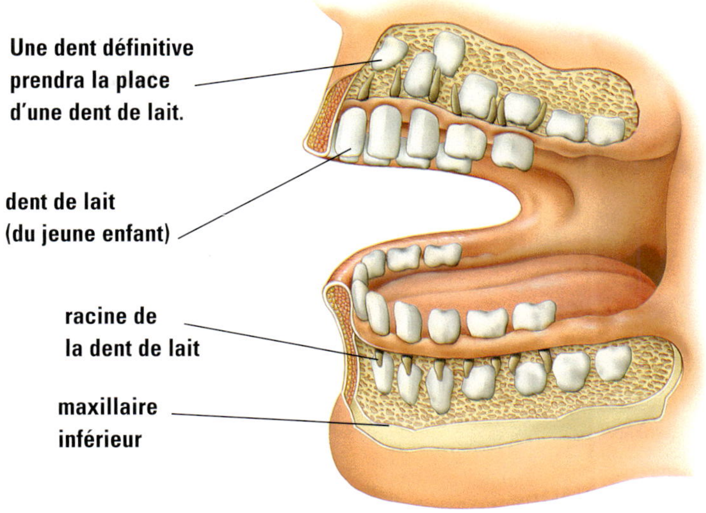

Les dents

La forme de nos dents a évolué pour s’adapter à différentes fonctions : ’es aliments sont tranchés par les incisives, déchirés par les canines, et écrasés par les molaires et les prémolaires. L’émail qui recouvre les dents est la substance la plus dure du corps humain.

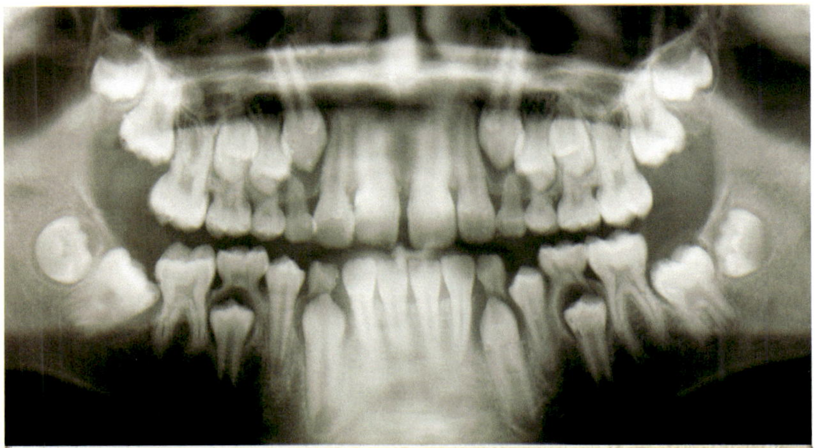

C’EST SCIENTIFIQUE !

LES CARIES

Les caries sont l’une des affections les plus communes au monde : neuf enfants sur dix en sont atteints. Elles sont provoquées par des bactéries qui produisent de l’acide en présence de sucre, ce qui attaque la surface de la dent. Le brossage régulier, l’usage d’un fil dentaire, les bains de bouche et un régime alimentaire sain peuvent prévenir les caries.

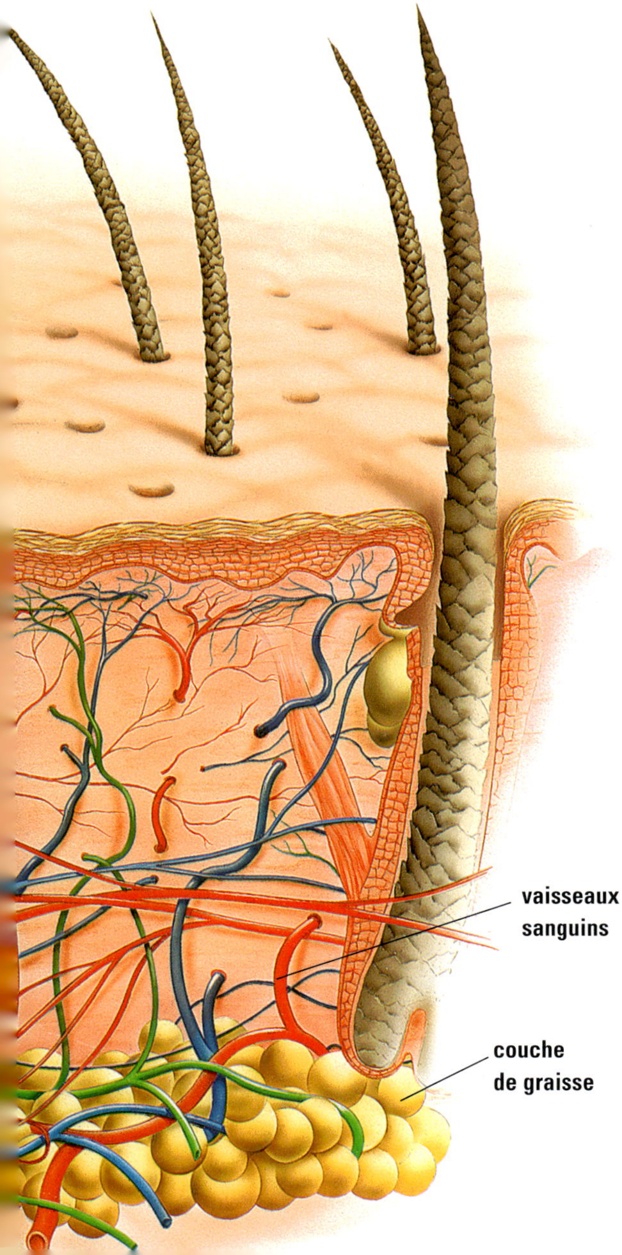

Poumons et respiration

Chaque minute, ce sont cinq ou six litres d'air qui passent par nos poumons. L'air qui y entre est composé pour un cinquième d'oxygène, dont une partie est absorbée par le sang.

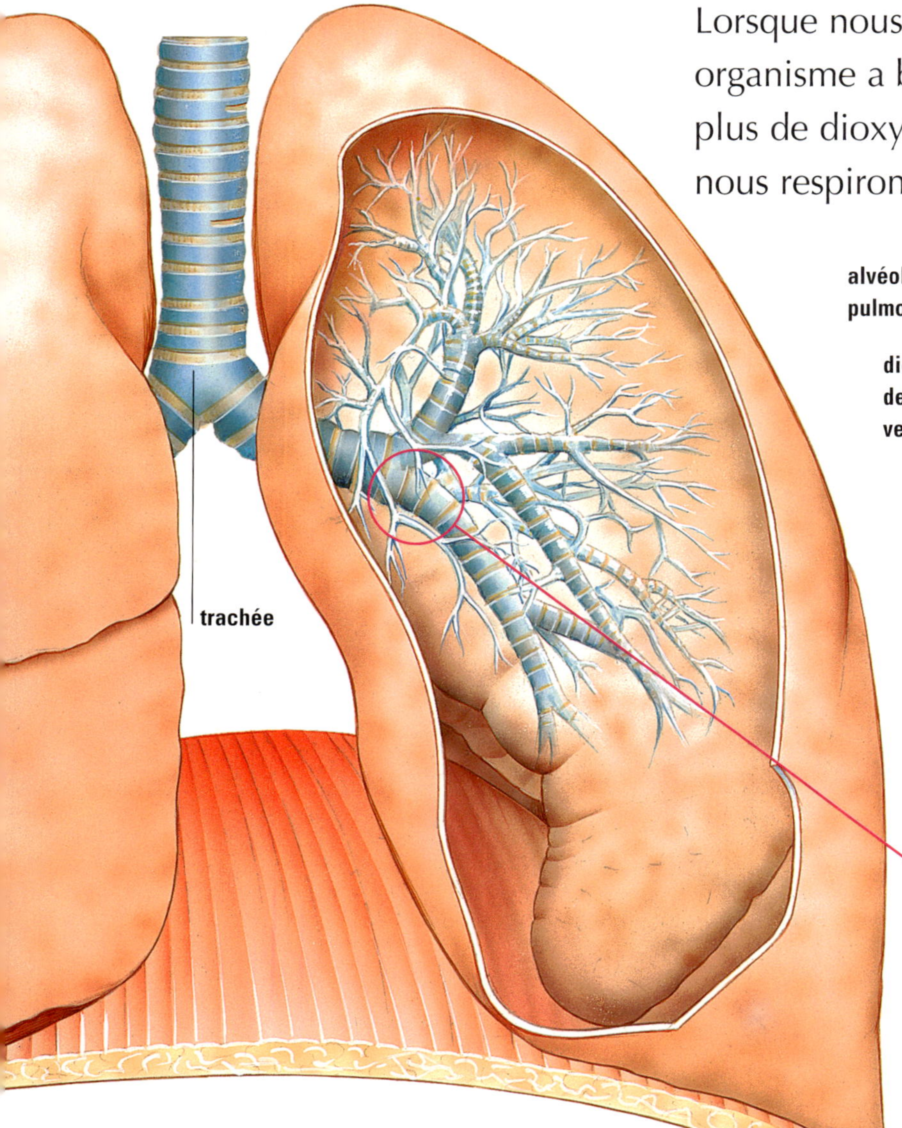

Lorsque nous faisons de l'exercice, notre organisme a besoin de plus d'oxygène et produit plus de dioxyde de carbone. C'est pourquoi nous respirons plus vite et plus profondément.

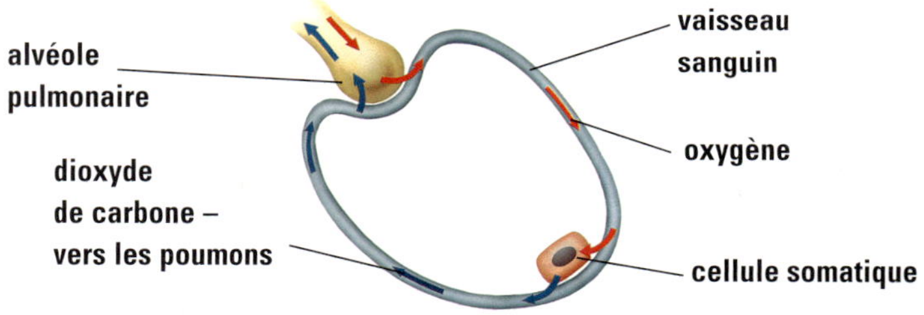

Échange gazeux

Le coeur envoie le sang riche en oxygène dans l'organisme. L'oxygène est libéré par le biais des capillaires, et le dioxyde de carbone est acheminé vers les poumons, d'où il est expulsé.

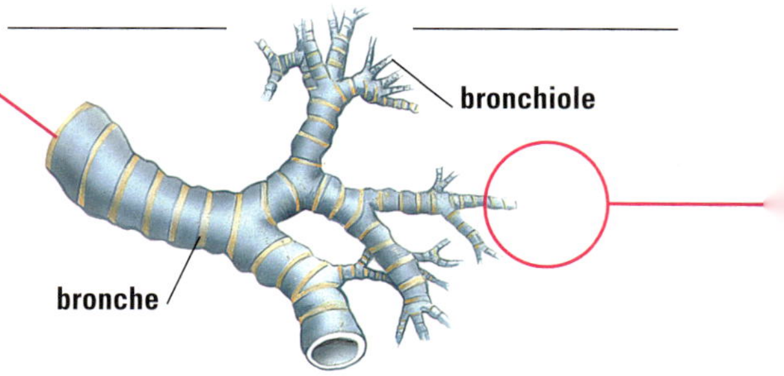

Les poumons

Les poumons sont protégés par les côtes et par une fine membrane, la plèvre. Ils sont reliés à la bouche par la trachée. L'épiglotte, en haut de la trachée, empêche les aliments et les liquides d'atteindre les poumons.

Bronches et bronchioles

La trachée se divise en deux bronches, dont chacune se divise elle-même en bronchioles. Leur diamètre varie pour gérer l'afflux d'air dans les poumons.

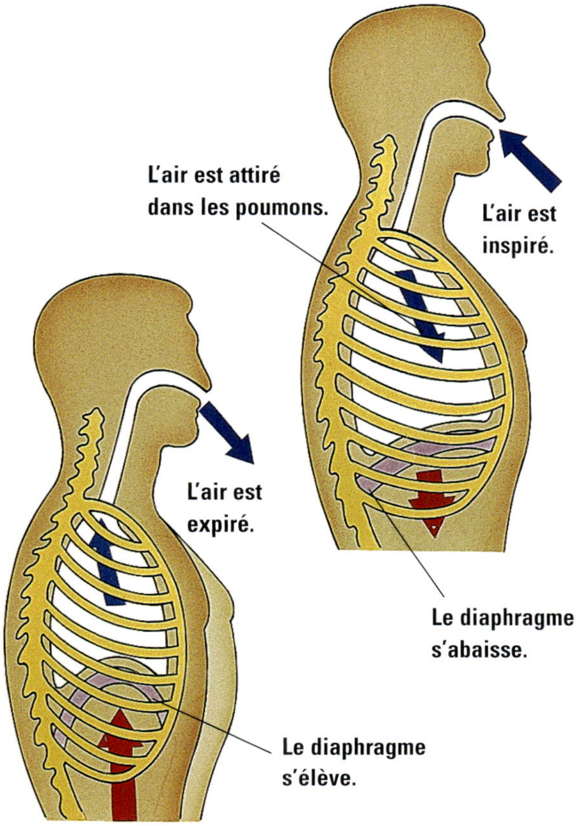

La respiration

Lorsque nous inspirons, de nombreux muscles s'associent pour attirer l'air. Le diaphragme s'aplatit, les muscles intercostaux écartent les côtes, les poumons se gonflent. Pour expirer, les muscles se détendent.

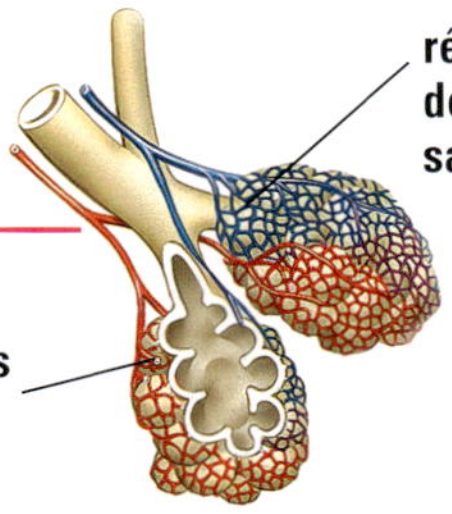

Les alvéoles pulmonaires

Les bronchioles s'achèvent en grappes de minuscules alvéoles de forme arrondie. Chaque alvéole est humide et très fine, ce qui facilite les échanges gazeux entre l'air et le sang.

Les cordes vocales

Le langage articulé est une spécificité des êtres humains. Les animaux, même évolués comme les chimpanzés, ne peuvent qu'émettre quelques sons simples. Lorsque nous parlons, deux repl s de tissus dans la gorge, les cordes vocales, se rapprochent et vibrent sous l'action de l'air des poumons. La langue, les dents, les lèvres, le nez et le palais modifient les vibrations pour former des mots.

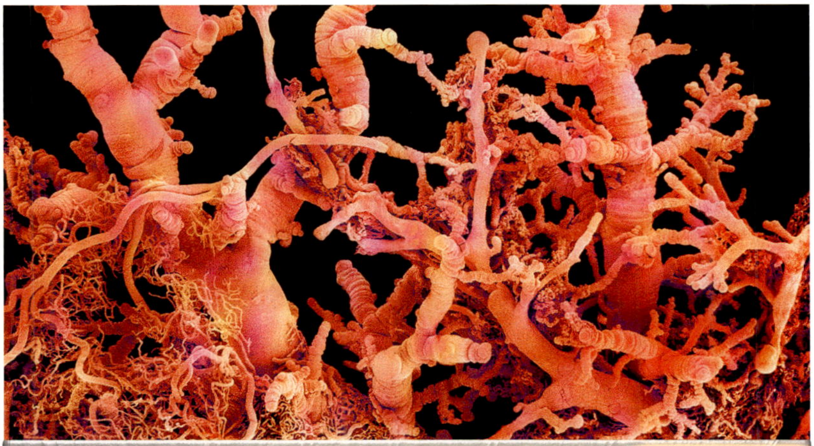

C'EST SCIENTIFIQUE !

TRANSPORT DE GAZ

L'oxygène travers les minces parois des capillaires des poumons *(ci-dessus)*. Il est capturé dans les globules rouges du sang par une substance chimique, l'hémoglobine. Le dioxyde de carbone des cellules est ensuite dissout dans le plasma sanguin avant d'être expulsé par les parois des capillaires.

ALIMENTATION ET DIGESTION

NOTRE CORPS A BESOIN DE CARBURANT pour disposer de l'énergie nécessaire à son fonctionnement. Pour se renouveler, les cellules ont besoin des substances chimiques provenant des aliments.

MANGER POUR VIVRE

Les hydrates de carbone nous fournissent une énergie immédiatement disponible, les graisses apportent de l'énergie stockée en vue d'un usage ultérieur, et les protéines construisent et entretiennent notre organisme. De petites quantités de vitamines et de sels minéraux sont nécessaires au fonctionnement de notre corps. Composé à 70 % d'eau, il doit donc recevoir la quantité appropriée de chacun des types d'aliments ci-contre.

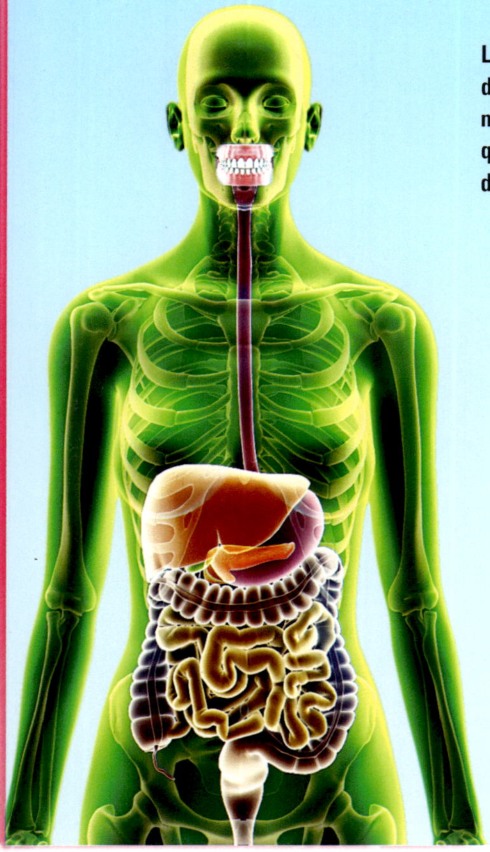

LA DIGESTION

Une fois absorbés, les aliments sont mélangés à des sucs acides dans l'estomac ; puis ils gagnent les intestins, où les substances chimiques dont le corps a besoin sont prélevées pour être distribuées dans l'organisme. Les substances qui décomposent les nutriments sont produites non seulement dans les parois intestinales, mais aussi dans le pancréas et le foie.

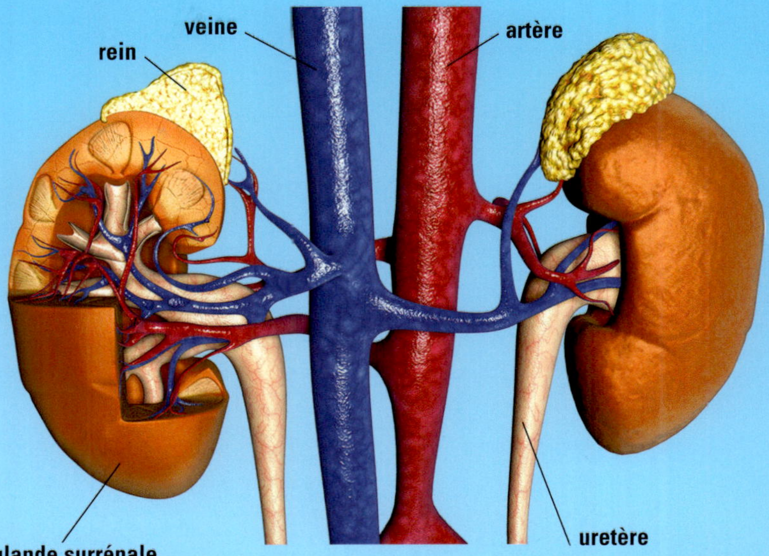

TRAITEMENT DES DÉCHETS

La digestion s'achève dans le côlon. L'eau est extraite, les fèces (excréments solides) se forment et passent dans le rectum avant d'être expulsées par l'anus. Les reins *(ci-dessus)* filtrent l'eau et les déchets du sang pour fabriquer de l'urine qui passe dans la vessie avant d'être évacuée par l'urètre.

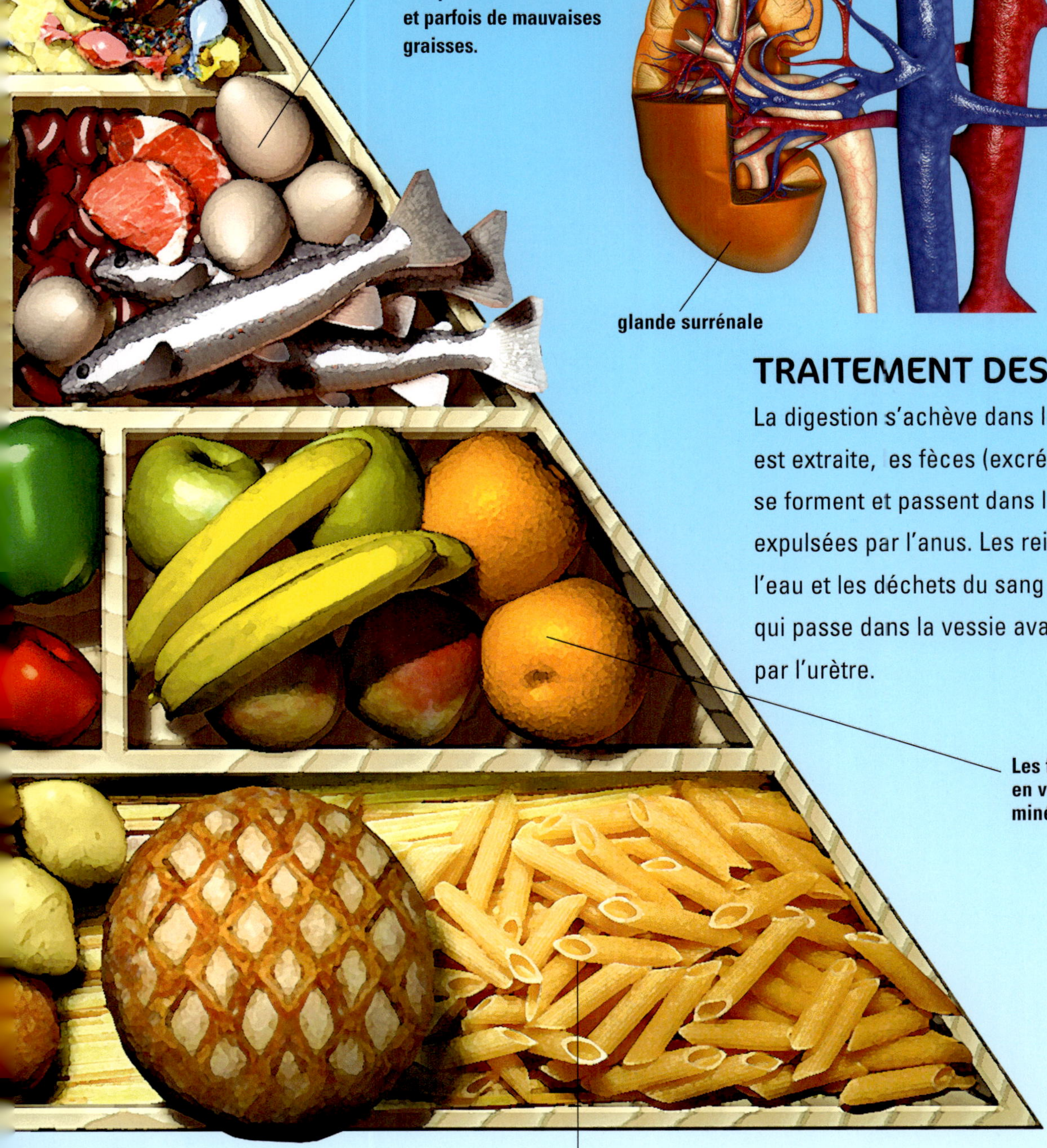

Pour une alimentation équilibrée, il faut consommer des aliments appartenant à tous les groupes figurant dans cette pyramide. Cependant, plus un aliment est haut dans la pyramide et moins il faut en manger.

Hormones et métabolisme

Notre organisme n'est pas seulement contrôlé par les signaux électriques que transmet le système nerveux ; il fait aussi appel à des substances chimiques, les hormones.

Les hormones sont produites dans des organes appelés glandes, puis libérées dans la circulation sanguine pour être acheminées vers les parties du corps qu'elle contrôlent.

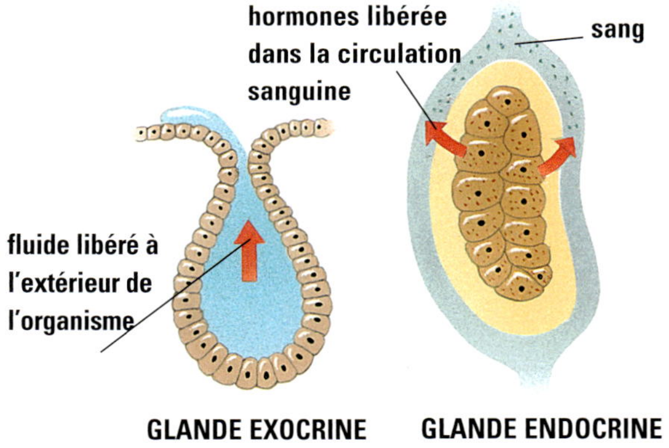

Le système endocrinien

Toutes les glandes ne produisent pas d'hormones, mais celles qui le font composent le système endocrinien. Celui-ci contrôle la croissance et influe sur les émotions.

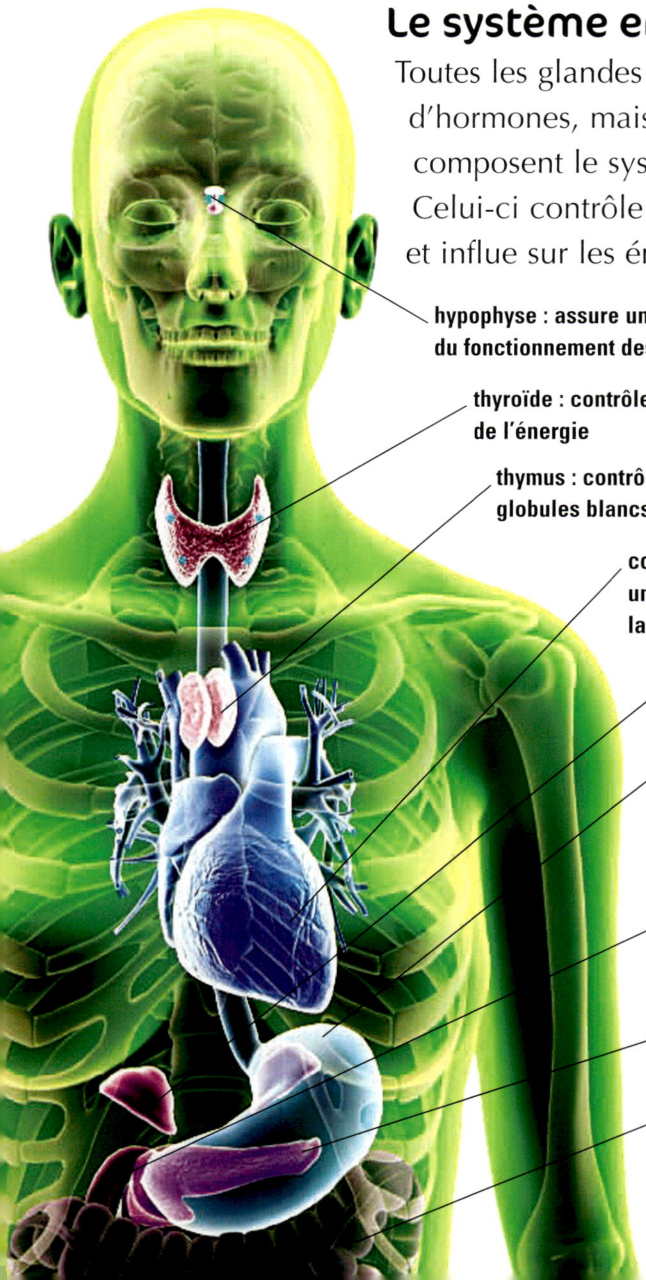

Les glandes

Les glandes exocrines sécrètent des fluides – le lait maternel, les larmes, la salive, le mucus, la sueur – par des canaux excréteurs dont les glandes endocrines sont dépourvues.

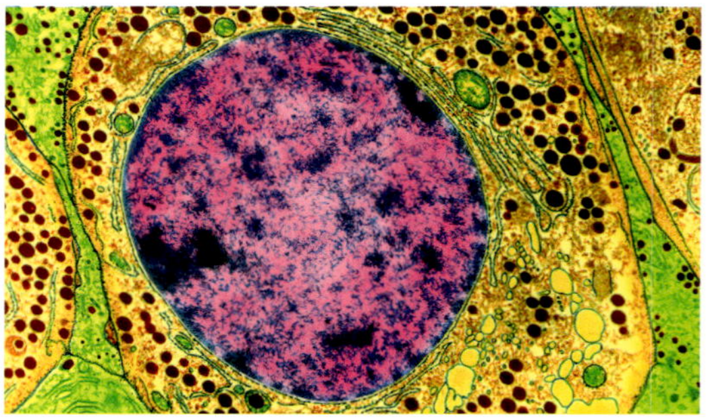

L'hypophyse

Cette glande assure la régulation de toutes les autres, et produit les hormones qui contrôlent la croissance, et la production mensuelle des ovules chez les femmes. Ci-dessus, une cellule de l'hypophyse productrice d'hormones.

Rythmes biologiques

Certaines hormones présentent un taux variable tout au long de la journée, ce qui provoque des variations dans notre comportement. Nous sommes souvent plus attentifs le matin, plus forts physiquement dans l'après-midi, fatigués en fin de soirée, et profondément endormis vers 2 heures du matin. La pression artérielle et la température sont plus basses le matin que le soir.

Une alimentation équilibrée fournit les substances chimiques dont le corps a besoin.

Le métabolisme

Les nombreuses réactions chimiques qui ont lieu dans l'organisme constituent le métabolisme. Il a deux fonctions : produire les substances chimiques qui fabriquent os et tissus, et décomposer ces substances pour libérer de l'énergie.

L'adrénaline

Lorsque nous sommes surpris ou effrayés, une hormone, l'adrénaline, est libérée dans notre organisme pour le disposer à lutter ou à fuir. Le sang afflue vers les muscles, mais reflue du système digestif et de la peau ; nos pupilles se dilatent, le cœur accélère, la quantité de glucose (producteur d'énergie) s'accroît dans le sang.

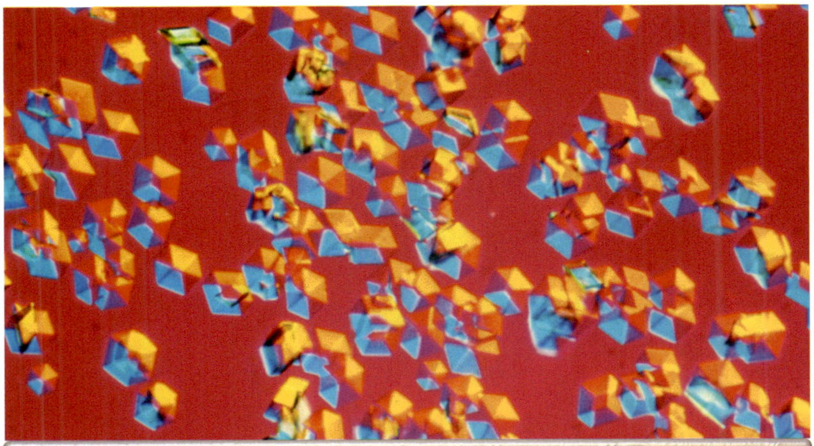

C'EST SCIENTIFIQUE !

L'INSULINE ET LE PANCRÉAS

Le pancréas produit diverses hormones, dont l'insuline *(ci-dessus)*. Celle-ci contrôle le passage du glucose, un type de sucre, du sang vers les tissus, où il est utilisé pour produire de l'énergie. Le diabète est une maladie qui réduit la production d'insuline, ce qui a pour conséquence un excès de glucose dans le sang.

Gènes et chromosomes

Chaque organe de notre corps est constitué de cellules, qui en forment les tissus. À l'intérieur de chaque cellule, des substances chimiques complexes définissent son rôle.

LA DIVISION CELLULAIRE

Chacun de nous a commencé par être une cellule unique, qui s'est ensuite divisée.

1

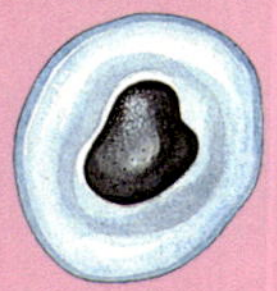

Les chromosomes contenus dans le noyau sont dupliqués.

2

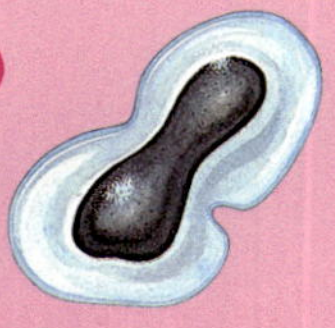

L'anneau de protéines qui entoure la cellule se resserre.

3

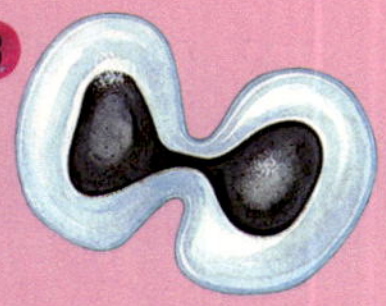

Le noyau se divise en deux moitiés identiques.

4

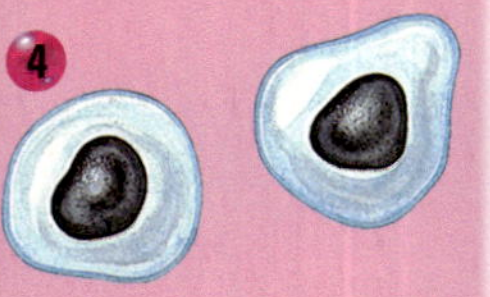

Les deux cellules filles se séparent l'une de l'autre.

Ces structures chimiques, les gènes, se transmettent au fil des générations, mais en fusionnant et en se modifiant : c'est pour cela que nous ressemblons à nos parents, sans être identiques.

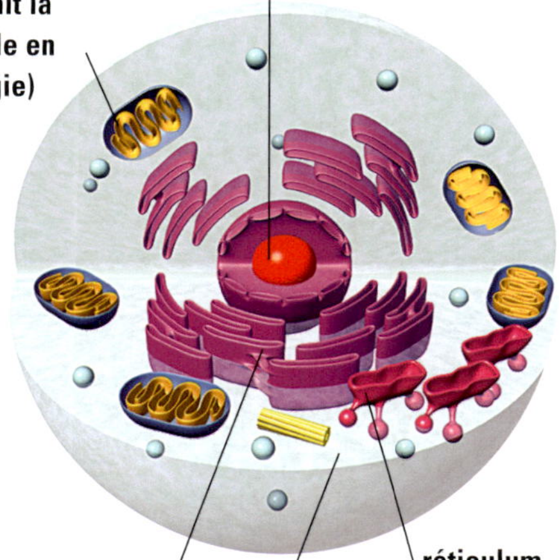

Cellules et noyaux

Toutes les parties de notre corps sont constituées de cellules, trop petites pour être visibles à l'œil nu. Hormis les hématies, les cellules du sang, toutes les cellules sont pourvues d'un noyau central, qui contient les gènes.

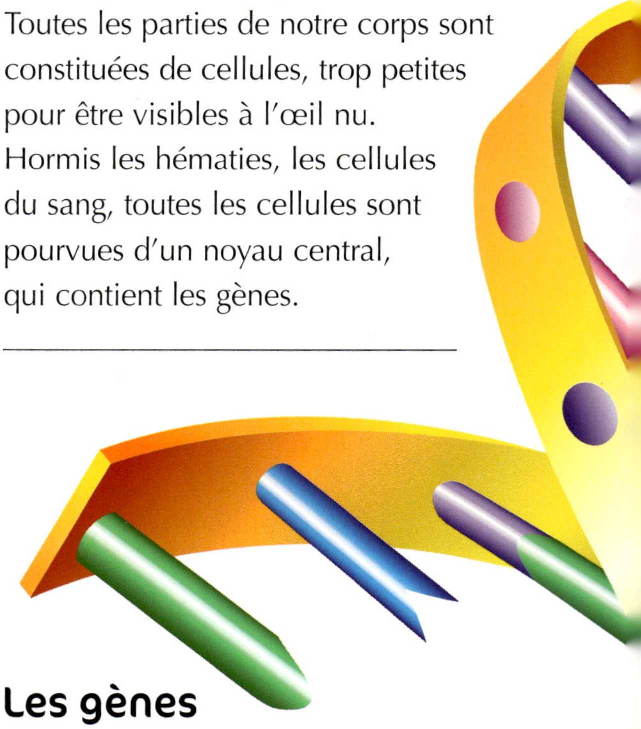

Les gènes

Le noyau de chaque cellule contient des instructions chimiques, les gènes. Certains définissent à quelle espèce la cellule appartient, d'autres portent des informations spécifiques à chaque individu. Ci-contre, une représentation du code génétique (génome) humain.

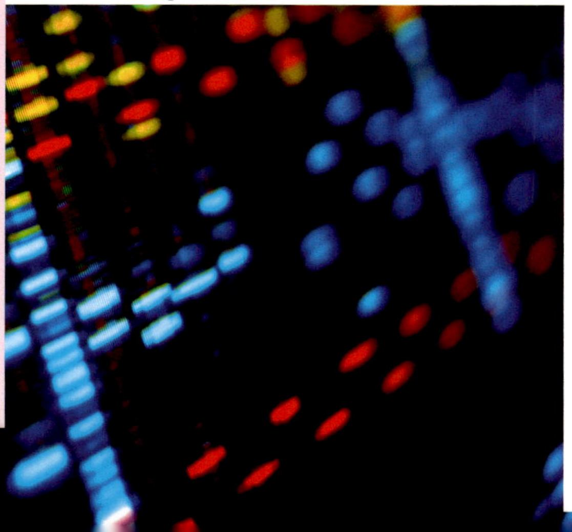

ADN et chromosomes

Les gènes sont constitués de l'assemblage, par paires, de quatre unités chimiques, les bases, sous la forme de barreaux d'une échelle à double hélice. L'ensemble des gènes forme l'ADN (acide désoxyribonucléique), qui constitue les 46 chromosomes contenus dans chaque noyau de cellule.

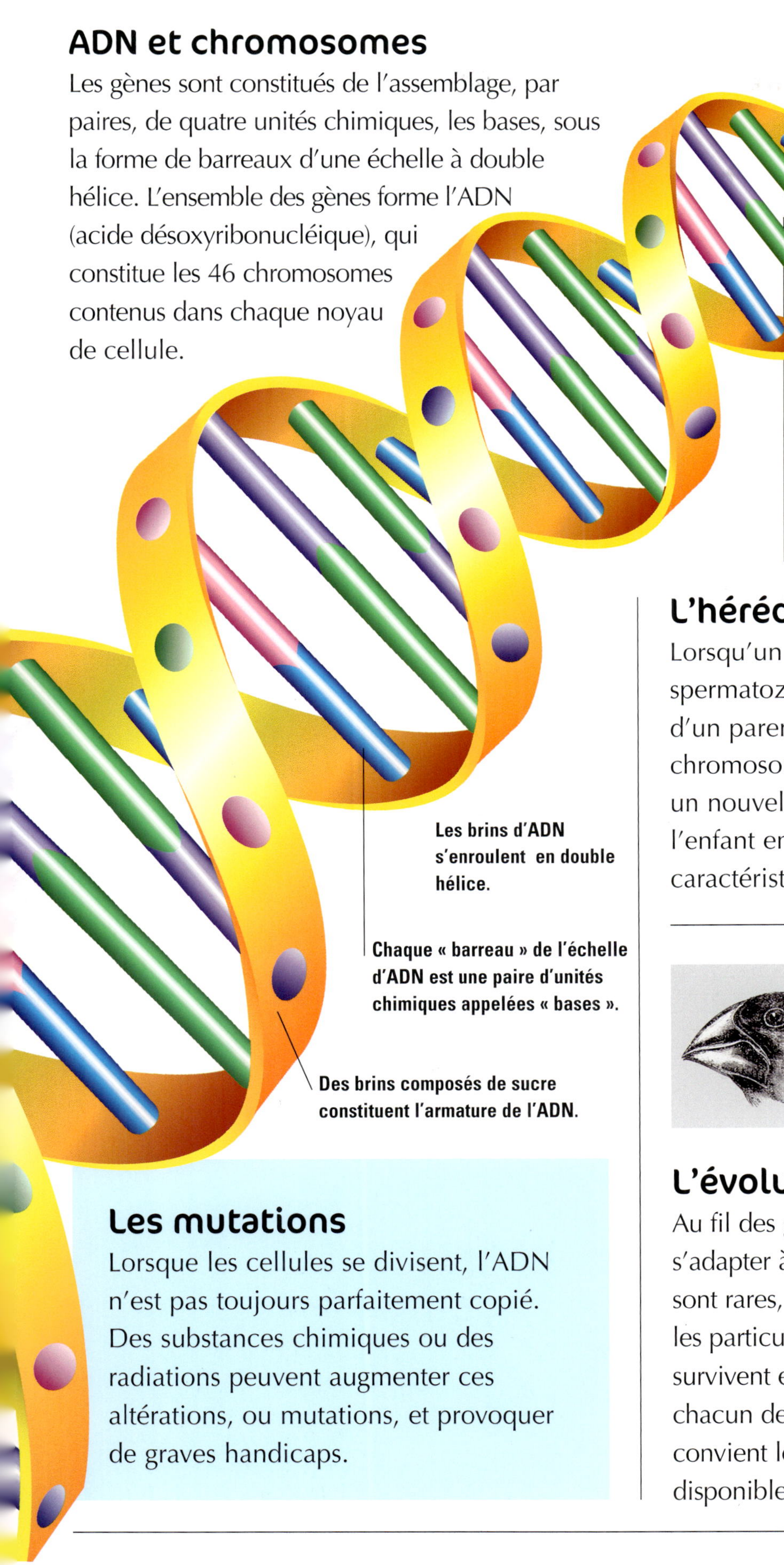

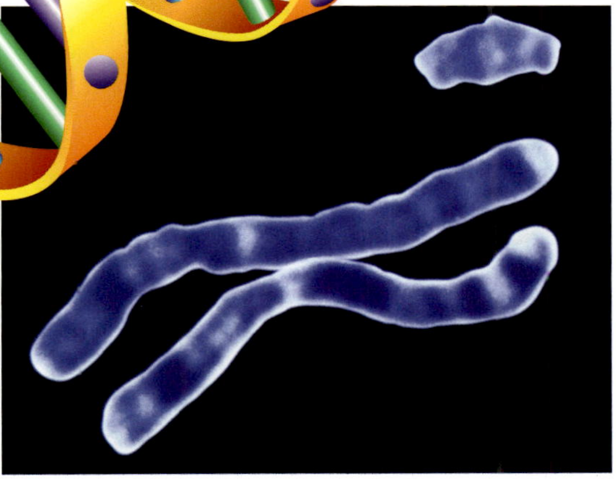

L'hérédité

Lorsqu'un ovule est fécondé par un spermatozoïde, les chromosomes *(ci-dessus)* d'un parent échangent de l'ADN avec les chromosomes de l'autre. Cet ADN mêlé forme un nouvel ensemble de chromosomes, ceux de l'enfant en devenir, qui héritera ainsi de certaines caractéristiques de ses deux parents.

Les mutations

Lorsque les cellules se divisent, l'ADN n'est pas toujours parfaitement copié. Des substances chimiques ou des radiations peuvent augmenter ces altérations, ou mutations, et provoquer de graves handicaps.

L'évolution

Au fil des générations, les espèces évoluent pour s'adapter à leur environnement. Si les ressources sont rares, les animaux se combattent. Ceux dont les particularités leur procurent un avantage survivent et peuvent transmettre leur ADN. Ainsi, chacun de ces pinsons s'est doté du bec qui convient le mieux au genre de nourriture disponible dans son habitat spécifique.

Sexe et reproduction

L'appareil reproducteur permet aux êtres humains d'avoir des enfants. Les gènes d'un homme et d'une femme s'assemblent pour créer un enfant possédant des caractéristiques de ses deux parents.

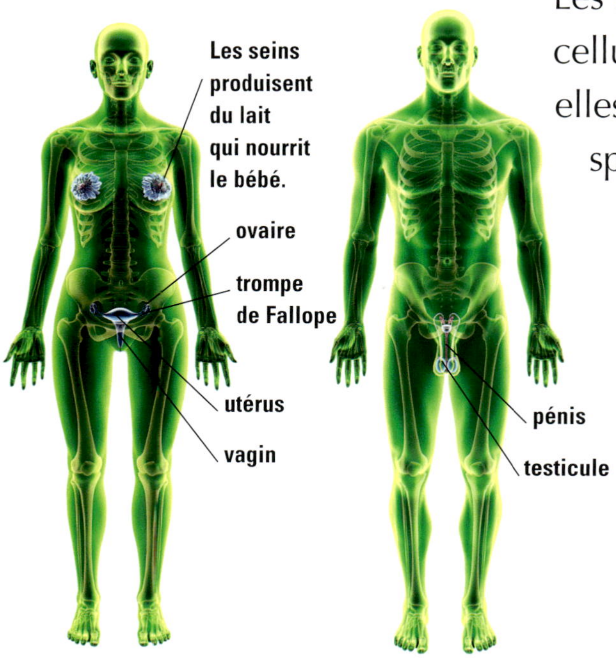

Les hommes fabriquent dans leurs testicules des cellules mobiles, les spermatozoïdes ; les femmes, elles, produisent chaque mois un ovule. Lorsqu'un spermatozoïde féconde un ovule, cet œuf se développe en un nouvel être humain.

Mâle et femelle

Le type de chromosomes contenu dans le spermatozoïde détermine le sexe du futur enfant. Les femmes produisent des ovules de la puberté à la ménopause. Les hommes produisent des spermatozoïdes de la puberté jusqu'au grand âge.

La conception

Pour concevoir un enfant, un homme insère son pénis dans le vagin d'une femme. Il libère un liquide appelé sperme, qui contient des millions de spermatozoïdes. Ceux-ci nagent dans l'utérus de la femme, puis dans les trompes de Fallope. Si un ovule est présent, il peut être fécondé.

Les premiers stades de la vie

Après la fécondation, l'ovule, devenu œuf, descend dans la trompe de Fallope jusqu'à l'utérus. Cette cellule se divise alors à de nombreuses reprises, se développe en embryon, puis en fœtus. À trois mois, celui-ci possède déjà un visage et un cœur qui bat.

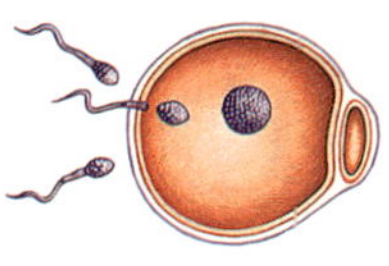
ovule fécondé (œuf)

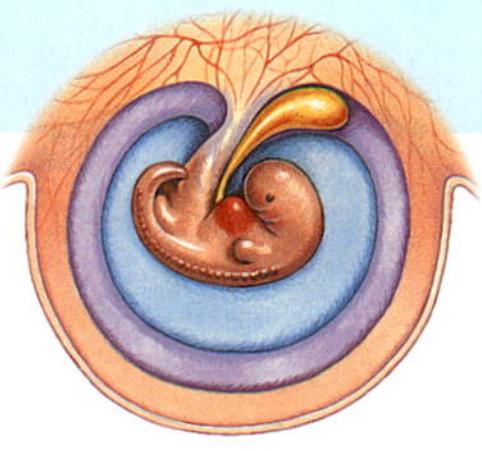
4 semaines

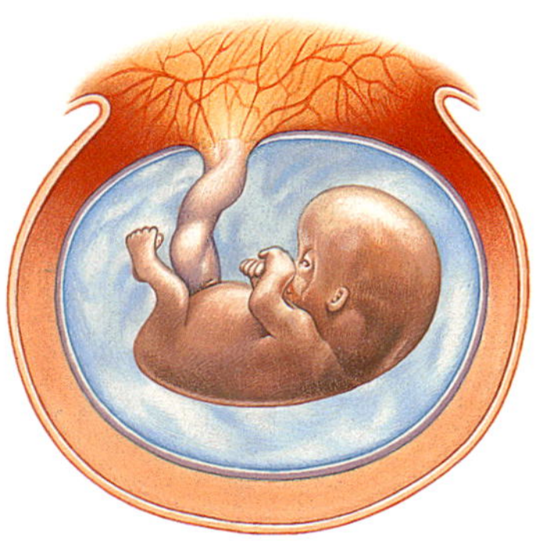
8 semaines

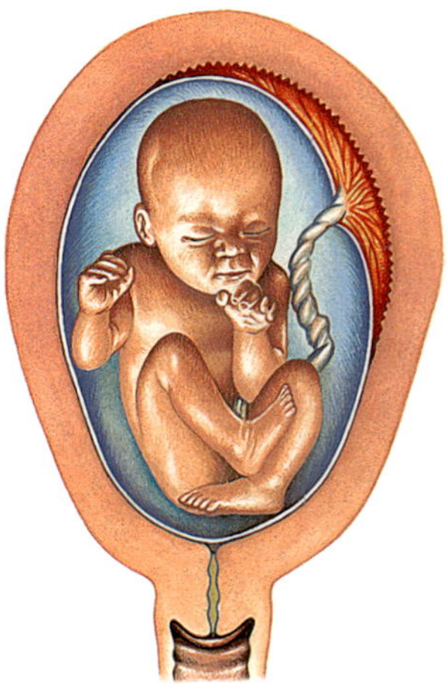
28 semaines

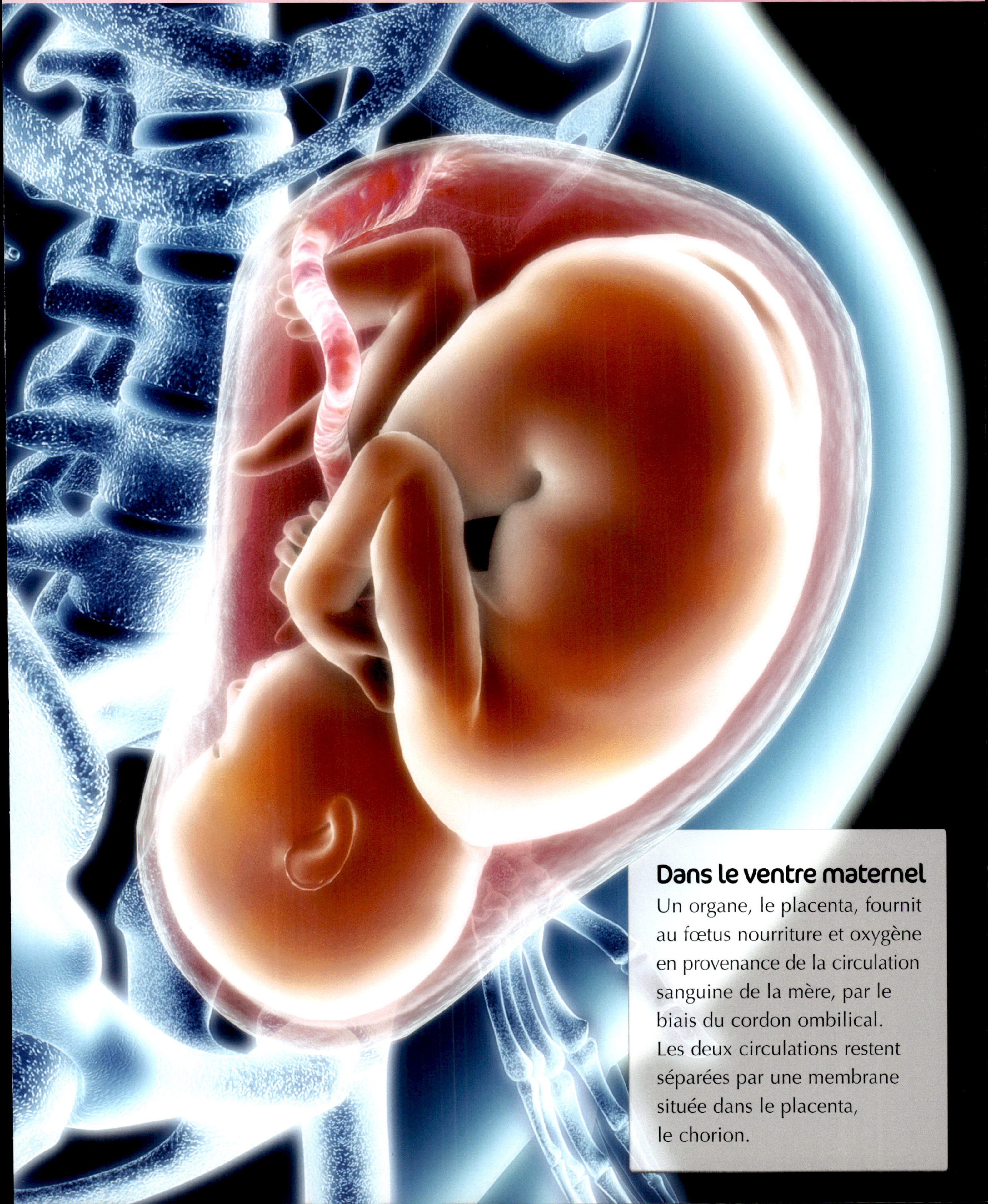

Dans le ventre maternel

Un organe, le placenta, fournit au fœtus nourriture et oxygène en provenance de la circulation sanguine de la mère, par le biais du cordon ombilical. Les deux circulations restent séparées par une membrane située dans le placenta, le chorion.

Grandir et vieillir

Il faut une vingtaine d'années aux êtres humains pour achever leur croissance et devenir adultes. Le processus de déclin physique et de vieillissement commence peu après.

Des changements psychiques et affectifs ont également lieu, notamment lors de la puberté. Le développement du cerveau et de l'intelligence peut se poursuivre tout au long de la vie.

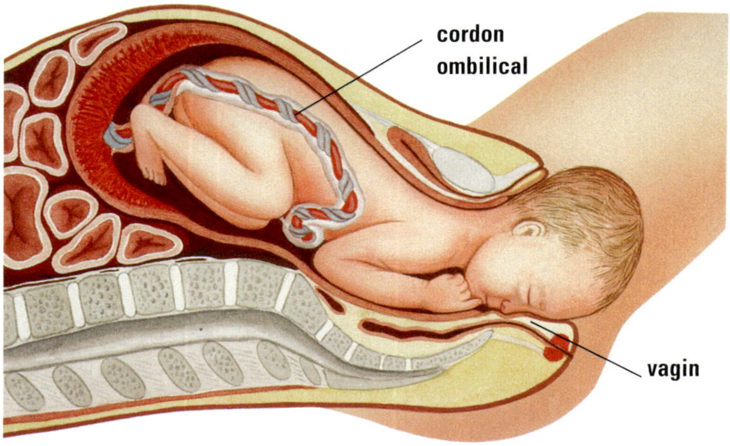

La mise au monde

Neuf mois environ après la conception, l'utérus est pris de contractions puissantes et régulières qui poussent le bébé hors de l'utérus, à travers le vagin (tête la première, le plus souvent). Quand le bébé est né, on coupe le cordon ombilical.

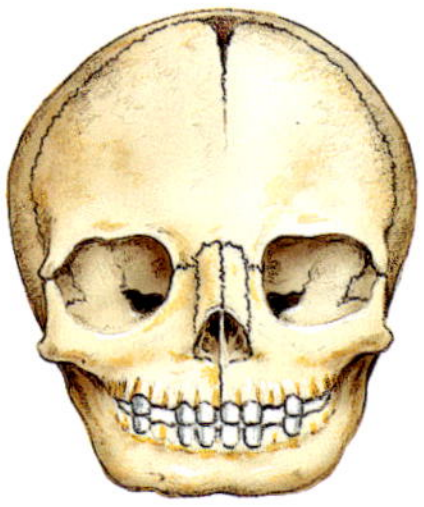

Le crâne du jeune enfant est arrondi.

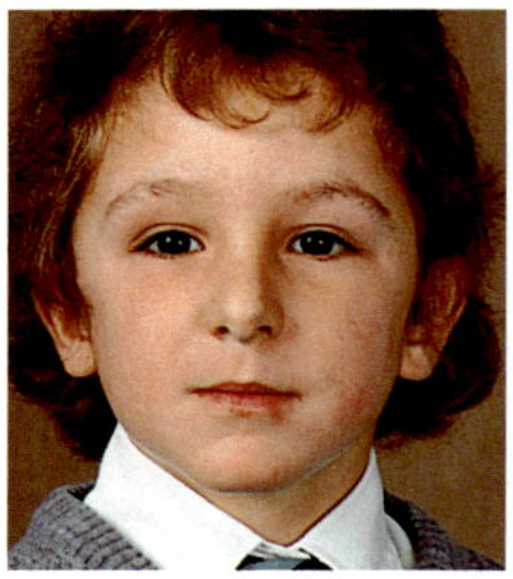

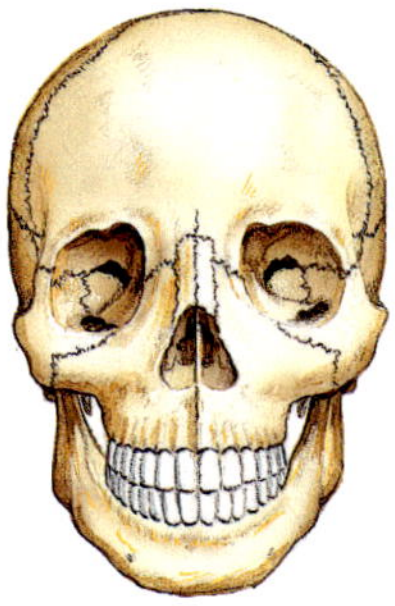

À l'adolescence, le visage s'allonge.

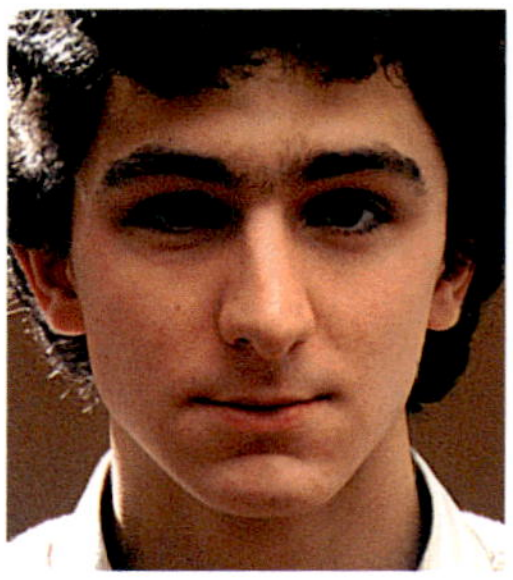

Les premières années

Les bébés sont très vulnérables ; au début, ils ne peuvent même pas contrôler leur température. Mais leur développement est rapide : avant trois ans, la plupart des enfants marchent, parlent et ont une personnalité bien affirmée.

Croissance des os

Les os se développent à des rythmes différents, modifiant les proportions du corps. Entre 12 et 14 ans, les adolescents grandissent en général beaucoup, du fait notamment de la croissance rapide de leurs os longs. Avec l'âge, les os deviennent plus cassants.

La puberté

La puberté a généralement lieu entre 9 et 14 ans chez les filles, entre 10 et 17 ans chez les garçons. Des hormones – œstrogène chez les filles, testostérone chez les garçons – provoquent alors de nombreux changements. La production d'ovules et de spermatozoïdes commence, la pilosité se développe et la voix mue.

ÉTONNANTE NATURE !

LA GÉMELLITÉ

Les vrais jumeaux sont issus d'un même ovule, qui se scinde en deux après avoir été fécondé. Partageant le même ADN, ils sont de même sexe et se ressemblent très fortement. Les « faux jumeaux », plus répandus, sont conçus à partir de deux ovules différents. Ils ne sont pas obligatoirement de même sexe.

Le vieillissement

Lorsqu'on vieillit, les muscles s'affaiblissent, la vue et l'ouïe se détériorent et certaines capacités mentales (la mémoire, par exemple) déclinent. Vers l'âge de cinquante ans, les femmes cessent de produire des ovules.

La cellule familiale

Les hommes sont des êtres sociaux, qui préfèrent vivre en groupe. Le plus important de ces groupes est souvent la famille, qui protège les enfants et les plus âgés. Le rôle et la taille des familles varient énormément selon les pays et les cultures.

LES SYSTÈMES DE DÉFENSE

NOTRE ORGANISME DOIT AFFRONTER de nombreux dangers : blessures, environnements extrêmes, maladies… Pour se défendre, il dispose de nombreuses barrières.

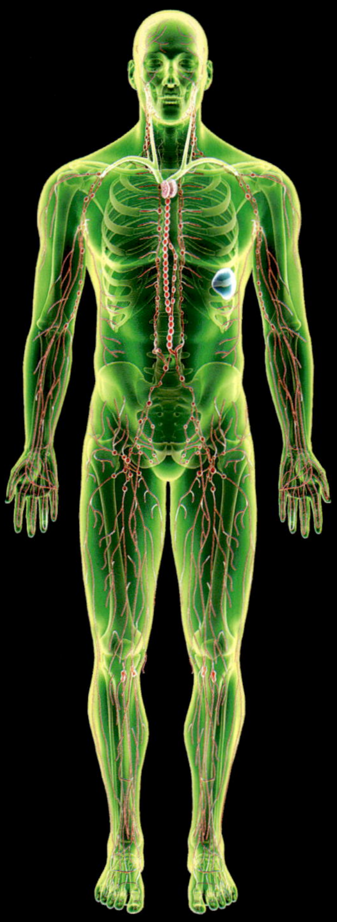

UNE BATTERIE DE DÉFENSES

Face aux agressions extérieures, le corps se protège : les frissons, la transpiration ou le hâle de la peau sont des réactions au froid, à la chaleur ou aux rayons du soleil. La lymphe, qui circule dans tout le corps *(ci-contre)*, absorbe certains microbes et les entraîne jusqu'aux ganglions lymphatiques de l'aine, des aisselles et du cou, où ils sont détruits.

Le bacille du charbon (*Bacillus anthracis*, en orange), bactérie en bâtonnet qui provoque la grave maladie du charbon.

LE SYSTÈME IMMUNITAIRE

Le système immunitaire, constitué du système lymphatique et des globules blancs, produit les anticorps, protéines qui détruisent les bactéries. Ce système garde le « souvenir » de nombreux organismes qui l'infectent, et peut donc réagir très rapidement s'il se trouve de nouveau en leur présence.

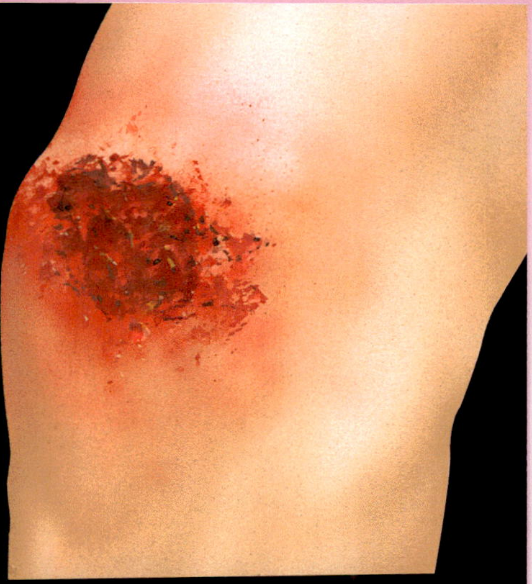

DÉFENSES DE SURFACE

La peau et les muqueuses (dont celles du nez et des poumons) abritent des bactéries qui luttent contre les maladies. Si les poumons sont percés, les tissus abîmés produisent des substances chimiques qui attirent des globules blancs vers la plaie, et les parois des vaisseaux sanguins proches se modifient, pour livrer plus facilement passage aux leucocytes.

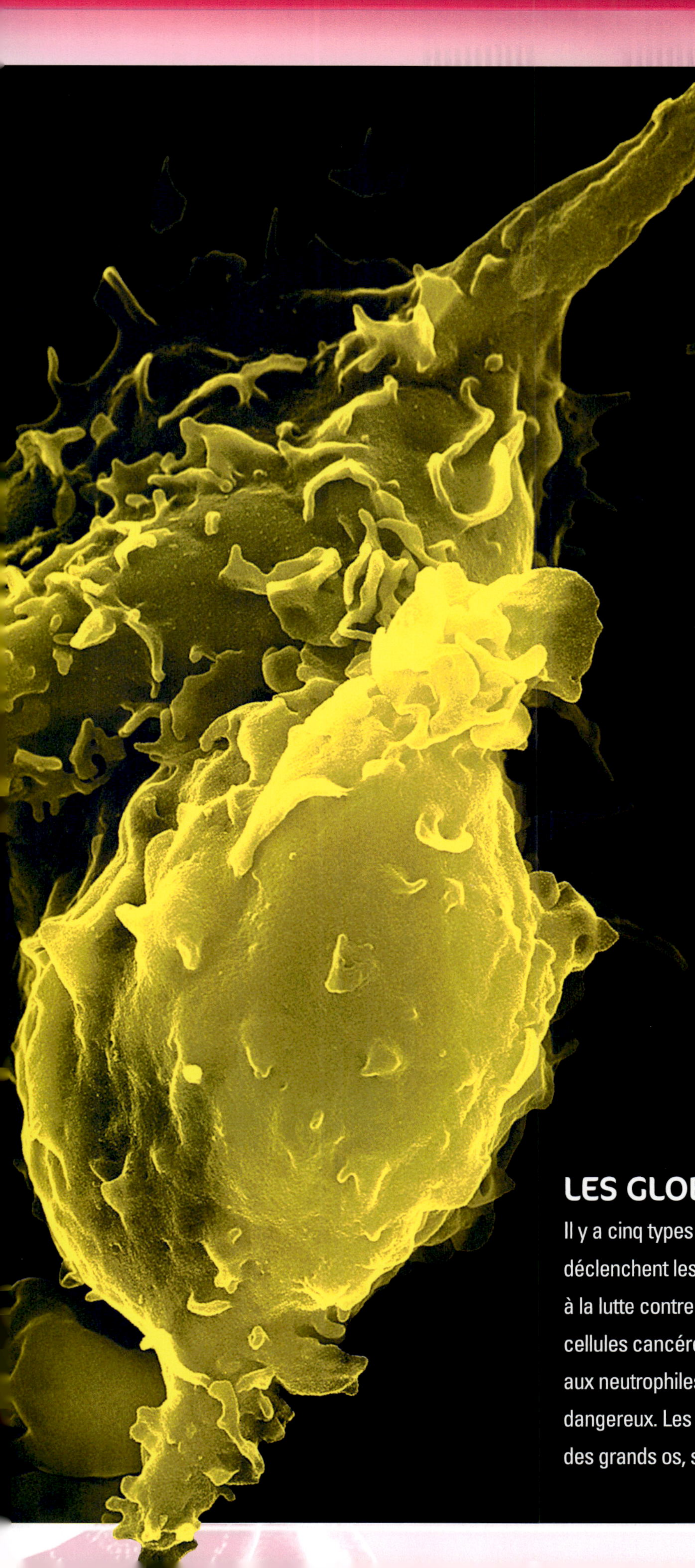

Un leucocyte neutrophile engloutit des bacilles du charbon pour protéger l'organisme.

LES GLOBULES BLANCS

Il y a cinq types de globules blancs : les basophiles déclenchent les défenses des tissus ; les éosinophiles aident à la lutte contre les virus ; les lymphocytes attaquent les cellules cancéreuses et les virus ; quant aux monocytes et aux neutrophiles, ils engloutissent les micro-organismes dangereux. Les globules blancs, fabriqués dans la moelle des grands os, sont présents dans le sang et la lymphe.

Santé et forme physique

Garder une bonne forme physique permet de vivre mieux et plus longtemps. Les services publics tels que la distribution d'une eau saine et les vaccinations sont cruciaux à cet égard.

La santé et la bonne forme physique reposent sur un sommeil suffisant, un exercice physique soutenu et des visites médicales régulières.

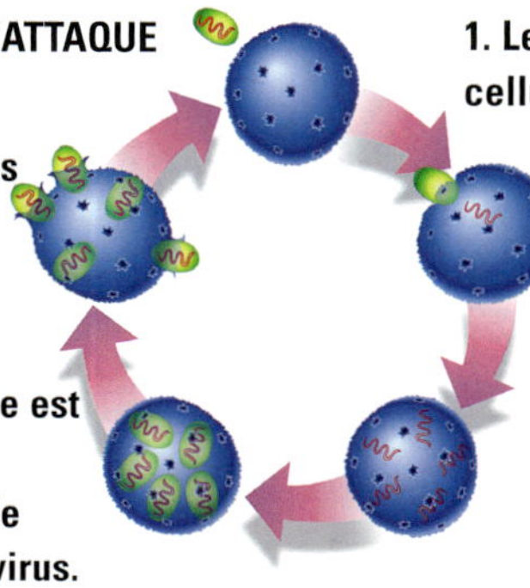

L'organisme sur la défensive

En présence d'infections ou de virus, notre corps doit réagir rapidement. La vaccination consiste à injecter une version affaiblie d'un virus, afin de déclencher la réaction du système immunitaire : lorsque le corps se trouvera de nouveau en présence de ce virus, il saura se défendre.

La consommation quotidienne de fruits et légumes est indispensable à la santé.

Une alimentation équilibrée

Un régime équilibré comprend beaucoup de fruits et légumes frais ; du pain complet et d'autres céréales, qui fournissent des fibres ; de grands volumes d'eau, et des mets gras ou sucrés en petites quantités. Le fait de manger trop ou trop peu nuit à la santé.

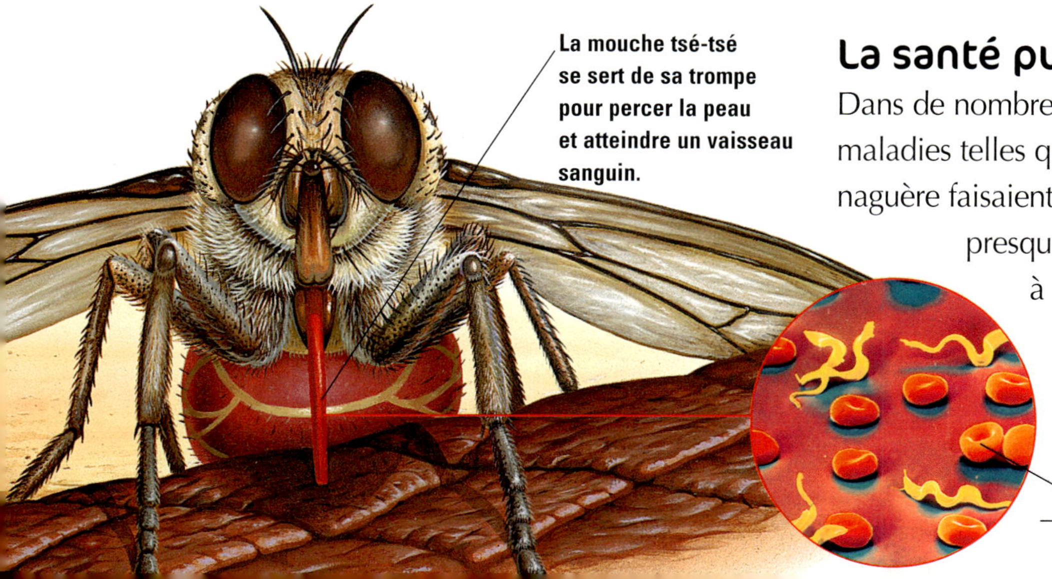

La mouche tsé-tsé se sert de sa trompe pour percer la peau et atteindre un vaisseau sanguin.

Le parasite véhiculé dans le sang provoque la maladie du sommeil.

La santé publique

Dans de nombreuses régions du monde, des maladies telles que la malaria et la variole, qui naguère faisaient des millions de morts, ont presque disparu, grâce aux vaccinations, à la destruction des insectes vecteurs de ces maladies et à l'assainissement des eaux.

Garder la forme

La meilleure façon de se maintenir en bonne forme physique est de consacrer au moins 30 minutes par jour à des activités ayant pour effet d'accélérer le rythme cardiaque : la course, la natation et tous les sports peuvent remplir ce rôle, mais on peut aussi simplement marcher à bonne allure. S'il est agréable d'être en bonne forme, cela permet aussi de vivre plus vieux, et de mieux résister aux maladies.

Étirements

S'étirer avant et après une séance d'exercice physique est très important, surtout quand il fait froid, pour éviter froissements des muscles ou claquages. Chez les personnes âgées, les étirements réguliers préviennent et soulagent certaines douleurs articulaires.

Un corps entraîné

Le corps s'adapte à l'utilisation que l'on en fait. Les muscles se renforcent si on les exerce ; la vitesse, la coordination et le tonus s'améliorent avec l'entraînement régulier. Des chaussures et une tenue appropriées réduisent les risques de blessure, facilitent les mouvements et évitent d'avoir trop chaud ou trop froid.

Le corps humain en détail

Tous les systèmes de notre organisme doivent disposer de ressources appropriées pour fonctionner. Outre l'eau (en grande quantité), les protéines, les graisses, les hydrates de carbone et les fibres, beaucoup d'autres substances chimiques sont indispensables.

LES SYSTÈMES DE L'ORGANISME

Système circulatoire : transporte les nutriments et l'oxygène jusqu'aux cellules, en évacue les déchets.

Système digestif : décompose les aliments en nutriments.

Système endocrinien : produit les hormones, qui contrôlent le fonctionnement de l'organisme.

Système immunitaire : défend l'organisme contre les maladies.

Système tégumentaire : protection (peau, poils, cheveux, ongles).

Système musculaire : permet le mouvement et structure le corps.

Système nerveux : pensée, sensations et contrôle des mouvements.

Système respiratoire : apporte l'oxygène et évacue l'oxyde de carbone.

Système reproducteur : permet la fécondation et le dévelopement de l'embryon.

Système squelettique : donne forme et protection au corps.

Système urinaire : évacue les déchets.

VITAMINES ET SELS MINÉRAUX

Vitamines

A : rétinol

B_1 : thiamine

B_2 : riboflavine

B_3 : nicotinamide

B_5 : acide pantothénique

B_6 : pyridoxine

B_7 : biotine

B_9 : acide folique

B_{12} : cobalamine

C : acide ascorbique

D : ergocalciférol et cholécalciférol

E : tocophérol

K : phylloquinone et ménaquinone

Minéraux

Calcium	**Manganèse**
Chlore	**Molybdène**
Chrome	**Phosphore**
Cobalt	**Potassium**
Cuivre	**Sélénium**
Fluor	**Sodium**
Iode	**Soufre**
Fer **Zinc**	**Magnésium**

Les skaters possèdent équilibre, agilité et force musculaire.

SITES INTERNET

http://www.nicoland.com/docfr/sciences/corps-humain.htm - Des informations sur le corps humain et l'éducation à la santé.

Découvrir l'histoire de l'humanité

Tout au long de l'histoire, les changements ont été nombreux, depuis l'époque des premiers agriculteurs jusqu'à l'essor des mégalopoles actuelles. Des bouleversements aussi profonds ne vont pas sans heurts ni conflits, que l'on s'efforce de préserver des modes de vie anciens ou que l'on tente d'en imposer de nouveaux. Des empires ont prospéré avant de disparaître : l'histoire ne s'arrête jamais.

Les premières civilisations

Au fil des millénaires, les êtres humains ont évolué. Après s'être constamment déplacés en quête de gibier et d'autres aliments, ils entreprirent de pratiquer l'agriculture et l'élevage.

Ils construisirent des villages puis bâtirent des sociétés organisées. Ce fut la naissance de la civilisation.

Australopithecus **« singe du Sud »** ***Homo habilis*** **« homme habile »** ***Homo erectus*** **« homme dressé »** ***Homo sapiens*** **« homme pensant »**

L'évolution des hommes

Il y a près de cinq millions d'années, les hommes, bipèdes, ont commencé à se différencier des autres grands primates. Pour les scientifiques, l'homme actuel est un « homme pensant », *Homo sapiens*.

La préhistoire

Le mot « préhistoire » désigne l'histoire des hommes avant l'invention de l'écriture. Les hommes préhistoriques étaient des chasseurs, qui se nourrissaient aussi de fruits et de racines. Ils représentaient les animaux autour d'eux sur des peintures rupestres (sur des rochers).

L'âge de la pierre

Pendant l'âge de la pierre (de 700 000 environ à 3000 av. J.-C.), les hommes utilisaient des outils perfectionnés (coups-de-poing, lances, meules) pour chasser, découper et transformer leurs aliments. À partir de 8000 av. J-C. furent bâties les premières villes – dont Çatal Höyük en Turquie *(ci-dessous)*, où l'on pénétrait dans les maisons de terre crue par une échelle et une ouverture dans le toit.

L'âge du bronze

L'âge du bronze (de –4000 à –2000 av. J.-C.) est marqué par l'utilisation de métaux, dont le bronze, alliage d'étain et de cuivre, qui servait à confectionner des outils et des armes. C'est l'époque des premiers grands États : Mésopotamie, Égypte, Grèce et Crète, Chine.

L'écriture

L'écriture apparut au début de l'âge du bronze. À Sumer (actuel Irak), on imprimait des marques dans des tablettes d'argile *(ci-contre)* : c'est l'écriture cunéiforme. Les Égyptiens dessinaient des hiéroglyphes.

L'âge du fer

Les premiers hommes a chauffer le minerai de fer, à le marteler pour le débarrasser de ses impuretés et à le plonger dans l'eau froide pour le durcir furent les Hittites, au XIVe siècle avant notre ère. Les outils de fer favorisèrent l'essor de l'agriculture.

INVENTION CAPITALE

L'INVENTION DE LA ROUE

Simples disques de bois percés d'un trou pour l'essieu, les premières roues destinées au transport furent réalisées par les Sumériens avant 3000 av. J.-C. (époque à laquelle apparaît leur représentation). L'invention de la roue permit de déplacer des charges sur de longues distances, ce qui eut une influence sur l'agriculture, le commerce et la guerre.

Les anciens Égyptiens

Les Égyptiens bâtirent une civilisation très organisée qui dura de 3100 à 30 av. J.-C. Cette riche culture reposait sur la croyance en une vie dans l'au-delà.

LA SOCIÉTÉ ÉGYPTIENNE
Chacun occupait un rang dans la société, souvent en fonction du métier paternel.

Les pharaons, fils des dieux, jouissaient d'un pouvoir absolu.

Scribes et prêtres étaient très puissants à la cour du pharaon.

Le travail des maçons, menuisiers et orfèvres était très prisé.

Les paysans aidaient aussi à la construction des pyramides.

Le royaume égyptien fut créé par des peuplades du désert venues s'installer sur les rives du Nil, dans le nord-est de l'Afrique.

Le don du Nil

Chaque été, le Nil débordait et déposait des boues fertiles sur sa plaine inondable. Fossés et canaux furent creusés pour irriguer les champs de blé et d'orge servant à faire le pain et la bière, de lin servant à fabriquer les étoffes.

Kheops 2558-2532 av. J.-C.

Hatchepsout 1473-1458 av. J.-C.

Ramsès II 1279-1213 av. J.-C.

Cléopâtre 51-30 av. J.-C.

De puissants souverains

Plus de trois cents pharaons régnèrent sur l'Égypte, dont le pouvoir se transmettait de père en fils. Le pharaon était le chef politique et religieux. Il édictait les lois et décidait de la guerre, et représentait en outre les dieux sur Terre.

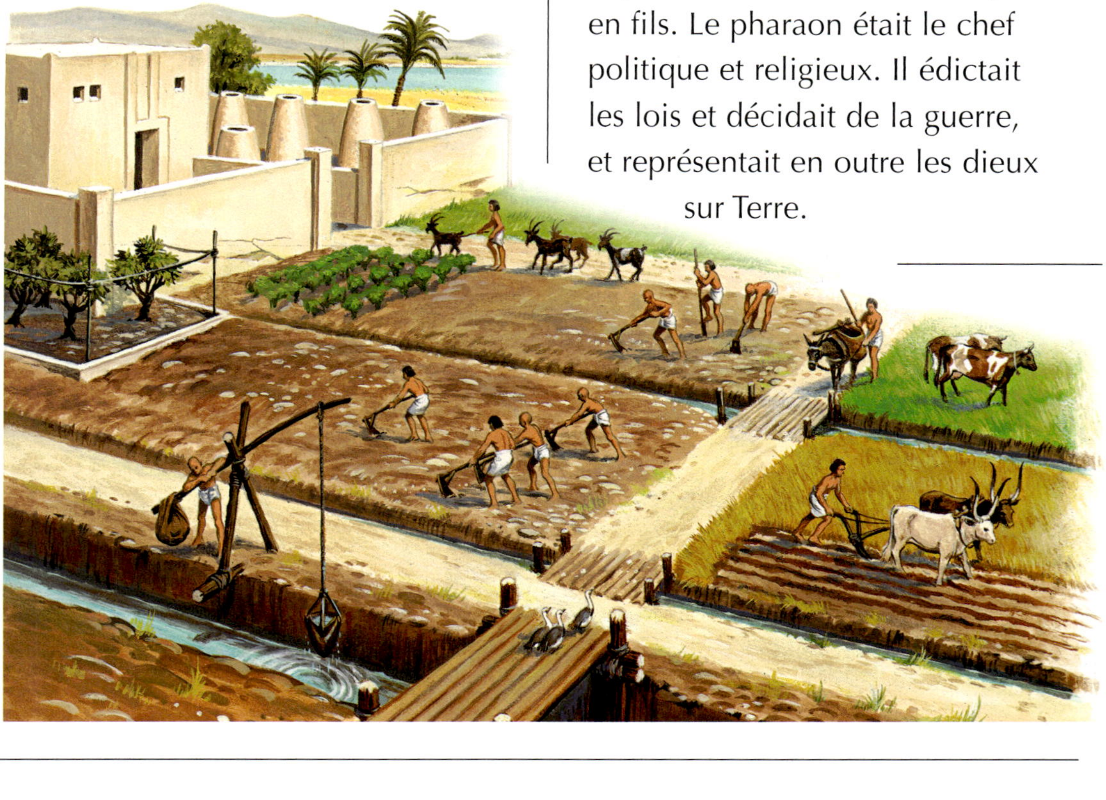

La Grande Pyramide

La Grande Pyramide de Gizeh est le tombeau du roi Kheops. Il fallut vingt ans pour la bâtir (elle fut achevée en 2528 av. J.-C.). Haute de 146,50 m, c'est la plus grande des trois pyramides de Gizeh.

Les hiéroglyphes

L'écriture égyptienne est basée sur un « alphabet » de 700 symboles appelés hiéroglyphes. Les scribes écrivaient sur du papyrus fabriqué à partir des roseaux des bords du Nil ; on gravait aussi la pierre des temples et des tombeaux. Il fallait des années pour maîtriser l'écriture.

Les dieux égyptiens

Les Égyptiens attribuaient un rôle à chacuns de leurs nombreux dieux. Osiris *(ci-contre)*, dieu des morts, porte des bandelettes de momie et a le visage vert ; il tient une crosse et un fléau de paysan pour montrer qu'il est aussi le dieu de la vie nouvelle.

Construire une pyramide

D'énormes blocs de pierre acheminés par bateau au long du Nil étaient mis en place par des milliers d'ouvriers. L'édifice achevé était recouvert d'un calcaire très fin et lisse, et d'un revêtement en or. Les pharaons plus récents furent inhumés dans des tombeaux cachés pour qu'ils échappent aux pillages.

C'EST CULTUREL !

LA MOMIFICATION

Lorsqu'un pharaon mourait, on préservait sa dépouille. Des prêtres retiraient les organes, qui étaient conservés dans des vases canopes. Le corps était desséché au natrum, puis empli de diverses substances et enveloppé dans des bandelettes, avant d'être placé dans des cercueils gigognes et enfin inhumé avec des *ouchebtis* (statues d'esclaves appelées à servir leur maître).

LA DYNASTIE QIN

L'IMPLACABLE EMPEREUR SHI HUANGDI *(ci-contre)*, de la dynastie Qin, unifia la Chine vers 212 av. J.-C. ; il établit des règles pour la langue écrite, la monnaie, les poids et mesures.

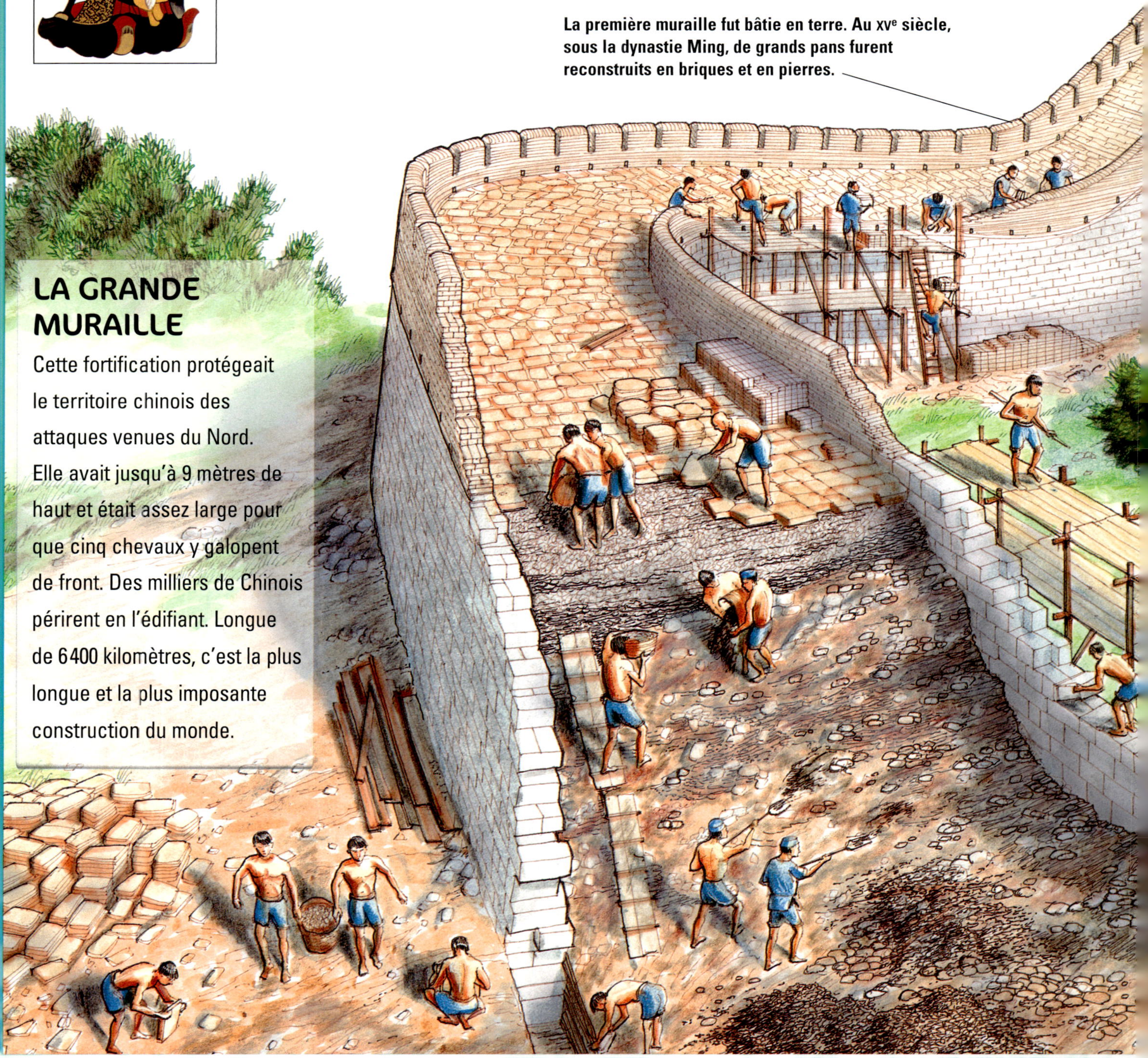

LA GRANDE MURAILLE

Cette fortification protégeait le territoire chinois des attaques venues du Nord. Elle avait jusqu'à 9 mètres de haut et était assez large pour que cinq chevaux y galopent de front. Des milliers de Chinois périrent en l'édifiant. Longue de 6400 kilomètres, c'est la plus longue et la plus imposante construction du monde.

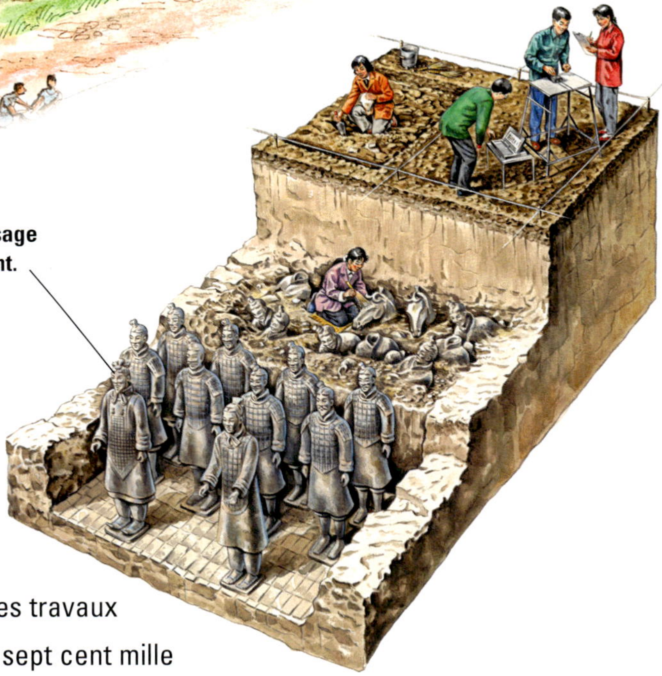

L'ARMÉE DE TERRE CUITE

Shi Huangdi fut inhumé en 206 av. J.-C. dans un mausolée aussi vaste qu'une ville, sous la garde de plus de huit mille statues grandeur nature figurant des guerriers et des chevaux. On estime que ces travaux durèrent trente-huit années et occupèrent sept cent mille ouvriers. La mise au jour de l'armée de terre, entamée en 1974, se poursuit aujourd'hui encore.

LA ROUTE DE LA SOIE

Après la mort de Shi Huangdi, la dynastie Han régna sur la Chine pendant quatre siècles. Sa prospérité reposait sur les échanges commerciaux au long de la Route de la Soie, un ensemble de voies commerciales reliant l'Asie à la Méditerranée, par où les marchandises chinoises telles que soieries, poteries et thé s'exportaient vers l'Empire romain et au-delà.

Les anciens Grecs

La civilisation grecque antique, très évoluée, a posé les bases de la politique, de la médecine, des sciences, des arts et de l'architecture.

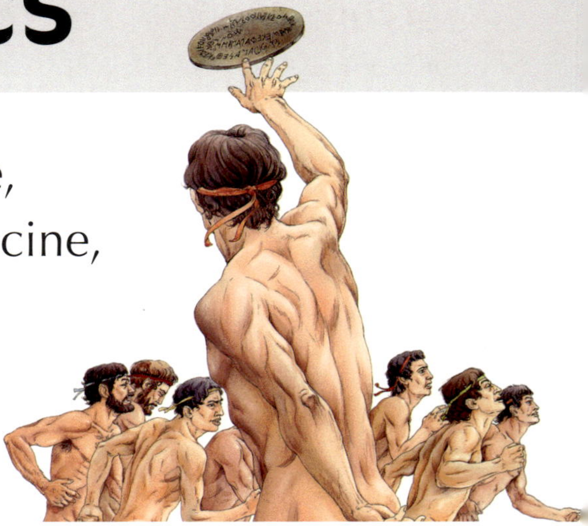

L'Empire grec était un réseau de cités-États établies sur le continent et dans les îles de la mer Égée. De 500 à 350 av. J.-C. s'épanouit l'époque classique.

Les Grecs et la guerre

Les guerres étaient fréquentes entre les cités-États grecques comme avec les pays voisins. Lors des batailles navales, les Grecs lançaient leurs trirèmes (navires à trois rangs de rameurs) à pleine vitesse contre les vaisseaux ennemis. Les Grecs étaient aussi redoutés sur terre, où les soldats de Sparte combattaient à l'abri de leurs boucliers.

Un œil protecteur oblique ornait les flancs des navires grecs.

Les Jeux olympiques

Les jeux d'Olympie, organisés tous les quatre ans à partir de 776 av. J.-C., étaient d'origine militaire ; les épreuves comprenaient le lancer du disque et du javelot, la lutte et la course.

Les cités-États

L'Empire grec était constitué d'environ trois cents cités-États, dont la prospérité reposait sur le travail des esclaves. Des rivalités les opposaient souvent, notamment Athènes et Sparte. Athènes inventa la démocratie, tandis que Sparte était dirigée par une oligarchie militaire.

De grands savants

Les Grecs accordaient une grande importance à l'éducation. Des médecins tels qu'Hippocrate étudiaient le corps et les maladies, des savants tels que le mathématicien Archimède et le philosophe Aristote posèrent les fondements de la science moderne.

L'architecture grecque

Les Grecs, qui appréciaient les édifices publics, laissèrent un legs architectural immense. Le Parthénon est un temple aux proportions magnifiques bâti au Ve siècle av. J.-C sur une colline sacrée d'Athènes, l'Acropole, où il se dresse encore. Les Grecs construisirent aussi d'immenses théâtres en plein air accueillant plus de dix mille spectateurs.

Alexandre le Grand

En 336 av. J.-C., à l'âge de vingt ans, Alexandre devint roi de Macédoine. Ce soldat fort bien éduqué assit son autorité sur la Grèce avant de conquérir de vastes territoires allant du monde grec au nord de l'Inde.

C'EST CULTUREL !

LES DIEUX DE LA GRÈCE ANTIQUE

Les Grecs de l'Antiquité pensaient que leurs dieux vivaient sur le mont Olympe. Ces dieux, fort nombreux, usaient de leur pouvoir au profit ou à l'encontre des simples mortels. Le roi des dieux, Zeus **(3)**, avait pour épouse Héra **(4)**. Son frère Hadès **(6)** régnait sur les enfers ; Déméter **(5)** était la déesse de la Terre, Aphrodite **(2)** celle de la beauté ; Hermès **(1)** était le messager des dieux.

L'Empire romain

À son apogée, l'Empire romain couvrait la majeure partie de l'Europe et une partie de l'Afrique et de l'Asie.

La société romaine, au mode de vie évolué, aux villes planifiées et au gouvernement rigoureusement organisé, reposait sur l'esclavage.

C'EST CULTUREL !

LES DIEUX ROMAINS

Les dieux des Romains étaient souvent inspirés de ceux des Grecs, mais avec un nom différent : Jupiter pour les Romains et Zeus pour les Grecs, par exemple. En outre, chaque famille vénérait des dieux domestiques. L'observation méticuleuse des rites était de première importance.

Une armée efficace

L'armée était organisée en légions, cohortes et centuries. Elle combattait principalement à pied. Ses fantassins, bien équipés, adoptaient avec leurs boucliers l'impénétrable formation dite de la tortue.

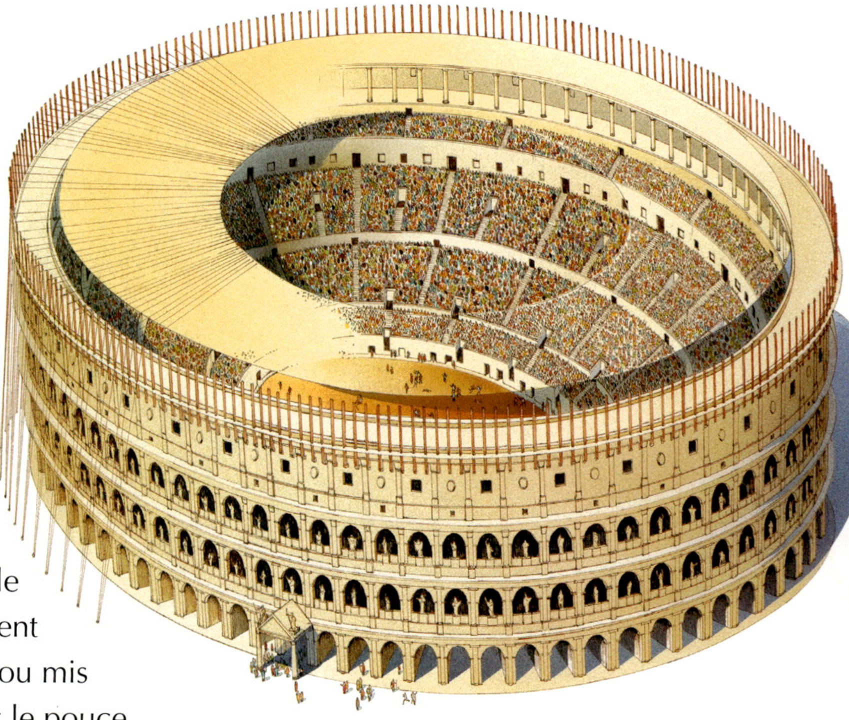

Les jeux du cirque

Les amphithéâtres, où se déroulaient des combats sanglants, des batailles navales et des chasses aux fauves, étaient très fréquentés. Le Colisée de Rome *(ci-contre)*, inauguré en 80 av. J.-C., voyait cinquante mille spectateurs acclamer les gladiateurs qui luttaient jusqu'à la mort. Les vaincus étaient épargnés ou mis à mort selon que l'empereur levait ou baissait le pouce.

Les thermes

Toute ville romaine possédait des bains publics, chauffés par un fourneau souterrain (hypocauste). Les thermes comportaient des étuves sèches et humides, des bains froids ou chauds, des salles où l'on se raclait la peau…

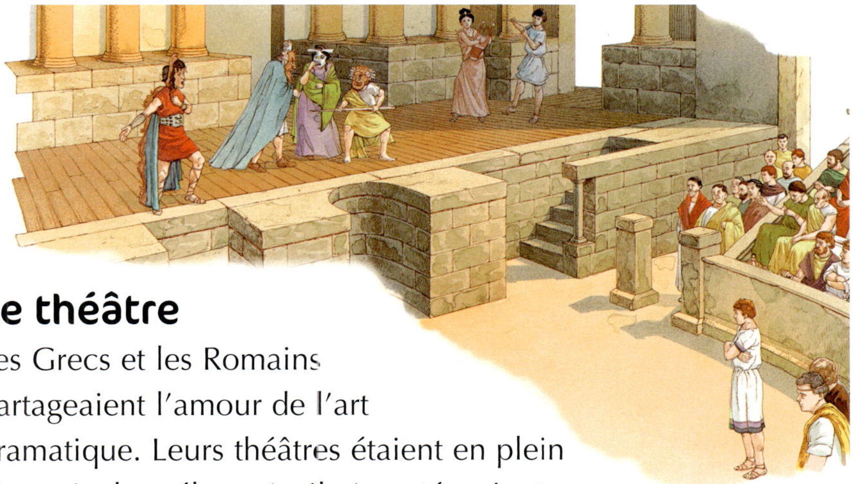

Le théâtre

Les Grecs et les Romains partageaient l'amour de l'art dramatique. Leurs théâtres étaient en plein air, mais des vélums (voiles) protégeaient les spectateurs des ardeurs du soleil. Les acteurs, toujours de sexe masculin, portaient des masques et des perruques pour indiquer quel personnage ils interprétaient.

De grands bâtisseurs

Les Romains étaient de grands ingénieurs et bâtisseurs. Les villes étaient construites selon un plan en damier, et les fontaines publiques approvisionnées en eau par un réseau d'aqueducs. Les conduites, généralement enterrées, traversaient les vallées sur des arches élevées.

Les empereurs

En 27 av. J.-C., Auguste devint le premier empereur romain. Premier des citoyens, l'empereur était tout-puissant et sa parole avait force de loi. De nombreux empereurs romains subirent des complots, et plusieurs, comme avant eux Jules César, furent assassinés.

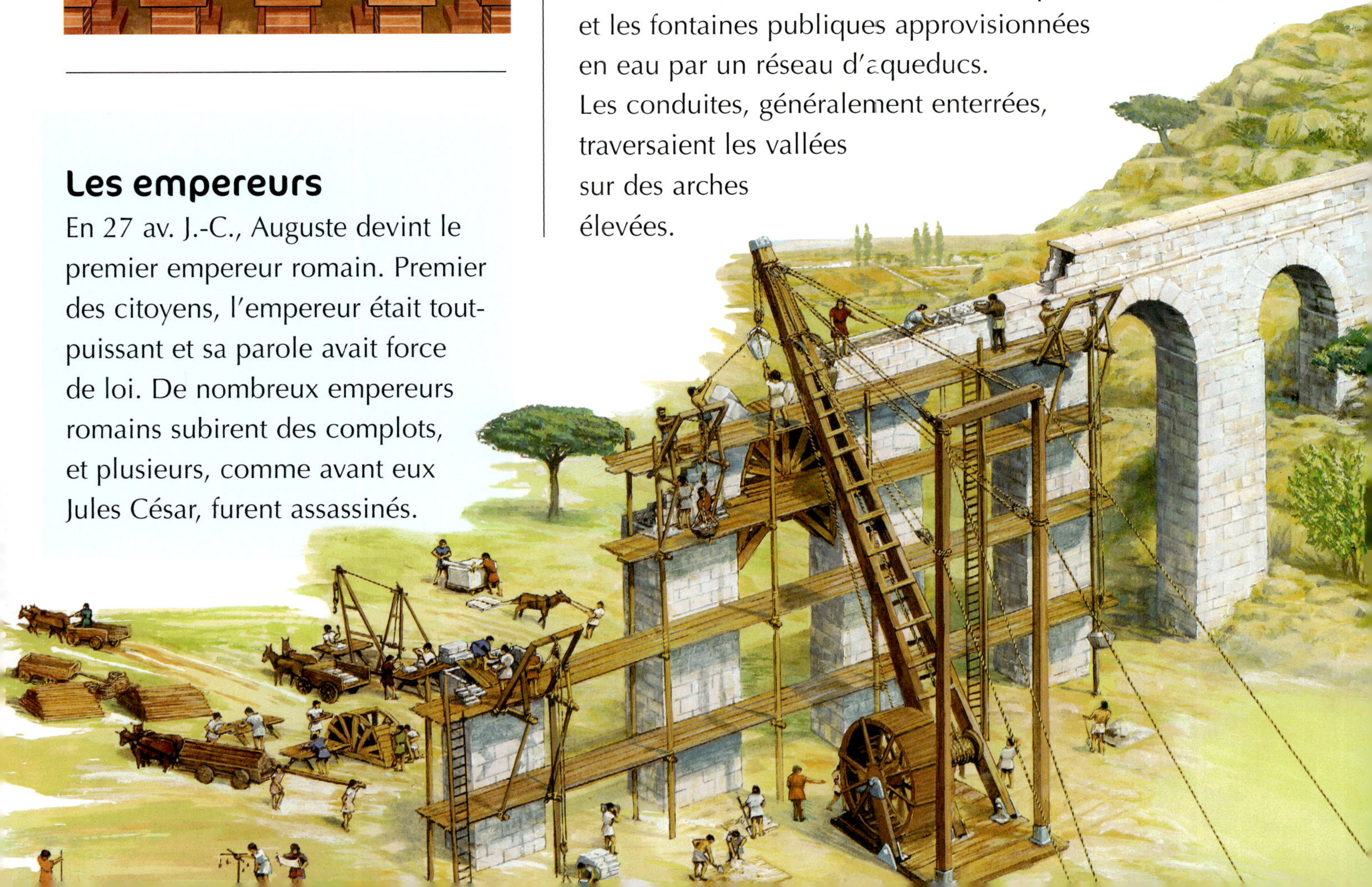

LES MAYAS

La civilisation maya connut son apogée entre les IIIe et IXe siècles de notre ère, puis s'effondra mystérieusement.

TEMPLES ET RELIGION

Les Mayas étaient d'excellents bâtisseurs, qui édifièrent des pyramides à degrés, sans l'aide d'outils métalliques. Ils peignaient ces temples en rouge, couleur de la vie et du pouvoir, et les décoraient d'ornements verts en jade. Ils adoraient des divinités du Soleil, de la Lune, de la Terre, de la pluie et de leur culture majeure, le maïs. Pour plaire à leurs dieux, ils faisaient des sacrifices humains.

VILLES ET VILLAGES

La civilisation maya était organisée selon un système de cités-États dont chacune était dirigée par un roi se disant le descendant des dieux. Si la plupart des Mayas vivaient dans des villages à vocation agricole, ce peuple construisit aussi d'immenses et populeuses cités, telle Copán, longue de treize kilomètres et large de trois, riche de temples, de palais et de places, aux monuments portant des sculptures à caractère astronomique et astrologique.

LA GUERRE

Les royaumes mayas s'affrontaient régulièrement pour des motifs commerciaux et politiques, mais aussi afin de capturer des prisonniers en vue des sacrifices religieux. Les soldats portaient de courtes piques et des haches de bois à lame de pierre. En guise d'armure, ils portaient des vestes de coton rembourrées de sel.

Le Castillo, principale pyramide de la cité de Chichén Itzá, fut construit au IXe siècle. De la base à la plate-forme supérieure, la hauteur est de 24 mètres.

Les quatre escaliers comptaient chacun 91 marches, et au sommet s'étendait une plate-forme, ce qui donnait un total de 365 – soit le nombre de jours de l'année selon le calendrier maya.

L'Europe médiévale

Le Moyen Âge, qui dura du VIe au XVe siècle, fut marqué par la guerre, par la famine et par la peste.

La société reposait sur la religion. De merveilleuses cathédrales furent bâties à la gloire de Dieu, et l'Église régentait la vie quotidienne et politique.

Les châteaux forts

Pour résister aux attaques fréquentes, les châteaux, lourdement fortifiés, devaient pouvoir soutenir des sièges. Par d'étroites ouvertures, les meurtrières, les défenseurs lançaient des flèches contre les assaillants.

ARMES DE GUERRE

Avec l'invention de l'étrier, grâce auquel le cavalier manœuvrait plus aisément sa monture, la cavalerie constituée par les chevaliers devint essentielle.

Les archers représentaient un barrage de flèches meurtrières. L'arc long des Anglais était tout particulièrement redouté.

L'arbalète lançait des carreaux avec une grande puissance. Elle était en outre d'un maniement plus facile que l'arc.

Les chevaliers, protégés d'un bouclier, portaient une cotte de mailles constituée de fins anneaux de fer entremêlés.

Les Croisades

Entre 1096 et 1291 furent lancées une série de croisades : des armées chrétiennes venues d'Europe tentèrent – en vain – de chasser les Turcs musulmans de la Terre sainte biblique.

Jeanne d'Arc fut capturée, accusée d'hérésie et brûlée vive en 1431.

La guerre de Cent Ans

De 1337 à 1453, la France et l'Angleterre se combattirent. Les Français finirent par l'emporter, grâce notamment à l'énergie déployée par Jeanne d'Arc, et aussi à leurs ressources matérielles supérieures.

La vie féodale

Pendant tout le Moyen Âge, l'ordre demeura inchangé, avec au sommet le roi, qui accordait des terres aux nobles en échange de leur appui. Ceux-ci laissaient les paysans cultiver leurs terres, en échange de produits et de corvées.

La peste noire

Au XIVe siècle, une épidémie de peste tua 25 millions de personnes en Europe, soit un tiers de la population. Transmise par des puces qui infestaient les rats, elle se répandit rapidement. Il n'existait aucun remède, de sorte que villes et villages furent désertés de leurs habitants, morts ou en fuite.

C'EST HISTORIQUE !

LES VIKINGS

Ces combattants scandinaves, embarqués à bord de leurs navires robustes et rapides, les drakkars, franchirent les mers et remontèrent les fleuves pour mener des raids. Les Normands (« hommes du Nord ») s'installèrent dans le nord de la France et en Angleterre.

Les tournois

Très appréciés, les tournois étaient autant d'occasions de s'exercer à la guerre et de se divertir. Les chevaliers s'affrontaient à pied ou lors des joutes à cheval, s'efforçant de désarçonner l'adversaire de leur longue lance.

Les explorateurs

À partir du XVe siècle, des explorateurs européens partirent à la recherche de nouvelles terres, d'or, d'argent et d'épices ; certains voulaient aussi diffuser la foi chrétienne.

Les longs voyages furent possibles grâce aux progrès de la navigation et de la cartographie, ainsi que par la construction de petits vaisseaux rapides, les caravelles.

Henri le Navigateur étudie la construction d'un nouveau navire.

Henri le Navigateur

Entre 1424 et 1434, le prince Henri, fils du roi du Portugal, finança l'exploration des côtes de l'Afrique, ouvrant de nouvelles routes commerciales. Henri fit construire des navires et fonda au Portugal une école de navigation destinée à former les explorateurs. Plus tard, des marins portugais atteignirent l'Inde et l'Extrême-Orient.

La chute des Aztèques

La civilisation aztèque du Mexique fut parmi les premières victimes de l'exploration européenne. La culture aztèque, très religieuse, fut détruite par les armes espagnoles et les maladies venues de l'Ancien Monde.

Le Nouveau Monde

En 1492, le navigateur génois Christophe Colomb quitta les côtes espagnoles dans l'espoir de découvrir une nouvelle route vers les Indes, en Asie. Il ne sut jamais qu'il avait découvert un continent inconnu, qui fut appelé plus tard « Amérique ».

La Route des Indes

En 1497-1498, l'explorateur portugais Vasco de Gama conduisit la première expédition européenne à contourner l'Afrique pour gagner l'Inde. Cette nouvelle route permit au Portugal de fonder des colonies en l'Afrique de l'Est, puis aux Européens de pratiquer le commerce des précieuses épices et pierreries de l'Inde.

Tout autour du monde

En 1519-1522, la flotte de Magellan doubla la pointe de l'Amérique du Sud, traversa le Pacifique et revint en Espagne en contournant l'Afrique : c'était le premier voyage autour du monde. Magellan périt en route, seuls dix-huit marins survécurent.

Magellan fut tué à Mactan, aux Philippines.

C'EST HISTORIQUE !

L'OR DES INCAS

Les Incas, un peuple des Andes, en Amérique du Sud, utilisaient beaucoup d'or pour leurs bijoux et ornements. En 1532, le conquistador espagnol Francisco Pizarro captura l'empereur inca et reçut onze tonnes d'or de rançon. Il le fit néanmoins exécuter et conquit son empire.

Cook et l'Australie

Il fallut des siècles aux explorateurs européens pour atteindre le Pacifique Sud : beaucoup d'îles furent cartographiées entre 1768 et 1779 par James Cook, qui y trouva des communautés établies 1500 ans auparavant par des navigateurs locaux.

L'ÈRE DES RÉVOLUTIONS

De l'Europe à l'Amérique du Nord, une période révolutionnaire façonna l'époque moderne. Des gouvernements plus égalitaires supplantèrent le règne des monarques.

Le peuple français se souleva aux cris de « liberté, égalité, fraternité », guidé par la figure allégorique de Marianne, coiffée du bonnet phrygien.

LA RÉVOLUTION FRANÇAISE

Dans la France de 1789, la médiocrité du gouvernement et l'abîme qui séparait les riches et les pauvres provoquèrent une révolution qui aboutit à la chute du roi Louis XVI et de la reine Marie-Antoinette. Le régime de la Terreur (1793-1794) envoya à la guillotine plusieurs dizaines de milliers de personnes, dont le roi et la reine, mais aussi bon nombre de révolutionnaires.

Le signal de la Révolution française fut donné le 14 juillet 1789 par la prise de la Bastille : dans cette prison symbole de l'arbitraire royal, des armes et des munitions étaient entreposées. Les insurgés s'en emparèrent.

NAPOLÉON BONAPARTE

Le général Bonaparte tira parti de son statut de héros militaire pour prendre les rênes de la France. En 1804, il se fit sacrer empereur, lança de profondes réformes et entreprit de soumettre tous les pays d'Europe. Définitivement vaincu par une coalition de souverains européens à la bataille de Waterloo, en 1815, il fut exilé dans l'île de Sainte-Hélène où il mourut en 1821.

LA RÉVOLUTION AMÉRICAINE

En 1775, les Britanniques durent faire face au soulèvement de leurs treize colonies d'Amérique du Nord, mécontentes des taxes qu'on leur imposait, fortes du soutien financier de la France et animées par des idées d'indépendance. Les Britanniques perdirent ce conflit en terre ointaine en 1781, et deux ans plus tard reconnurent la souveraineté américaine.

La révolution industrielle

Au XVIIIe siècle, la découverte de nouvelles techniques et sources d'énergie conduit à l'avènement de la production de masse.

RÉVOLUTION TEXTILE

Des machines capables d'accomplir le travail de plusieurs ouvriers transformèrent l'économie.

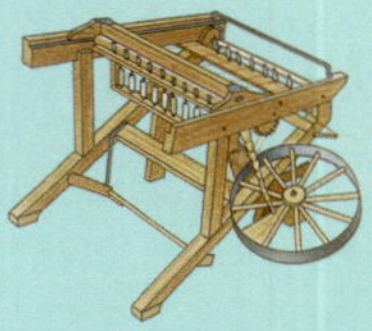

La « Jenny » était une machine à filer actionnée par une roue.

Le métier à filer d'Arkwright était hydraulique.

L'égreneuse à coton séparait la fibre de la graine.

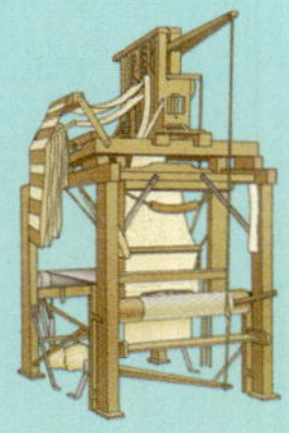

Le métier Jacquard produisait des tissus à motifs.

Des bouleversements sociaux gagnèrent toute l'Europe. Les habitants de la campagne affluèrent vers les usines et les bureaux des villes enfumées.

Roues hydrauliques

L'énergie de l'eau en mouvement fut utilisée plutôt que celle des chevaux, pour faire fonctionner de nouvelles machines dont le regroupement donna naissance aux usines.

Villes industrielles

Des usines de plus en plus immenses furent construites, ainsi que des logements pour les ouvriers, donnant naissance à de nouvelles villes.

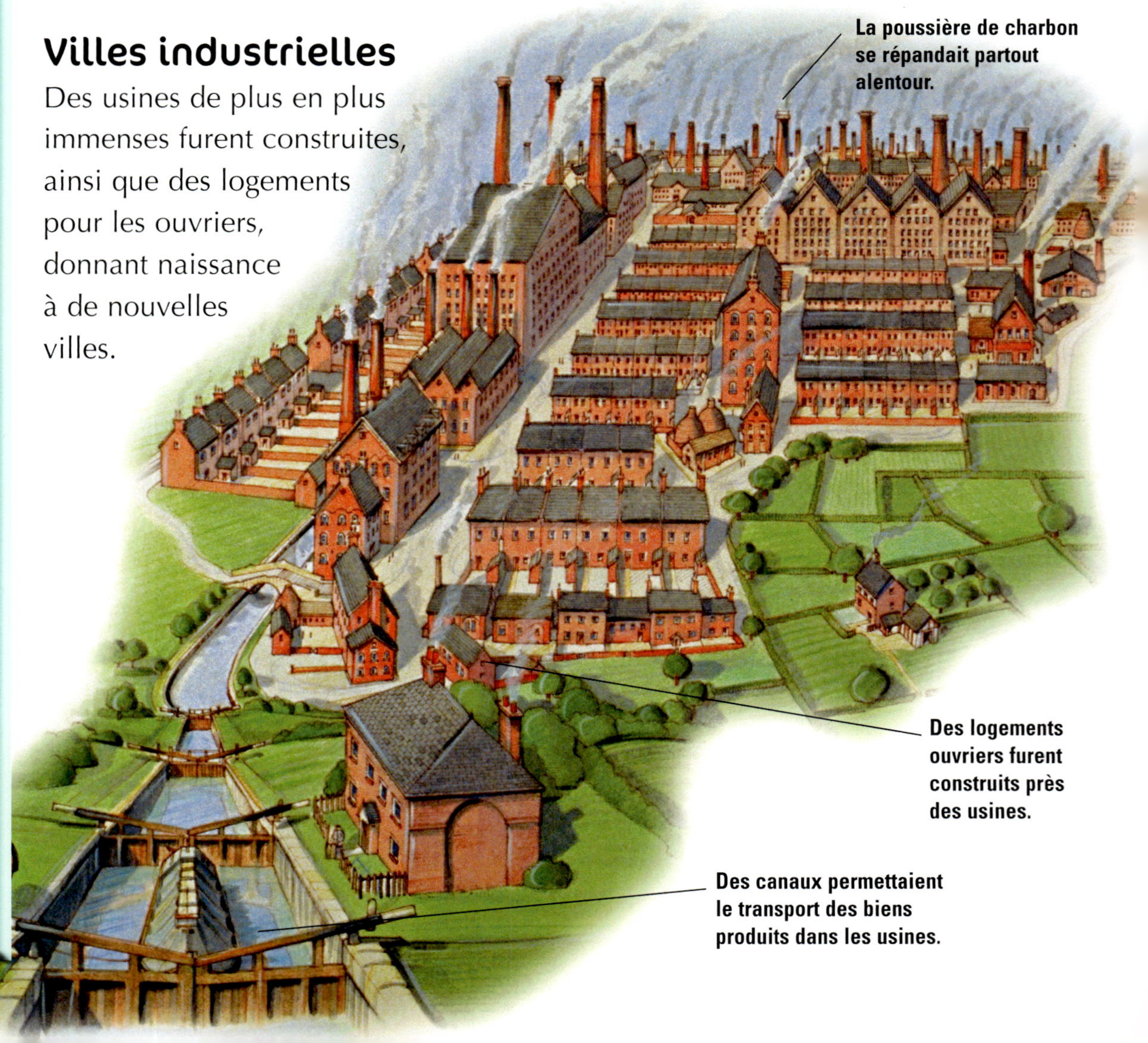

Constructions en fer

Un nouveau matériau peu coûteux, la fonte – puis, à partir de 1784, le fer forgé – permit la construction de grands édifices et ouvrages d'art comme des ponts (*ci-contre*, le premier pont de fer, construit en 1779 en Angleterre).

Des enfants au travail

Les usines et les mines utilisèrent le travail des enfants. Assez petits pour se glisser dans les galeries et sous les machines, ils furent contraints de travailler de longues heures pour une maigre paie.

La vapeur

La vapeur remplaça l'eau et le vent comme source d'énergie. L'essor des locomotives à vapeur et des réseaux ferrés combla le besoin de transports rapides.

C'EST HISTORIQUE !

L'ESCLAVAGE

La révolution industrielle favorisa le recours à une main-d'œuvre asservie ; des navires négriers transportaient leur cargaison humaine enchaînée de l'Afrique vers l'Amérique. Les esclaves étaient ensuite contraints de travailler dans les plantations de coton, de canne à sucre et de tabac. En 1780, la Pennsylvanie fut le premier État américain à abolir l'esclavage.

La locomotive Buddicom N° 33 « Saint-Pierre », construite en 1844 en France.

Colonies et migrations

Au XIXe siècle, les pays européens bâtirent des empires en Afrique et en Asie, tandis que des vagues d'émigrants fuirent l'Europe dans l'espoir d'une vie meilleure au-delà des mers.

Les premiers colons à débarquer en Amérique du Nord et en Australie étaient souvent des criminels condamnés à l'exil, mais ils furent suivis par des gens à la recherche de travail, qui s'installèrent définitivement.

La Grande Famine irlandaise

La Grande Famine irlandaise de 1845-1851, dont la cause immédiate fut une maladie de la pomme de terre, provoqua la mort d'un million de personnes et en amena au moins cinq cent mille à s'embarquer pour les États-Unis.

Les ruées vers l'or

Au cours du XIXe siècle, la découverte de gisements aurifères déclencha des ruées vers l'or en Amérique du Nord, au Canada, en Nouvelle-Zélande et en Australie. Ces migrations furent à l'origine de la création de nombreuses villes.

Des orpailleurs fouillent une rivière en Californie.

L'ATTRAIT DES ÉTATS-UNIS

De longues années durant, des navires d'immigrants gagnèrent les États-Unis. Entre 1892 et 1954, dès leur débarquement à New York, plus de vingt millions d'entre eux furent soumis à des formalités administratives et à des examens médicaux avant de se disperser dans tout le pays.

LA PREMIÈRE GUERRE MONDIALE

La Grande Guerre fut à son époque le pire conflit que le monde eût jamais connu. Toute une génération de jeunes gens fut balayée : 8,5 millions de soldats et plus du double de civils trouvèrent la mort.

Une tranchée sur le front : soldats et chars alliés tirent sur leurs ennemis allemands.

LE DÉCLENCHEMENT DE LA GUERRE

Le 28 juin 1914, l'archiduc Ferdinand d'Autriche est assassiné par un nationaliste serbe. Les alliés de l'Autriche et de la Serbie sont entraînés dans le conflit, et en six semaines l'Europe s'embrase. Ainsi commença la première « guerre totale », d'une ampleur auparavant inimaginable.

LA GUERRE DES TRANCHÉES

Le front Ouest, hérissé de fortifications et de tranchées, s'étendit sur 750 km, de la mer du Nord aux Vosges. Les tranchées étaient insalubres, boueuses, infestées de rats. Les « poilus » recevaient fréquemment l'ordre de monter à l'assaut, pour se faire bien souvent faucher par les mitrailleuses ennemies.

Les soldats allemands défendaient leurs positions sur le front Ouest au moyen de mitrailleuses et de gaz toxiques.

LA FIN DU CONFLIT

Le tournant de la guerre intervint avec l'entrée des États-Unis dans le conflit, en avril 1917. Les renforts et approvisionnements américains, ainsi qu'un blocus naval de l'Allemagne mirent un terme à la guerre, le 11 novembre 1918.

La Seconde Guerre mondiale

Cette guerre fut livrée dans le monde entier, sur terre, sur mer et dans les airs. On estime à plus de soixante-dix millions le total des morts que firent alors les combats, les famines et les maladies.

ARMES DE GUERRE

Cuirassés et sous-marins jouèrent un rôle clef en mer, comme les chasseurs dans les airs et les chars sur terre.

Le *Spitfire*, chasseur monoplace, fut employé par les Britanniques et leurs alliés.

Le *Tiger I*, char lourd allemand, fit des ravages.

L'*USS Gearing* DD710 fut l'un des plus redoutables navires de la guerre.

Les *U-Boote* allemand imposèrent un blocus naval aux convois alliés.

La guerre opposa principalement la Grande-Bretagne, les États-Unis et l'Union soviétique à l'Allemagne, à l'Italie et au Japon. Elle fut livrée en Europe, en Asie, en Afrique, dans le Pacifique. Le tournant du conflit intervint avec l'échec allemand dans la conquête de l'URSS, en 1943.

Adolf Hitler

Hitler, au pouvoir en Allemagne dès 1933, occupa les pays voisins sans encombre, jusqu'à ce que l'invasion de la Pologne incite la France et la Grande-Bretagne à lui déclarer la guerre.

La guerre aérienne

Ayant assis sa domination sur l'Europe continentale, l'Allemagne voulut soumettre l'Angleterre. Mais les Britanniques produisirent des avions très rapides, qui remportèrent la Bataille d'Angleterre durant l'été 1940.

Le début de la fin

Le 30 avril 1945, comprenant que la guerre était perdue, Hitler se suicida. Le 7 mai 1945, les chefs militaires allemands signèrent la reddition sans conditions de l'Allemagne *(ci-dessous)*. La guerre était achevée en Europe et en Afrique.

Pearl Harbor

En décembre 1941, les Japonais attaquent la flotte américaine à Pearl Harbor (Hawaii), provoquant l'entrée en guerre des États-Unis et des années de batailles navales dans le Pacifique.

Hiroshima et Nagasaki

Pour faire plier les Japonais, les Américains lancèrent, sur Hiroshima et Nagasaki, en août 1945, deux bombes atomiques qui firent instantanément 150 000 morts.

C'EST HISTORIQUE !

L'HOLOCAUSTE

Hitler, qui accusait les juifs de tous les maux dont souffrait l'Allemagne, entreprit dès son accession au pouvoir de les persécuter. Six millions de juifs périrent pendant la guerre. Nombre d'entre eux furent exterminés dans des camps de concentration. Des certaines de milliers de Roms, de malades mentaux, de handicapés et d'homosexuels furent eux aussi massacrés.

L'indépendance

Plusieurs colonies d'Asie et d'Afrique obtinrent leur indépendance après la guerre – l'Inde, notamment, à la suite de la longue campagne menée par Gandhi *(ci-dessus)*. Les Nations unies décidèrent de diviser la Palestine en deux pour créer le nouvel État d'Israël.

La guerre froide

La guerre froide est la période de tensions internationales qui a duré de 1945 jusqu'aux années 1990. Elle opposa deux superpuissances – les États-Unis et l'Union soviétique – soutenues par leurs alliés.

Les Américains, partisans du capitalisme (économie basée sur l'enrichissement individuel), s'opposaient aux Soviétiques, partisans du communisme (fondé sur la propriété collective).

Caricature inspirée par la crise des missiles de Cuba, en 1962 : partie de bras de fer entre le dirigeant soviétique Nikita Khrouchtchev *(à gauche)* et le président américain John F. Kennedy *(à droite)*.

Affrontement de superpuissances

Les États-Unis et l'Union soviétique se sont affrontés en aidant chacun les camps adverses dans les guerres de Corée, du Viêt Nam et d'Afghanistan. En 1962, l'implantation de missiles nucléaires soviétiques à Cuba faillit provoquer une Troisième Guerre mondiale.

La ruée vers l'espace

La conquête spatiale fit aussi l'objet d'une rude concurrence entre les superpuissances. L'URSS fut la première à lancer un satellite *(Spoutnik)*, en 1957. Les Américains se posèrent les premiers sur la Lune, au cours de la mission Apollo 11, en 1969.

La chute du Mur de Berlin

En 1949, l'Allemagne avait été divisée en deux. L'Allemagne de l'Est appartenait au bloc communiste, dirigé par l'Union soviétique. Le Mur de Berlin, construit en 1961 par les autorités de l'Est pour empêcher le passage à l'Ouest, fut pendant vingt-huit ans le symbole de la division de l'Europe. Il fut abattu en 1989, dans un grand mouvement populaire.

Mao Zedong

De 1949 à 1976, la Chine fut dirigée par Mao Zedong. Exerçant un contrôle quasi absolu sur la population, il isola le pays du reste du monde. Les paysans furent regroupés dans ces fermes collectives, et le peuple fut endoctriné par ses idées politiques exprimées dans le *Petit Livre rouge*. Les opposants étaient exécutés.

Le monde actuel

La fin du XXe siècle et le début du XXIe ont été marqués par la croissance des économies asiatiques, les changements climatiques et le terrorisme.

Parmi les évolutions les plus notables figure l'essor du commerce international et des communications. Marques et techniques se sont mondialisées. Il est désormais possible d'acheter des biens identiques dans de nombreux pays de la planète.

La fin de l'apartheid

En Afrique du Sud, l'apartheid excluait les Noirs de tout droit. Il prit fin dans les années 1990, lorsque Nelson Mandela fut libéré après vingt-huit ans de prison, puis élu président du pays.

Troubles au Moyen-Orient

Gaza et la Cisjordanie *(ci-dessus)* sont au cœur du conflit israélo-palestinien ; l'Irak est déchiré depuis la chute de Saddam Hussein, survenue en 2003 ; et les tensions entre l'Iran et l'Occident sont récurrentes, qui portent notamment sur le nucléaire.

Le maintien de la paix

Dans les régions du monde en proie à des troubles, les « Casques bleus » des Nations unies s'efforcent de maintenir la paix et de faire respecter le droit. Les Casques bleus ont reçu le prix Nobel de la Paix en 1988.

La vie dans l'espace

Depuis 2000, des spationautes de nombreuses nations ont séjourné à bord de la Station spatiale internationale (ISS), en orbite à 340 km au-dessus de la Terre. L'ISS est utilisée pour la recherche, mais elle accueille aussi des touristes payants.

Les marchés financiers

Dans le monde entier, les Bourses régulent la circulation des marchandises, mais surtout des actions, qui donnent droit à une partie des bénéfices des entreprises.

Le terrorisme

L'attaque menée le 11 septembre 2001 contre les tours du *World Trade Center*, à New York, a montré que le terrorisme aussi se mondialisait.

LES LOIS DE LA NATURE

LE RÉCHAUFFEMENT CLIMATIQUE

Les températures moyennes s'élèvent sur notre planète, en raison notamment de la combustion des hydrocarbures. Cela entraîne une modification du climat ; inondations et sécheresses sont plus fréquentes et s'aggravent. Les glaces de l'Arctique fondent, des montagnes reçoivent moins de neige. En Suisse *(ci-dessus)*, les glaciers ont perdu deux fois plus de volume entre 1991 et 2004 que durant les trente années précédentes.

L'histoire en chiffres

Le monde compte environ 6,6 milliards d'habitants, qui vivent dans deux cents pays environ. On estime qu'au total plus d'une centaine de milliards d'êtres humains ont vécu sur Terre. Ils ne vivaient jadis en moyenne que de vingt à trente-cinq ans, mais aujourd'hui la longévité moyenne est de soixante-sept ans.

POPULATION MONDIALE

25 000 av. J.-C.	3 millions
10 000 av. J.-C.	4 millions
1 av. J.-C.	200 millions
1000	275 millions
1500	450 millions
1650	500 millions
1750	700 millions
1850	1,2 milliard
1900	1,6 milliard
1950	2,55 milliards
1975	4 milliards
1990	5,3 milliards
2000	6,1 milliards
2010	6,8 milliards (estim.)
2020	7,6 milliards (estim.)
2050	9,2 milliards (estim.)

SEPT MERVEILLES DU MONDE ANTIQUE

La Grande Pyramide de Gizeh
Les Jardins suspendus de Babylone
Le Temple d'Artémis à Éphèse
La statue de Zeus à Olympie
Le Mausolée d'Halicarnasse
Le Colosse de Rhodes
Le Phare d'Alexandrie

SEPT MERVEILLES DU MONDE MODERNE

L'Empire State Building (New York, É.-U.)
Le barrage d'Itaipu (Brésil/Paraguay)
La CN Tower à Toronto (Canada)
Le canal de Panamá (Am. centrale)
Le tunnel sous la Manche (France/Angl.)
Le Golden Gate Bridge (San Francisco)
Le Plan Delta aux Pays-Bas

VICTIMES DES GUERRES (mi = million)

Congo (1998-2007) 5,4 mi
Viet Nam (1959-1973) 2,1 mi
Corée (1950-1953) 2,5-3,5 mi
Seconde G. mond. (1939-1945) 60-72 mi
Guerre sino-japonaise (1931-1945) 20 mi
Guerre civile russe (1917-1921) 5-9 mi
Première G. mond. (1914-1918), 20 mi
Révolte des Taiping (Chine, 1851-1864) 20 mi
G. de Napoléon (1804-1815) 3,5-6 mi
G. de Trente Ans (1618-1648) 3-11,5 mi
Conquête de Tamerlan (1360-1405) 7-20 mi
Conquêtes mongoles (XIIIe s.) 30-60 mi
Conquête mandchoue des Ming (Chine, 1616-1662) 25 mi

Des champs pétrolifères en flammes au Koweït, lors de la première guerre du Golfe (1990).

SITES INTERNET

http://www.jeux-pour-enfants.com/histoire.htm – Un portail pour voyager dans le temps et comprendre l'évolution des civilisations.

http://www.memo.fr/ – Un site sur les lieux historiques et l'histoire antique.

http://www.histoire-image.org/ – Explorer l'histoire de France à travers les collections des musées et les documents d'archives.

Les hommes et la société

Les hommes sont des êtres sociaux : ils vivent en groupe afin d'effectuer des tâches qui seraient hors de portée d'un individu isolé. Au fil des siècles, les hommes ont occupé des terres qui sont devenues des pays avec leurs propres lois, et dont les citoyens partagent une culture commune. Alimentation, langue, coutumes, vêtements, arts, musique sont autant d'éléments constitutifs d'une société.

La population humaine

Les premiers hommes vécurent sans doute en Afrique. Aujourd'hui, nous sommes plus de six milliards, répartis sur presque toute la planète.

Il n'existe pas deux personnes exactement semblables par l'apparence, la personnalité, les croyances, les modes de vie ou les comportements : nous appartenons à des groupes culturels et religieux différents.

Croissance démographique

La population mondiale, de 3 milliards en 1960, est passée à plus de 6 milliards aujourd'hui. Les hommes se concentrent dans les grandes villes : Tokyo *(ci-dessous)* et Yokohama, au Japon, forment une vaste mégalopole qui compte plus de 34 millions d'habitants.

La famille

La famille constitue l'unité sociale de base pour la plupart des peuples de la planète. Les parents et leurs enfants composent la « famille nucléaire ». Selon les modes de vie et les traditions, plusieurs générations peuvent vivre sous le même toit.

La vie en communauté

Certains groupes vivent en collectivité. Les tribus Yanomami *(ci-dessus)* d'Amérique du sud vivent dans une immense maison collective appelée *shabono* ou *yano*.

Rites initiatiques

Dans de nombreuses cultures, des cérémonies marquent le passage de l'enfance à l'âge adulte. Ce garçon du peuple Shan de Birmanie et du nord de la Thaïlande, par exemple *(ci-contre)* prend part au *Poy Sang Long*, qui dure trois jours. Les garçons, vêtus comme des princes, sont portés jusqu'à un monastère où ils deviennent moines novices.

Espérance de vie

Grâce aux progrès et de la médecine, on vit plus longtemps qu'autrefois. Dans les pays riches, l'espérance de vie à la naissance dépasse les 80 ans. Elle est inférieure à 50 ans dans les pays les plus pauvres *(voir p. 224)*.

Des cultures différentes

Une langue, une histoire, une culture et parfois une religion commune réunissent les hommes en groupes culturels. Dans les grandes villes, la diversité des origines ethniques et culturelles peut causer des tensions.

C'EST CULTUREL !

LES MARIAGES

Le mariage est l'union de deux personnes. Il consiste généralement en une cérémonie civile ou religieuse, pendant laquelle les deux époux affirment leur consentement mutuel. Les mariages sont souvent marqués par la tradition : par exemple, la robe de la mariée est généralement blanche en Europe, mais rouge en Chine.

Mariage de masse en 1995

L'HABITAT DES HOMMES

DISPOSER D'UN TOIT est un besoin fondamental. Les hommes s'abritèrent d'abord dans des arbres et des cavernes puis, au fil du temps, se mirent à construire des habitations permanentes, groupées en villages, puis en villes.

LA VIE URBAINE

Les villes regroupent des milliers, et parfois des millions de personnes. La plupart des logements urbains sont des appartements, dans des immeubles comptant parfois plusieurs dizaines d'étages. Des bidonvilles, quartiers faits de maisons de tôle et de bois récupérés, s'étendent aux marges de certaines grandes villes (*ci-dessus* Sao Paulo, au Brésil).

DES MAISONS ADAPTÉES

Les maisons traditionnelles sont construites avec les matériaux locaux. Cette « *longhouse* » de Bornéo est construite en hauteur, sur des pilotis, pour éviter les inondations fréquentes dans cette région et assurer une bonne circulation de l'air. Les habitants occupent des espaces privés d'un côté du bâtiment, l'autre côté étant à usage collectif.

Des échelles mènent aux quartiers privés. L'espace inférieur sert à stocker les récoltes et à abriter les bêtes.

DES MAISONS DÉMONTABLES

Dans certaines parties du monde, les gens se déplacent sans cesse afin de trouver de la nourriture pour eux et leurs troupeaux. Ces nomades vivent souvent sous des tentes. Les catastrophe naturelles, la famine ou la guerre contraignent parfois des populations à vivre dans des habitations temporaires.

La santé et l'éducation

Les services publics s'attachent à améliorer la santé des populations et à offrir un système d'éducation pour tous.

Dans certains pays, le niveau d'éducation est médiocre et les hôpitaux sont rares. Il revient parfois aux organisations caritatives d'apporter des soins aux personnes dans le besoin.

Les maladies

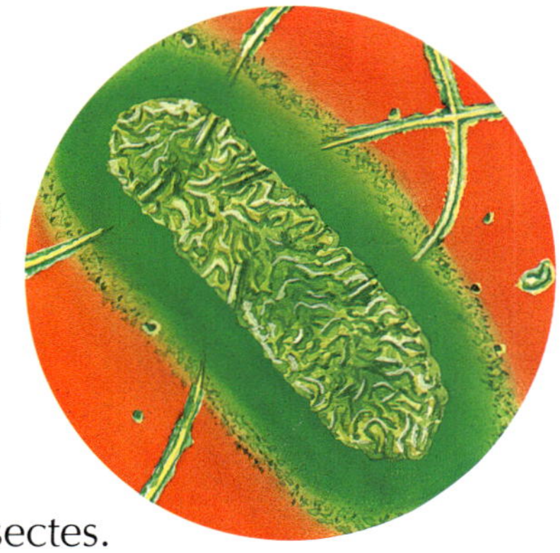

Certaines maladies, comme la salmonellose, sont provoquées par des bactéries (*ci-contre*) qui peuvent se trouver dans la nourriture. D'autres se transmettent d'une personne à l'autre, ou par les piqûres d'insectes.

Degrés d'alphabétisation

Le degré d'alphabétisation mesure la proportion d'une population sachant lire et écrire. Dans les pays pauvres, les enfants n'effectuent pas toujours une scolarité complète, et manquent de livres et d'enseignants.

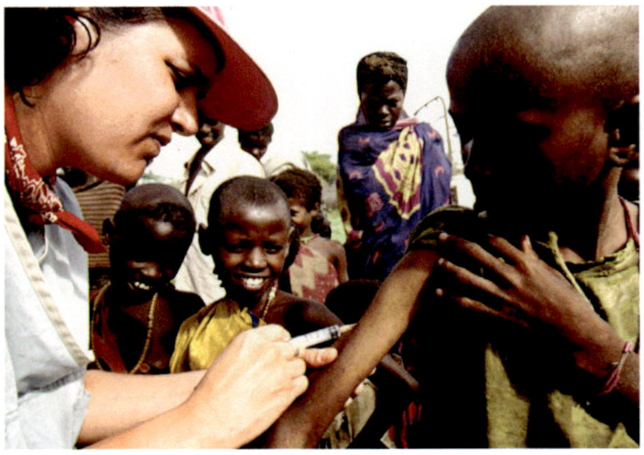

Promotion de la santé

Certaines organisations enseignent des gestes de sécurité ou d'hygiène (par exemple, la nécessité de nettoyer les plaies), et luttent directement contre les maladies, comme ici, par des campagnes de vaccination.

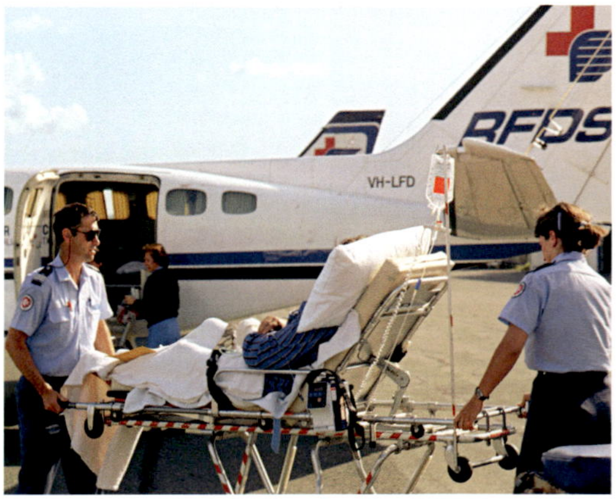

Les médecins volants

En Australie, un pays très vaste, de nombreuses personnes vivent loin des villes. L'enseignement leur est prodigué par radio. En cas de maladie, c'est par avion que le médecin vient les ausculter ou qu'on les évacue vers un hôpital.

Eau précieuse

Les habitants des pays riches utilisent chaque jour beaucoup plus d'eau que ceux des pays pauvres, qui n'ont pas d'eau courante. Ces femmes de la région du lac Sukhana, en Inde, portent sur la tête la ration d'eau quotidienne de leur famille.

L'éducation

L'un des buts de l'éducation est d'apprendre aux élèves à connaître le monde qui les entoure. L'enseignement a généralement pour cadre l'école – ces élèves y apprennent à effectuer des relevés météorologiques – mais peut également s'adresser aux adultes.

C'EST SCIENTIFIQUE !

UNE PAILLE FILTRANTE

Des millions d'êtres humains n'ont pas accès à l'eau potable. Chaque jour, plus de six mille personnes meurent pour avoir bu une eau contaminée par des maladies dangereuses. Le *Lifestraw* est un ingénieux tube contenant des filtres et des produits chimiques qui rendent potable l'eau aspirée par une telle « paille ».

LES CÉLÉBRATIONS

De par le monde, les peuples célèbrent différents événements selon leurs traditions locales. beaucoup de coutumes et de célébrations sont nées de croyances religieuses.

CARNAVALS

Les carnavals sont des festivités s'étendant souvent sur plusieurs jours, voire plusieurs mois. La plupart sont issus de fêtes chrétiennes ; leur popularité s'étend à de nombreuses régions d'Europe, des Antilles, d'Amérique centrale et du Sud. Le carnaval de Rio, au Brésil, est le plus spectaculaire, avec ses gigantesques défilés de chars, ses orgies de danse, de musique et de feux d'artifice.

FÊTES ANNUELLES

Certaines célébrations reviennent chaque année, les fêtes en l'honneur des saints, par exemple, ou des morts : *Halloween*, le 31 octobre dans les pays anglo-saxons ou Jour des Morts au Mexique – qui voit les familles se costu faire des offrandes aux esprits et fabriquer des squelettes en papier mâché ou en sucre.

Lors du Nouvel An chinois, de gigantesques dragons de papier dansent en ondulant dans les rues.

LE NOUVEL AN CHINOIS

Lampions, festins, spectaculaires défilés dans les rues, échanges de cadeaux et de bons vœux au sein des familles : les festivités qui célèbrent l'arrivée de la nouvelle année sont les plus importantes qui soient en Chine.

COUTUMES LOCALES

La tradition consistant à offrir des cadeaux le jour de la saint-Nicolas (évêque grec du IIIe siècle), le 6 décembre, est très répandue en Europe du Nord (ci-dessus, aux Pays-Bas). Elle a donné lieu à la création du père Noël, au XIXe siècle aux États-Unis.

Les religions du monde

Une religion est la croyance en l'existence d'êtres supérieurs, esprits ou divinités. Des millions d'êtres humains de par le monde sont adeptes d'une religion. Les athées, eux, ne croient en aucun dieu.

CINQ RELIGIONS
La plupart des religions font appel à l'art pour créer d'importants symboles de leur foi.

La croix (le crucifix) est le symbole de la chrétienté.

Le croissant et l'étoile symbolisent l'islam.

L'étoile de David est un symbole du judaïsme.

Le dieu Shiva dansant dans un cercle de flammes symbolise l'hindouisme.

La Dharmachakra ou roue du Dharma symbolise le bouddhisme.

Il existe beaucoup de religions différentes. Elles s'inspirent souvent de livres sacrés qui définissent les préceptes à suivre dans la vie quotidienne.

Le bouddhisme

Religion fondée par Bouddha au ve siècle av. J. C., le bouddhisme est très pratiqué en Asie orientale. Ses adeptes croient en la réincarnation, c'est-à-dire en une nouvelle vie après la mort.

L'islam

L'islam est la religion fondée en Arabie au VIIe siècle par Mahomet. *Le Coran* est le livre sacré des musulmans, qui suivent la loi de la *charia*, fixant les « cinq piliers », dont les cinq prières quotidiennes.

Le christianisme

Les chrétiens suivent l'enseignement de Jésus, considéré comme le fils de Dieu. Le christianisme connaît plusieurs dogmes, dont le plus pratiqué est le catholicisme. *La Bible* est le livre sacré des chrétiens.

L'hindouisme

L'hindouisme, apparu il y a quatre mille ans, est la plus ancienne des grandes religions. Les hindous vénèrent de nombreuses divinités, dont le dieu éléphant Ganesh *(ci-dessus)*. Les textes les plus sacrés de l'hindouisme sont les *Védas*, ou « livres de la connaissance ».

Le judaïsme

Les juifs se réfèrent aux premiers livres de la *Bible*. Ce jeune juif *(ci-dessus)* allume une bougie sur un chandelier à 7 branches, la menorah, lors de la fête de Hanoukka, à la fin de l'année.

Le shintô

Le shintô ne repose pas sur un Dieu unique. Ses adeptes croient que la vérité éternelle, celles des kami, se trouve partout dans la nature (dans les rivières, dans les forêts…). Les shintoïstes se rendent à leurs sanctuaires (au Japon surtout, mais aussi dans d'autres pays) lorsqu'ils veulent prier, vénérer les kami et se purifier.

C'EST CULTUREL !

LES CULTES

Les actes de dévotion et de prière sont partie intégrante des cultes religieux. Certaines pratiques, telles que la prière ou le jeûne, peuvent se dérouler chez soi, mais d'autres ont lieu dans des édifices spéciaux : les chrétiens vont à l'église, les musulmans à la mosquée, les juifs à la synagogue, d'autres enfin vont au temple (*ci-dessus*, un temple vietnamien).

Les cérémonies religieuses

Les adeptes de toutes les religions s'adonnent à divers rites et cérémonies qui jalonnent les grandes étapes de la vie, de la naissance à la mort.

Certaines cérémonies célèbrent la naissance d'une divinité ou d'un prophète – ainsi de Noël (pour les chrétiens), ou de l'anniversaire de Bouddha. D'autres honorent les ancêtres, glorifient les dieux ou les esprits.

La Bar Mitzvah

Ce rituel juif d'accession à la majorité religieuse est célébré quand les garçons ont 13 ans. Ils lisent des textes de la Torah (les cinq premiers livres de la Bible hébraïque), et se doivent ensuite de respecter toutes les lois du judaïsme.

Le hajj

Les musulmans ont plusieurs devoirs : dire plusieurs prières par jour, faire l'aumône, jeûner durant le mois de Ramadan, et effectuer un pèlerinage au lieu le plus sacré de l'islam : La Mecque, en Arabie Saoudite. Ce voyage, le *hajj* mène chaque année des centaines de milliers de musulmans au sanctuaire sacré de la Kaaba.

La cérémonie du Gangâ Aarti

Certains rituels religieux sont pratiqués une fois par an, d'autres le sont tous les jours. Le *Gangâ Aarti* est un rite hindou quotidien, qui se déroule au bord du Gange, dans la ville indienne de Bénarès. Des récipients contenant du *ghî* (beurre clarifié) et de l'encens, enflammés par de jeunes prêtres, sont agités pour chasser les mauvais esprits.

Les sports

La pratique d'un sport est un moyen de se maintenir en forme physique, de relever des défis, et de se divertir.

La plupart des sportifs sont des amateurs, qui ne sont pas payés. Ceux qui perçoivent une rémunération sont des professionnels.

Les origines du sport

De nombreux sports se sont inspirés de compétences liés à la chasse ou au combat. Les anciens Égyptiens pratiquaient des formes de hockey et d'escrime, et les Sumériens organisaient, il y a plus de 4 500 ans, des tournois de lutte.

Le basket-ball

Inventé en 1891 par James Naismith, le « basket » (« panier », en anglais) est un sport de vivacité et d'adresse opposant deux équipes de cinq joueurs. On marque des points en faisant passer le ballon dans un arceau de 46 cm de diamètre fixé à 3,05 m du sol.

Le sumo

Le sumo est un sport de lutte très populaire, inventé au Japon au IIIe siècle av. J.-C. ; les *sumotori* doivent pousser l'adversaire hors d'une aire de combat circulaire.

La voile

La voile se pratique sur des embarcations de toutes tailles, du dinghy *(ci-contre)*, aux catamarans qui s'affrontent dans des courses autour du monde.

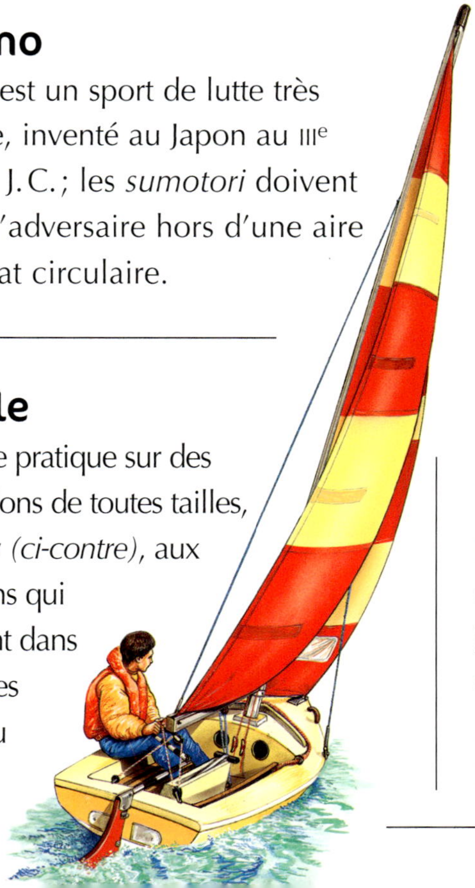

Le tennis

Le tennis oppose deux joueurs, ou deux équipes de deux, qui lancent la balle de part et d'autre d'un filet. Chacun marque des points quand l'adversaire ne peut la renvoyer dans les limites du terrain, le court.

L'aviron

Les épreuves d'aviron se disputent à bord de bateaux de tailles diverses. En « scull » ou couple, un seul rameur manie deux avirons. Le plus grand bateau est le huit barré *(ci-dessus)*, qui fait environ 19 mètres de long. Chaque rameur manie un seul aviron, et le barreur dirige le bateau et aide les autres à ramer en rythme.

C'EST HISTORIQUE !

LE FOOTBALL

Sport le plus populaire du monde, le football s'est inspiré de plusieurs jeux de balle anciens. Ses règles ont été établies au XIXe siècle. Deux équipes de onze joueurs disputent un match qui se déroule en deux mi-temps de 45 minutes. La coupe du monde organisée tous les quatre ans est un temps fort de ce sport, qui attire des centaines de millions de téléspectateurs.

LES JEUX OLYMPIQUES

DEUX CENT CINQUANTE athlètes participèrent aux premiers Jeux olympiques de l'ère moderne, en 1896 à Athènes. Aujourd'hui, les J.O. sont la plus importante manifestation sportive du monde.

Une médaille d'or est attribuée au vainqueur d'une épreuve olympique ; l'argent récompense la deuxième place, le bronze la troisième.

NATATION

Les épreuves olympiques de natation vont des sprints de 50 mètres au marathon de 10 km, disputé pour la première fois en 2008 aux Jeux de Pékin. Au cours de ces Jeux, le nageur américain Michael Phelps a remporté 8 médailles d'or, ce qui est un record absolu.

ATHLÉTISME

Les épreuves d'athlétisme se composent principalement de lancers, de sauts et de courses à pied de longueurs variées : sprints sur 100 m et 200 m, sur plat ou avec des haies, ou relais en équipe, comme le 4x400 m (ci-contre, l'équipe des États-Unis remporte cette épreuve, en 2004). Certaines courses, dont le marathon, long de 42,195 km, se déroulent hors du stade.

LES J.O. D'HIVER

Depuis 1924, une autre grande manifestation est consacrée aux sports de neige et de glace. Ces Jeux olympiques d'hiver comprennent des épreuves de hockey sur glace, de patinage, de snowboard et diverses disciplines de ski, dont le slalom géant *(ci-dessus)*. En 1960 ont été créés les Jeux paralympiques, qui voient s'affronter des athlètes souffrant de différents handicaps physiques.

Pays et nations

Un pays est un territoire indépendant, ayant son propre gouvernement. Il y a 193 pays dans le monde. La Chine, qui compte plus de 1,3 milliard d'habitants, est le plus peuplé.

Les territoires d'un pays ne sont pas forcément contigus. Par exemple, les îles Hawaii sont éloignées du continent nord-américain et des autres États des États-Unis, mais elles en font néanmoins partie.

Les frontières nationales

Une frontière nationale sépare les territoires de deux pays voisins. Les pays protègent leurs frontières en contrôlant les voyageurs qui désirent entrer sur leur territoire. La plus longue frontière continue sépare le Canada des États-Unis (8891 km).

Les colonies

Certaines régions du monde sont placées sous l'autorité d'un autre pays, dont elles sont des dépendances (on disait autrefois des colonies). Beaucoup de pays actuels ont été des colonies ; ainsi l'Australie *(ci-dessus)*, colonie britannique à partir de 1788, est devenue un pays indépendant en 1901.

Les hymnes nationaux

Chaque pays possède un chant ou un morceau de musique qui le représente, joué lors de manifestations officielles, comme les rencontres sportives internationales (ci-dessous, l'équipe d'Afrique du Sud écoute son hymne avant un match de rugby).

Les monarchies

Autrefois, la plupart des pays avaient à leur tête un roi ou une reine, dont les pouvoirs étaient transmis à leurs descendants. Il existe toujours des monarchies, mais les souverains ont surtout un rôle de représentation.

L'indépendance

Lorsqu'une colonie, ou une partie d'un pays, est reconnue par les autres comme une nation, elle devient indépendante. De nombreuses nations sont devenues indépendantes dans la deuxième partie du XXe siècle. En 1991, l'Union soviétique a éclaté, et laissé place à la Russie et à quatorze États indépendants. En 2006, le Monténégro *(ci-dessus)* s'est déclaré indépendant de la Serbie, suivi en 2008 du Kosovo.

Le drapeau

Chaque pays possède son drapeau national, qui flotte au fronton des bâtiments officiels, parfois des écoles ou des domiciles privés. Ces enfants agitent le drapeau rectangulaire de leur pays. Seuls le Vatican et la Suisse ont un drapeau carré. Le drapeau du Népal est fait de deux triangles.

Les gouvernements

Les gouvernements font les lois, et contrôlent les services publics, le commerce et la défense des pays. Les citoyens payent pour cela des impôts et des taxes.

La plupart des pays possèdent un gouvernement national, ainsi qu'un ou plusieurs niveaux de gouvernement local. Les autorités locales ont parfois le pouvoir de lever leurs propres impôts et d'édicter certaines lois.

Les dictatures

Sous une dictature, une seule personne, ou un petit groupe, détient tous les pouvoirs, et le peuple ne peut choisir librement ses dirigeants. Fidel Castro *(à gauche)* détient le record de longévité : il dirigea l'île de Cuba de 1959 à 2008, date à laquelle son frère Raùl, *(à droite)* prit sa relève.

Partis politiques et lobbies

Les personnes qui partagent les mêmes vues politiques se réunissent au sein de partis, qui font campagne sur de grandes questions pour faire élire leurs membres. Des groupes de pression, les lobbies, cherchent à influencer l'opinion publique et les responsables politiques sur un petit nombre de questions.

Les assemblées législatives

Les représentants du peuple se réunissent en Parlement pour débattre et voter les lois. De nombreux Parlements, tel celui d'Australie à Canberra *(ci-dessus)*, sont constitués de deux chambres séparées, aux fonctions distinctes.

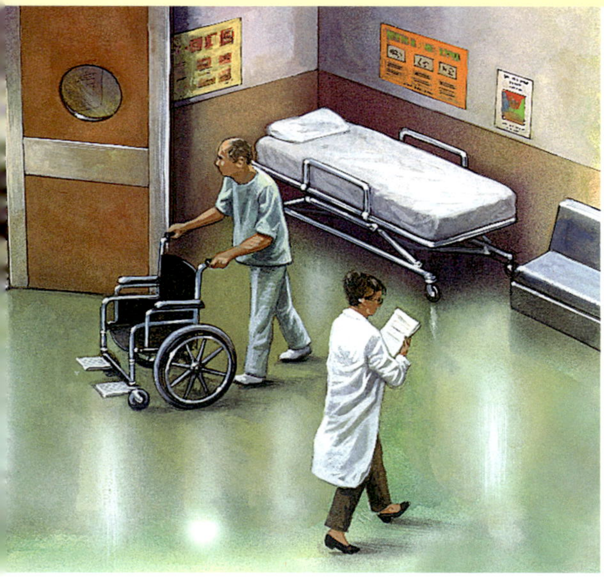

Les services publics

Les États modernes consacrent une grande partie de leur budget à des services publics variés, qui vont de la construction de routes à l'éducation ou à la santé *(ci-dessus)*; la plupart créent également des allocations pour aider les plus pauvres, les personnes âgées, les chômeurs, ou rembourser certaines dépenses de santé.

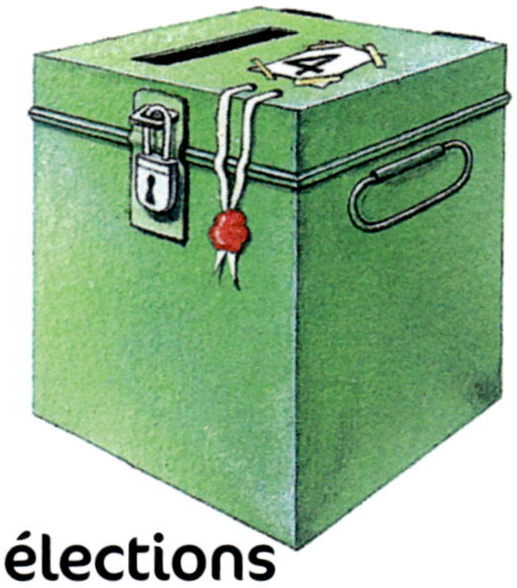

Les élections

Les élections donnent aux citoyens l'occasion de choisir leurs dirigeants. En France, les électeurs votent pour désigner le président de la République, le maire de leur ville, ou encore les députés, qui forment l'assemblée législative et débattent des lois.

Les différents pouvoirs politiques

Le pouvoir législatif fait les lois, le pouvoir judiciaire veille à leur application, et le pouvoir exécutif assure le fonctionnement du pays. En France, le président et le gouvernement détiennent le pouvoir éxécutif, le Parlement le pouvoir législatif (détenu aux États-Unis par le Congrès, ci-dessus), et les juges le pouvoir judiciaire.

C'EST HISTORIQUE !

LA CONQUÊTE DU DROIT DE VOTE

En Afrique du Sud, la politique d'apartheid permit longtemps à la minorité blanche du pays de dominer les Noirs et de les priver de multiples droits. En 1994 furent organisées les premières élections auxquelles pouvaient participer tous les Sud-Africains, y compris les Noirs : 20 millions de personnes votèrent *(ci-dessus, la queue devant un bureau de vote)*, et Nelson Mandela devint le premier président noir de l'Afrique du Sud.

Lois et droits de l'homme

Pour qu'une société fonctionne sans heurts, il lui faut des lois acceptées et respectées par tous. Ces lois varient d'un pays à l'autre.

Le droit pénal applique les lois et sanctionne ceux qui ne les respectent pas. Il distingue les crimes, comme les meurtres, des délits, aux conséquences moins graves. Le droit civil règle les désaccords, en décidant par exemple des conditions d'un divorce.

L'ordre public

Les forces de police, et certains militaires et fonctionnaires des douanes, font appliquer les lois, maintiennent la paix et protègent le public. La police s'efforce de résoudre les enquêtes et d'arrêter les suspects dont l'innocence ou la culpabilité sera ensuite déterminée lors d'un procès judiciaire.

Crime et châtiment

Les personnes jugées coupables d'un acte délictueux ou criminel sont condamnées : en France, leur peine peut aller de travaux d'intérêt général à la prison, en passant par une amende, ou par l'interdiction d'exercer certaines activités, comme la conduite. En Europe, la peine de mort n'est plus pratiquée, mais elle l'est dans de nombreux pays.

Au tribunal

Lors d'un procès, des avocats assurent la défense et un procureur l'accusation. Les procès criminels se déroulent généralement devant un jury populaire, composé de citoyens désignés parmi la population, qui se prononcent sur la culpabilité de l'accusé. Si celui-ci est déclaré coupable, le ou les juges décident de sa peine.

Les droits de l'homme

Les droits de l'homme sont des droits fondamentaux, tels que pratiquer sa religion ou n'être pas réduit en esclavage. De nombreuses personnes dans le monde voient leurs droits bafoués et leur sécurité menacée, en raison de leur attitude critique envers les autorités, de leur religion ou de leur origine ethnique. Elles décident parfois de fuir leur pays, par tous les moyens *(ci-dessus)*.

La monnaie

La monnaie est un moyen de payer les biens que vendent certaines personnes ou le travail qu'elles effectuent.

DIFFÉRENTES MONNAIES

Selon les époques et les lieux, la monnaie a pris des formes variées.

Les cauris, des coquillages, étaient employés en Chine, en Afrique et en Arabie.

Les anciens Chinois utilisaient du bronze moulé en forme de pelle.

Les Amérindiens se servaient de coquillages enfilés sur des cordons.

Les lingots d'or sont un moyen de stocker les richesses.

Autrefois, les hommes pratiquaient le troc, puis des pièces de monnaie, représentant une certaine valeur, furent créées. C'est aujourd'hui le système d'échanges le plus répandu. Il permet également de stocker des richesses pour plus tard.

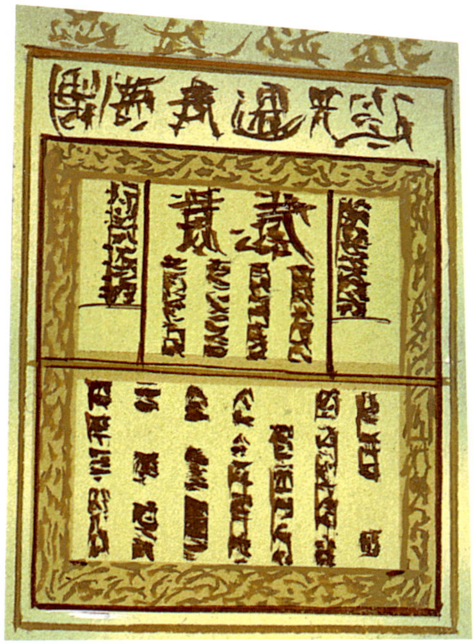

Les premiers billets

Une pénurie de métal et le poids des pièces conduisirent à l'invention des billets de banque, en Chine, au VIIe siècle. Comme les chèques aujourd'hui, ils n'avaient pas de valeur en eux-mêmes, mais constituaient une promesse de payer une certaine somme.

Monnaie et devises

Les billets et les pièces de métal sont les formes de monnaie les plus courantes. Plusieurs pays possèdent parfois la même monnaie. Les taux de change régissent les conditions d'échange entre monnaies étrangères.

Riches et pauvres

La répartition des richesses est très inégale : plus d'un milliard d'êtres humains (qui vivent surtout en Afrique, en Asie et en Amérique latine) disposent de moins d'un dollar (0,75 € environ) par jour, et ne peuvent donc acheter les produits de première nécessité.

La monnaie électronique

Aujourd'hui, les cartes bancaires permettent de retirer ou de déposer de l'argent à la banque, par le biais de guichets automatiques. Une puce électronique et une bande magnétique contiennent des informations sur le compte bancaire auxquelles elles correspondent. Un code confidentiel assure la sécurité de ces transactions.

L'hyperinflation

L'inflation est la hausse des prix. On parle d'hyperinflation lorsque les prix augmentent de plus de 50 % par mois. En Allemagne, en 1923, les prix doublaient tous les deux jours, de sorte que les billets n'avaient plus de valeur.

Institutions financières

De nombreuses institutions encadrent la circulation de l'argent. Les banques centrales, comme la Banque européenne, contrôlent la frappe de la monnaie. Les banques privées détiennent les fonds de leurs clients et leur consentent des prêts. Le FMI (Fonds monétaire international), joue ce rôle auprès des pays du monde.

LE COMMERCE

DEPUIS DES MILLÉNAIRES, LES HOMMES ÉCHANGENT des matières premières telles que le charbon ou le bois, des produits manufacturés ou des services (bancaires, par exemple).

ACHAT ET VENTE

Le commerce permet au gens et aux sociétés de se procurer ce qu'ils n'ont pas et de vendre le surplus de ce qu'ils ont. Les paysans, par exemple, ne peuvent pratiquer toutes les cultures, aussi vendent-ils le surplus de leurs récoltes au marché (ci-contre, un marché flottant en Thaïlande) pour acheter les biens dont ils ont besoin.

TRANSPORT DE FRET

Pour que le commerce puisse fonctionner, il faut transporter les marchandises vers les lieux où on en a besoin. De longs trains de marchandises transportent des matières premières, telles que minerai de fer ou charbon vers des usines où elles sont transformées.

LE COMMERCE INTERNATIONAL

Les biens vendus à l'étranger sont exportés ; ceux qui sont achetés à un autre pays sont importés. D'énormes avions-cargos et navires transportent ces marchandises tout autour du monde.

MARCHÉS FINANCIERS

Sur les marchés financiers, ou bourses, on achète et on vend des actions d'une société ou de grandes quantités de marchandises telles que l'or, le pétrole, le blé ou le sucre. Les prix des actions et marchandises montent et baissent. Ces opérateurs de la Bourse de Londres s'efforcent d'acheter des marchandises ou des actions à un prix tel qu'ils pourront ensuite les revendre plus cher.

La guerre

On fait la guerre pour agrandir un territoire, augmenter ses richesses, ou pour défendre des frontières et des populations.

Les guerres peuvent être locales ou concerner de vastes territoires. Certaines durent des années. Une guerre se poursuit jusqu'à ce qu'un camp dépose les armes ou que les ennemis concluent un traité de paix.

La guérilla

Dans ces conflits en général internes à un pays, de petits groupes armés rebelles défient les autorités par des actions de sabotage et des embuscades *(ci-contre, au Guatemala)*.

La guerre sur mer

Une marine de guerre comprend de nombreux bâtiments différents, des sous-marins aux porte-avions *(ci-dessus)* dont le pont constitue une piste d'envol pour des appareils à réaction. La marine protège les côtes et les navires, et transporte troupes et matériel.

La guerre motorisée

Par le passé, les batailles étaient livrées par des soldats à pieds ou à cheval. L'invention des véhicules motorisés (et à partir de 1915, blindés) transforma les tactiques militaires. Aujourd'hui, les chars, ainsi que des véhicules blindés plus légers et plus rapides (tels que ces Humvees de l'armée américaine, opérant en Irak) sont en première ligne dans les mouvements des armées.

La guerre dans les airs

Les forces aériennes attaquent des cibles au moyen de bombes et de missiles, ou combattent les avions ennemis. Elles effectuent des patrouilles et assurent le transport et le largage de troupes et de matériel dans les zones de combats.

La guerre civile

Les guerres sont souvent le fait d'un pays qui en envahit un autre pour étendre son territoire, mais des conflits peuvent éclater au sein d'un pays. Ces guerres civiles opposent des groupes dont les motivations sont culturelles ou politiques.

Le renseignement

Certains renseignements sont jugés cruciaux pour la sécurité d'un pays. Les armées envoient donc des espions sur le terrain ou utilisent des avions-espions, tels que ce SR71 Blackbird opérant à très haute altitude et photographiant le sol au moyen de puissants téléobjectifs.

ÉTONNANT NON ?

MACHINES DE GUERRE

Pour limiter les pertes humaines, des machines autonomes ont été créées : les drones, avions sans pilote, peuvent être commandés à des centaines de kilomètres de distance ; au sol, des robots de reconnaissance tout-terrain, tels que ce Packbot sont envoyés en reconnaissance. Ils repèrent les dangers (mines, etc.), et peuvent en neutraliser certains.

Les organisations internationales

Des organisations internationales ont été créées pour débattre et partager des informations sur des questions d'intérêt planétaire.

Certaines organisations internationales traitent de questions spécifiques : ainsi de l'AMA, qui lutte contre le dopage dans le sport, et d'Interpol, qui aide les forces de police de différents pays à collaborer efficacement.

Casques bleus

Les Casques bleus de l'ONU, soldats venus de différents pays, sont une force de maintien de la paix. Ils interviennent pour prévenir un conflit, tenter de le régler ou consolider la paix.

Organisations caritatives

Les organisations caritatives telles que la Croix Rouge et Oxfam collectent des fonds pour améliorer les conditions de vie dans des pays frappés par la famine, la guerre et la maladie.

L'OTAN

Des pays se réunissent parfois au sein d'alliances militaires. Le siège bruxellois de l'Organisation du Traité de l'Atlantique Nord (OTAN), créée en 1949 par les États-Unis et onze autres pays, compte aujourd'hui des représentants de vingt-six pays.

Les Nations unies

Créée en 1945, au lendemain de la Seconde Guerre mondiale, l'Organisation des Nations unies (ONU) a pour but de promouvoir la paix et d'améliorer la vie des peuples. L'Assemblée générale de l'ONU, à New York, réunit des représentants des 193 pays membres. Chaque nation dispose d'une voix lors du vote des motions.

La société en chiffres

Les pays du monde varient à bien des égards, dont la superficie : le plus petit de tous, le Vatican (où siège le pape), ne fait que 0,44 km^2 ; le plus vaste, la Russie, en couvre plus de 17 millions.

LES PLUS GRANDES VILLES (NOMBRE D'HABITANTS)
Tokyo/Yokohama (Japon) : 34 450 000
New York (États-Unis) : 20 420 000
Séoul/Incheon (Corée du Sud) : 20 090 000
Mumbai (Inde) : 19 380 000
Jakarta (Indonésie) : 19 300 000
Delhi (Inde) : 18 560 000
Mexico/Toluca (Mexique) : 18 410 000
Sao Paulo (Brésil) : 18 130 000
Manille (Philippines) : 17 320 000
Osaka/Kobe/Kyoto (Japon) : 17 280 000
Le Caire (Égypte) : 16 000 000
Los Angeles (États-Unis) : 15 350 000
Kolkata (Inde) : 14 580 000
Shanghai (Chine) : 14 530 000
Moscou (Russie) : 14 100 000

ESPÉRANCE DE VIE À LA NAISSANCE
1er rang Japon : 82,6 ans
2e rang Hong Kong : 82,2 ans
3e rang Islande : 81,8 ans
4e rang Suisse : 81,7 ans
5e rang Australie : 81,2 ans
6e rang Espagne : 80,9 ans
7e rang Suède : 80,9 ans

188e rang Afghanistan : 43,8 ans
189e rang Zimbabwe : 43,5 ans
190e rang Angola : 42,7 ans
191e rang Lesotho : 42,6 ans
192e rang Sierra Leone : 42,6 ans
193e rang Zambie : 42,4 ans
194e rang Mozambique : 42,1 ans
195e rang Swaziland : 39,6 ans

LES PLUS GRANDES RELIGIONS (NOMBRE D'ADEPTES)
Christianisme : 2,1 milliards
Islam : 1,3 milliards
Hindouisme : 851 millions
Bouddhisme : 375 millions
Sikhisme : 25 millions
Judaïsme : 15 millions
Bahaïsme : 7,5 millions
Confucianisme : 6,4 millions
Jaïnisme : 4,5 millions
Shintoïsme : 2,8 millions

PAYS LES PLUS PEUPLÉS
Chine : 1,32 milliard
Inde : 1,13 milliard
États-Unis : 303,5 millions
Indonésie : 231,6 millions

Portland, dans l'Oregon (États-Unis), à la tombée de la nuit

SITES INTERNET

http://cyberschoolbus.un.org/french/index.asp - Le site des Nations Unies sur les droits de l'homme.

www.unesco.org/fr/ - Retrouvez en ligne des dossiers thématiques sur l'éducation, les sciences naturelles, sociales et humaines, la culture, la communication, etc.

http://www.studentsoftheworld.info/indexfr.html - Des informations sur les pays du monde.

Découvrir les arts et les loisirs

Les hommes veulent depuis toujours se divertir, exprimer leurs opinions et leurs idées et découvrir ce que les autres ont à dire. Les moyens de le faire varient selon les cultures et les supports : dessin, peinture, musique, théâtre, danse… Les arts réunissent fréquemment des éléments de ces différentes disciplines : par exemple, une représentation théâtrale peut comprendre interprétation dramatique, danse et musique, le tout ayant lieu devant un décor peint.

L'architecture

L'architecture est l'art de concevoir les édifices. Les architectes choisissent les matériaux et les styles qui nous permettent de vivre, de travailler et de nous détendre dans le confort et la sécurité.

Il existe une multitude de styles architecturaux, des simples pavillons cubiques aux gratte-ciel les plus élancés.

Question de style

Tout édifice remplit une fonction, mais certains ont en outre une valeur esthétique particulière. L'Opéra de Sydney, en Australie *(ci-dessus)*, évoque par la forme de ses toits des coquillages ou des voiles déployées.

De plus en plus haut

Les gratte-ciel ont commencé à dominer les paysages urbains dans les années 1890, l'invention d'ascenseurs sûrs permettant alors d'atteindre sans s'essouffler les étages les plus élevés.

Ouvrages d'art

Les ponts sont des ouvrages d'art conçus pour franchir des bras de mer, des ravins ou des vallées. Le viaduc de Millau, en France, pont autoroutier à haubans aux pylônes de plus de 300 mètres de haut, est spectaculaire.

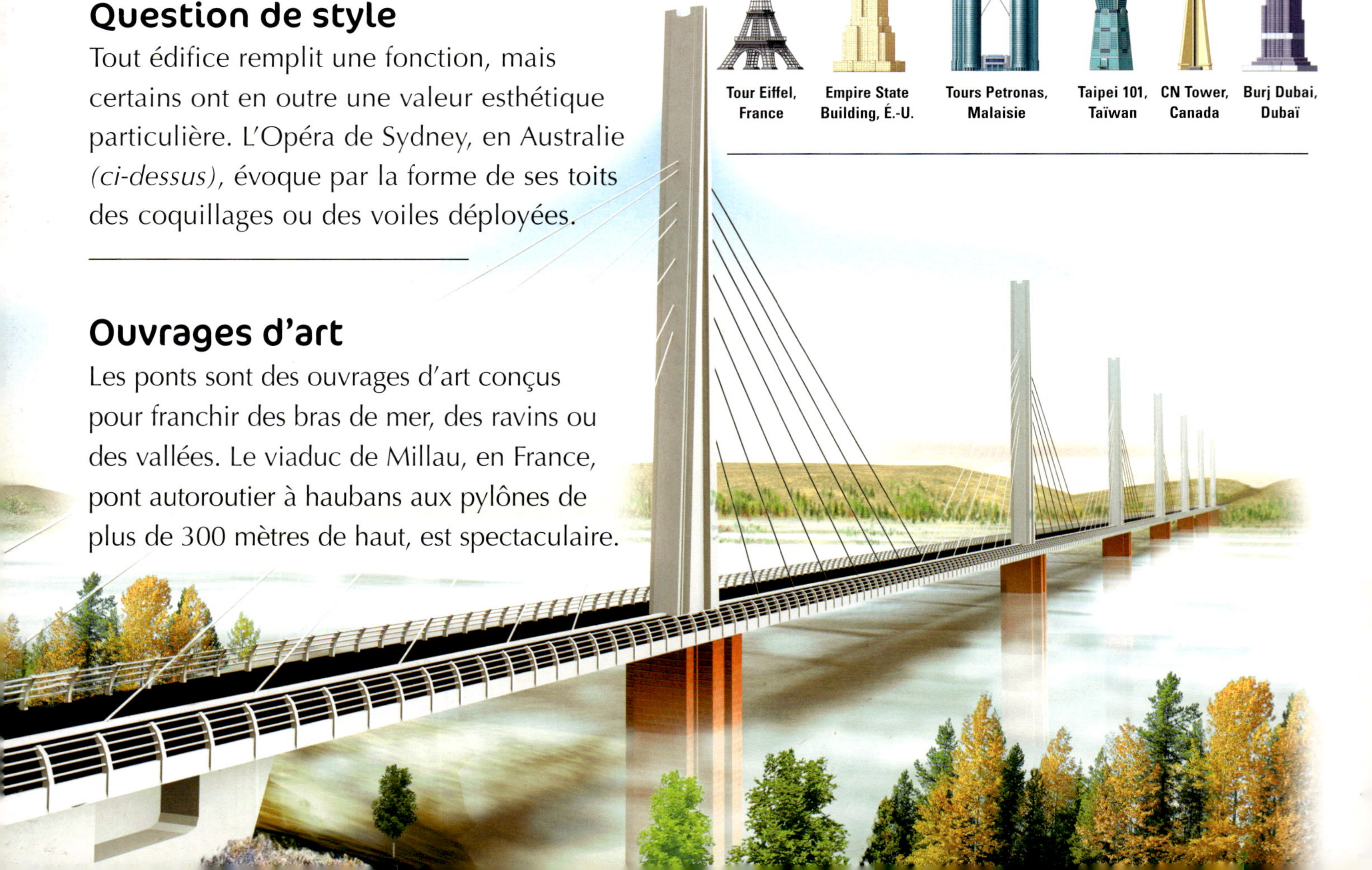

Tradition et modernité

Anciens et nouveaux édifices se côtoient dans les villes. Ce gratte-ciel de Londres, le « 30 St Mary Axe » (selon son adresse postale) ou le « Cornichon » (selon les Londoniens), laisse pénétrer la lumière par ses 24 000 m^2 de surface vitrée ; ceci, s'ajoutant à d'autres astuces de conception, explique qu'il consomme moitié moins d'énergie que les édifices comparables.

La danse

La danse est un ensemble de mouvements rythmiques qui exprime des sentiments et des idées, souvent accompagné de musique. Les êtres humains dansent dès qu'ils apprennent à marcher.

Des peintures préhistoriques montrent que la danse fait partie des rituels humains depuis des millénaires. La danse est une forme d'art qui peut s'apprécier même sans parler la même langue.

Folklore

Les danses traditionnelles se perpétuent grâce à des troupes de danseurs qui se costument pour faire vivre leur culture ancienne.

Le flamenco

Ce style de danse provient d'Andalousie, en Espagne. Au rythme envoûtant des guitares, les danseurs accomplissent des pas complexes, en claquant des pieds et en effectuant d'élégants mouvement du corps et des mains.

La danse classique

La danse classique s'est perfectionnée depuis plusieurs siècles. Les pas et mouvements du ballet classique sont si précis que de longues années d'apprentissage sont nécessaires pour en maîtriser la technique. Les troupes de ballet sont organisées de façon hiérarchique, avec des solistes et un corps de ballet.

Les claquettes

Né aux États-Unis, cet art tire son nom du cliquetis des fers fixés sous les chaussures du danseur, qui devient donc aussi un percussionniste.

Récits gestuels

Les danses classiques indiennes racontent des histoires à caractère religieux ou épique, par le biais du mime ou de gestes et pas codifiés (le langage des mains et des yeux ajoute à la force de l'expression). Les costumes aux couleurs vives sont très élaborés.

La danse jazz

Dans ce style de danse, les danseurs accomplissent des pas très variés, au son de musiques d'une grande vivacité. Il existe des pas standard, mais les danseurs aiment créer leur style personnel. Moins codifiée que la danse classique, la danse jazz est souvent pratiquée en groupe.

C'EST CULTUREL !

STREET DANCE

Ce style de danse contemporaine se pratique sur des musiques telles que rap, hip-hop et funk. Il comprend souvent un élément de break-dance : les danseurs improvisent une série de mouvements pour montrer leur agilité. On commence par exemple par des mouvements de jambes rapides *(toprock)* puis on enchaîne par des figures au sol *(downrock)*; le *freeze* signifie l'immobilisation dans une posture.

Les arts décoratifs

Des artistes réalisent des objets en céramique, en bois, en verre, en métal, en tissu… La finalité de ces objets peut être pratique (dans le cas d'un vase) ou purement esthétique.

SOUFFLAGE DU VERRE
Cet artisanat ancien consiste à faire fondre les matières premières à très haute température.

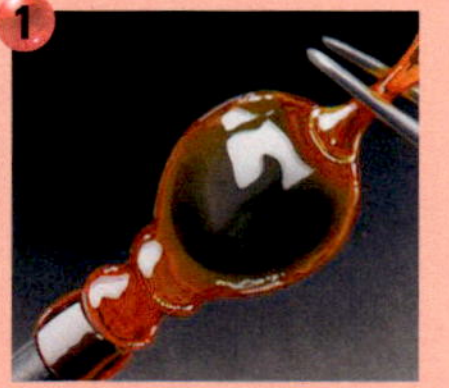

L'artiste insuffle de l'air pour obtenir une bulle.

Le verre fondu est façonné.

L'excédent de verre est coupé.

Le verre est décoré au moyen d'une couronne abrasive.

Les arts décoratifs peuvent être pratiqués par des professionnels comme par des amateurs. Même si les matériaux sont peu coûteux, il faut souvent une grande habileté pour réaliser l'objet souhaité.

La céramique

La poterie, ou céramique, consiste par exemple à façonner de l'argile pour faire un pot que l'on durcit ensuite au four. Ici, le pot est façonné au tour. L'objet fini peut être décoré ou conservé dans son coloris naturel.

Le potier s'assied devant son tour, qu'il actionne tout en façonnant la forme voulue.

La sculpture sur bois

On sculpte le bois depuis l'invention d'outils pointus, il y a des millénaires, car il présente l'avantage de pouvoir être façonné en de nombreux objets. Si on le passe au tour, on obtient des formes arrondies telles qu'un pied de lampe.

L'artiste a utilisé ici des fleurs fraîches, associées à de l'or et à de la soie, pour créer la magnifique coiffure de cette danseuse indonésienne.

Le tissage

Les tisserand(e)s utilisent des métiers en bois pour tisser le fil en étoffes unies ou à motifs, pour faire des tapis, des tentures ou des vêtements.

Le point de croix

C'est l'un des formes de broderies les plus anciennes, qui crée des images au moyen de points croisés. On emploie depuis des siècles cette méthode pour coudre des modèles d'alphabet (abécédaires).

Les bijoux

On réalise un bijou très simple en enfilant des perles sur un cordon pour obtenir un collier ou un bracelet. Les bijoux plus complexes associent des métaux précieux tels que l'or et l'argent à des pierres précieuses, pour obtenir une bague, une broche, une couronne royale…

LES JEUX

LES JEUX FONT PARTIE DEPUIS TOUJOURS de la culture des hommes, car ils divertissent tout en exerçant les facultés mentales. Certains jeux ont des milliers d'années : on a retrouvé dans plusieurs sites antiques des dés taillés dans des ossements.

Les personnages de cette estampe japonaise du XIXe siècle prennent très au sérieux leur partie de go.

LES JEUX DE SOCIÉTÉ

Certains jeux très simples reposent sur le pur hasard, d'autres, plus complexes, font appel à des qualités de stratège. De nombreux jeux de société sont inspirés par notre vie quotidienne, ainsi du Monopoly ou du Scrabble. D'autres, comme les échecs *(ci-dessous)*, ont des origines plus martiales : on déplace ses pièces de façon à prendre l'avantage sur l'adversaire et à capturer sa pièce la plus importante, le roi. Des versions « en ligne » permettent d'affronter des joueurs du monde entier sur Internet.

Cette « main » provient d'un jeu de 52 cartes, le plus habituel en Occident (s'y ajoutent parfois deux jokers).

LES JEUX DE CARTES

Les jeux de cartes sont apparus en Chine il y a environ deux mille ans. Il en existe des milliers, dont certains se pratiquent en solitaire (réussites) et d'autres en équipes. Certains jeux, tel le tarot, exigent des cartes particulières.

JEUX DE PLATEAU ANCIENS

Les premiers jeux « de plateau » consistaient sans doute à déplacer des cailloux sur le sol, puis on utilisa des fèves et les plateaux de bois firent leur apparition. Un plateau de papyrus était utilisé il y a quatre mille ans par les Égyptiens pour jouer au senet, qui ressemble au jacquet et au backgammon actuels.

Le jeu d'échecs tel que nous le connaissons a environ deux mille ans ; il est inspiré d'un jeu indien plus ancien encore. Certains jeux d'échecs sont magnifiquement sculptés.

Le cinéma et la télévision

Un film raconte une histoire au moyen d'images en mouvement. Les caméras de cinéma enregistrent 24 images à la seconde, qu'il suffit de projeter à cette vitesse pour restituer l'impression de mouvement.

Peu de temps après l'invention du cinéma, à la fin du XIXe siècle, de grands studios de tournage furent créés à Hollywood, en Californie.

Réaliser un film

Le tournage d'un film peut se dérouler dans des studios où les décors créent l'illusion de lieux réels. On peut aussi filmer « en décor naturel ». La réalisation d'un film nécessite d'énormes équipes, qui s'occupent de la photographie, du son, des éclairages, du choix des acteurs…

Le cinéma muet

Jusque dans les années 1920, les films étaient muets car l'on ne savait pas restituer le son avec l'image. Ils étaient en outre tournés en noir et blanc jusqu'à l'apparition des pellicules couleur, dans les années 1930.

Films d'animation

Chaque mouvement doit être décomposé et photographié, qu'il s'agisse d'un dessin ou d'une figurine que l'on déplacera légèrement entre chaque vue (comme Wallace et Gromit, *ci-contre*).

Les sagas

Certains films font partie de séries dont les personnages récurrents vivent diverses aventures. Parmi ces films, mentionnons les sagas de l'espace telles que *Star Trek (ci-dessus)* ou *Star Wars*.

Bollywood

L'industrie indienne du cinéma produit chaque année un millier de films. Les intrigues des films de Bollywood ont presque toujours un caractère sentimental, avec un élément de comédie et de suspense.

Des films chez soi

La plupart des films sont réalisés pour être projetés en salle, mais après quelque temps ils deviennent disponibles sous forme de DVD et peuvent être diffusés à la télévision. Certains films ne passent jamais au cinéma : ils sont directement commercialisés en DVD.

C'EST CULTUREL !

LES OSCARS

Depuis 1929, l'industrie américaine du film décerne chaque année des prix lors de la cérémonie des Academy Awards, au cours de laquelle des statuettes dorées (les oscars) sont remises aux lauréats. Des récompenses vont au Meilleur Acteur, Meilleur Film, Meilleur Réalisateur, etc. Un film primé connaît souvent une plus grande réussite commerciale.

Les effets spéciaux

Les effets spéciaux sont des trucages qui créent l'illusion d'une réalité. Ils vont des cascades au mixage d'images destiné à faire « voler » les personnages.

Pendant le tournage, des mécanismes peuvent transformer le décor et faire croire, par exemple, à l'attaque d'un dinosaure.

Procédé d'incrustation

Cette technique consiste à filmer les acteurs devant un fond bleu ou vert *(ci-dessus, à gauche)*. La couleur est ensuite remplacée par un décor qui donne l'impression que l'action se déroule en pleine mer, dans l'espace ou dans un paysage exotique.

Des maquettes animées

Si un élément est trop compliqué à filmer, ou n'existe pas, on peut le créer sous forme de maquette que l'on manipule ensuite comme une marionnette, ou que l'on photographie comme dans un film d'animation *(voir p. 234)*. Souvent de dimensions réduites, les maquettes sont placées devant un fond miniature ou créé par ordinateur.

Au feu !

Plusieurs techniques permettent de donner l'impression qu'un avion surgit d'une explosion *(ci-dessus)*. La première consiste à recourir à une illusion d'optique, l'avion étant en réalité éloigné des flammes. Une autre technique consiste à filmer l'avion et les flammes séparément, puis à associer les images. On peut aussi se servir d'une maquette, ou réaliser le tout sur ordinateur.

La musique classique

La musique classique, qui excelle dans l'expression des sentiments, est souvent jouée par les instruments qui composent l'orchestre symphonique, ou bien chantée.

LES FAMILLES D'INSTRUMENTS
Il y a quatre familles d'instruments :

Les instruments à percussion (dont le piano).

Les instruments à cordes, comme le violon.

Les cuivres, dont la trompette.

Les instruments à vent, (dont la clarinette et la flûte, *ci-dessus*).

Avant l'avènement des moyens de diffusion moderne, la musique a grandement profité des commandes des églises et des différentes cours aristocratiques européennes.

Les solistes

Les instrumentistes classiques étudient de longues années. Quelques-uns ont la chance de se produire en tant que solistes, par exemple lors d'un concerto, en dialogue avec l'orchestre.

La musique ancienne

Avant que l'on puisse enregistrer la musique, elle était jouée en public. Des musiciens tels que Jean-Sébastien Bach *(ci-dessous)* gagnaient leur vie en jouant dans les églises et en composant de nouveaux morceaux.

Compositeurs célèbres

Certains compositeurs devinrent très célèbres. Ce fut le cas de Mozart, que le jeune pianiste Beethoven rencontra à Vienne en 1787 *(ci-contre)*. Beethoven lui-même allait connaître la gloire.

La musique de chambre

La musique de chambre est interprétée par de petites formations comptant entre deux et quarante instruments, par exemple un quatuor à cordes composé de deux violons, un alto et un violoncelle. En l'absence de chef d'orchestre, c'est l'un des instrumentistes qui indique le rythme.

L'orchestre

Un orchestre symphonique peut compter une centaine d'instruments. La musique est très complexe, ses mélodies et ses rythmes circulent entre les instruments. Le chef d'orchestre indique le rythme et l'allure générale du morceau.

L'opéra

L'opéra est né en Italie au XVIIe siècle. Il met en scène et en musique une intrigue dramatique chantée et accompagnée par un orchestre. Les chanteurs d'opéra expriment les émotions de leurs personnages seulement par le chant. Les comédies musicales actuelles sont des sortes d'opéras modernes, mais les chanteurs n'ont pas une voix aussi puissante que celle des chanteurs d'opéra.

La musique moderne

Il existe de multiples genres de musique moderne, de l'« ambient » la plus apaisante à la « world music » la plus exotique, qui souvent accompagnent des danses.

FORMATS MUSICAUX
Les procédés de restitution de la musique changent sans cesse.

Les disques vinyle étaient fragiles, mais leur qualité sonore excellente.

Les cassettes pouvaient s'écouter partout mais s'usaient rapidement.

Les CD ont fait entrer la musique dans l'ère numérique.

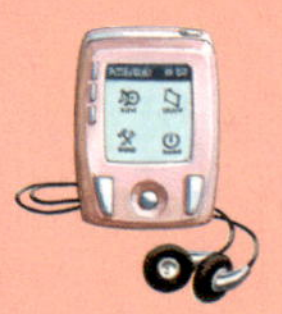

Les lecteurs MP3 permettent de stocker de grandes quantités de musique.

Aujourd'hui, on peut envoyer la musique vers un ordinateur ou un téléphone portable.

Une grande partie de la musique moderne est issue du rock and roll, apparu aux États-Unis vers 1950. Les instruments principaux sont la guitare, la basse, le clavier et la batterie.

Le rock

Le rock repose sur une rythmique « lourde » et des solos de guitare électrique très énergiques. Le rock le plus puissant est appelé « heavy metal », le rock plus paisible et mélodieux, « soft rock » (il existe bien d'autres styles dérivés du rock).

La pop

La musique pop vise à séduire le plus grand nombre, et en particulier les jeunes. Elle est généralement faite pour danser, et se présente sous la forme de chansons brèves et plutôt simples, aux airs faciles à retenir.

Le hip-hop

Le hip-hop est apparenté au rap, dans lequel des paroles qui riment sont déclamées en rythme sur un fond musical généralement électronique et fortement rythmé.

Le reggae

Le reggae est né en Jamaïque vers 1960. Son rythme chaloupé est souvent soutenu par la guitare électrique. La plus grande star du reggae fut Bob Marley *(ci-dessus)*.

Le jazz

Le jazz est né à La Nouvelle-Orléans, aux États-Unis, au début du XXe siècle. Il consiste parfois en musiques très complexes que les musiciens improvisent en partie.

La world music

Il s'agit de musiques traditionnelles du monde entier. Par exemple, le gamelan *(ci-dessus)*, qui fait appel à des percussions (gongs, xylophones, carillons), appartient à la culture de l'Indonésie. Ses sons magiques sont désormais accessibles aux auditeurs du monde entier.

C'EST HISTORIQUE !

LE BLUES

Le blues, né aux États-Unis au début du XXe siècle, a influencé beaucoup d'autres musiques, notamment le rock. Les paroles évoquent les épreuves de la vie, et le chanteur est souvent accompagné d'une simple guitare ou d'un harmonica. Bessie Smith *(ci-dessus)* fut une immense vedette du blues des années 1920-1930 : elle chantait la pauvreté et la tristesse.

La peinture

Peindre, c'est déposer des couleurs sur une surface plane. Les plus anciennes peintures furent réalisées par les hommes préhistoriques sur les parois des cavernes.

Certains peintres ont connu le succès de leur vivant, mais quelques artistes dont nous apprécions aujourd'hui les œuvres vécurent dans la pauvreté, et ils seraient stupéfaits de voir aujourd'hui le public se presser pour admirer leurs tableaux dans les musées.

Les thèmes

La peinture a beaucoup illustré des thèmes religieux, mais les artistes ont aussi peint des paysages, des natures mortes, des portraits (personnages éminents ou l'artiste lui-même, comme *ci-contre*).

La perspective

Les premiers tableaux, sans perspective, semblaient « plats ». À la Renaissance, on apprit à créer l'impression de profondeur *(ci-dessous)*.

Peintures et peinture

Les principaux types de peinture employés par les artistes sont les huiles, les acryliques et l'aquarelle *(ci-dessus)*, mais on utilise aussi la craie, les pastels, les encres… La peinture à l'huile, épaisse, est parfois étalée en couches superposées afin de donner de la texture. Les huiles sèchent lentement, ce qui permet de mélanger les couleurs sur la toile.

L'art abstrait

L'art abstrait n'essaie pas de figurer des objets mais d'exprimer des idées ou d'explorer de nouveaux procédés. Jackson Pollock créa des œuvres *(ci-contre)* en déversant de la peinture sur une toile posée au sol.

Techniques variées

Cette gravure sur bois de Hokusai a été obtenue en découpant des formes dans un bloc de bois ensuite encré. Cette technique de l'estampe est très appréciée en Chine et au Japon.

C'EST CULTUREL !

LA PEINTURE ET LE PUBLIC

La Joconde, de Léonard de Vinci, exposée au musée du Louvre à Paris *(ci-dessus)*, est le tableau le plus visité du monde. De très riches collectionneurs sont prêts à payer des sommes énormes pour posséder leurs propres œuvres d'art. En 1987, un tableau de Van Gogh *(Les Tournesols)* fut vendu aux enchères 40 millions d'euros.

Autres formes d'art

Dans l'art numérique, les images sont créées ou les photographies modifiées par ordinateur. Dans l'art vidéo, les images animées sont agencées de manière à créer une œuvre perçue comme un tableau et non comme un film.

La sculpture

La sculpture est un art en trois dimensions que l'on peut admirer sous ses différentes faces.

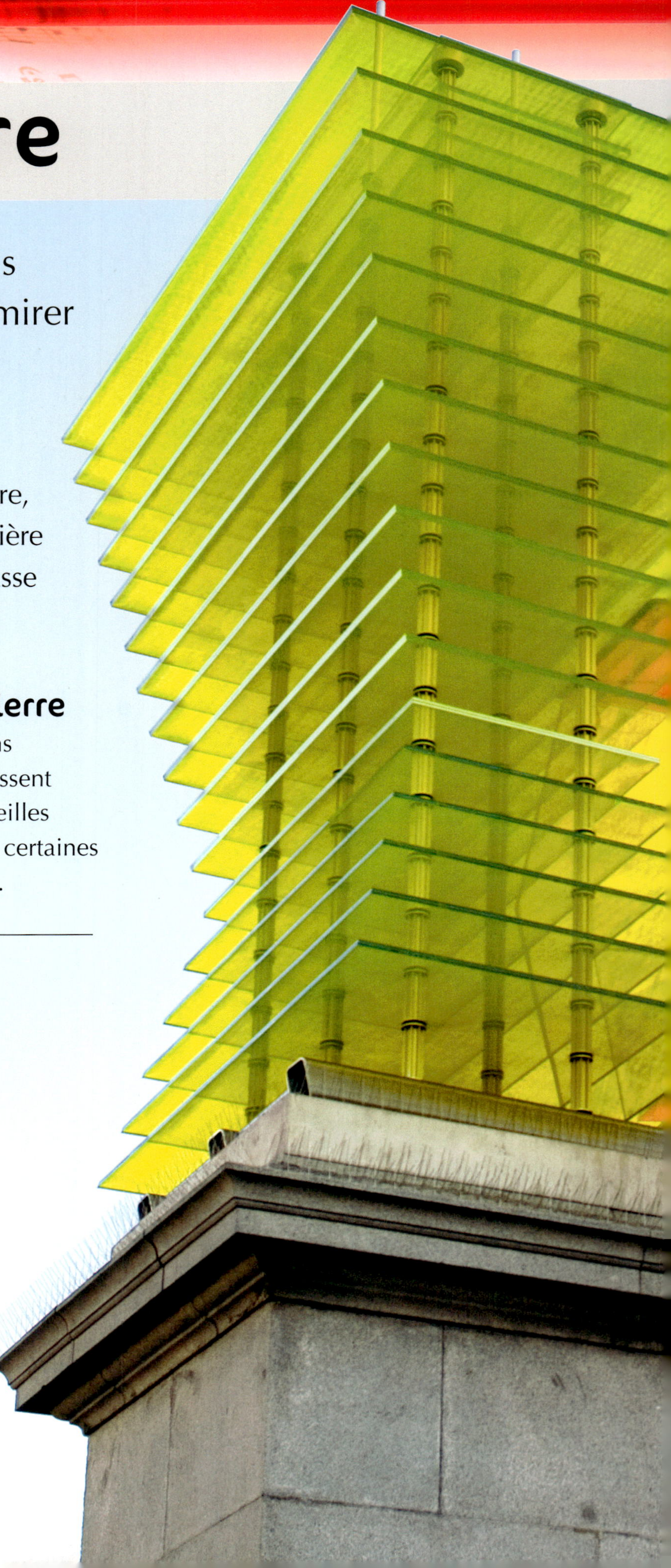

Une sculpture peut être en pierre, en métal, en bois, en plastique, en verre, etc. Certaines sont taillées dans la matière même, d'autres nécessitent que l'on fasse fondre la matière avant de la mouler.

Sculptures de pierre

Sur l'île de Pâques, dans le Pacifique Sud, se dressent des statues de pierre vieilles de trois mille ans, dont certaines font dix mètres de haut.

Sculptures métalliques

Les sculptures sont parfois réalisées à partir de moules. Cette technique est séculaire, mais ce taureau de bronze prêt à charger est une sculpture moderne exposée à New York, d'un poids de 3,2 tonnes.

Art et contraste

Sculptures anciennes et modernes se côtoient sur Trafalgar Square, à Londres. À droite, la colonne de pierre haute de cinquante mètres datant de 1843 et surmontée d'une statue de Nelson est d'un style traditionnel. L'œuvre de gauche en revanche est tout à fait moderne : réalisée en verre coloré, due à Thomas Schuttle, elle s'intitule *Model for a Hotel* (« Maquette d'hôtel »). Ses 21 étages s'élèvent à cinq mètres au-dessus du socle de pierre.

Modèle très réduit

Depuis mai 2010, c'est l'œuvre de Yinka Shonibare qui trône à Trafalgar Square : *Nelson's Ship in a Bottle*, une réplique du navire de l'amiral Nelson dans une bouteille !

La photographie

La photographie transmet une information ou véhicule un message, c'est pourquoi elle peut être une œuvre d'art ou simplement le support de souvenirs de vacances.

L'appareil photo

C'est un boîtier muni d'un obturateur, qui laisse entrer la lumière pour prendre une photo. Aujourd'hui, les pellicules sensibles à la lumière sont remplacées par des procédés numériques utilisant des capteurs électroniques.

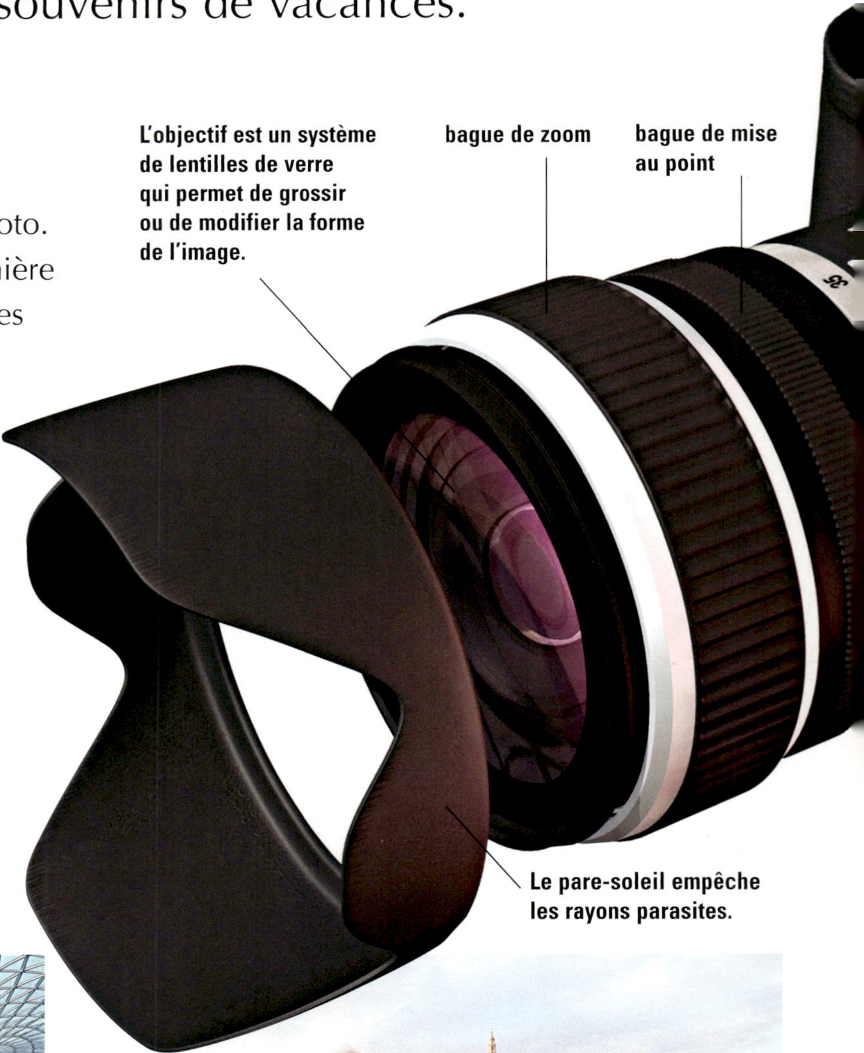

Grand angle : un objectif grand angle en montre davantage que ce que perçoit l'œil, ce qui le rend tout indiqué pour les prises de vue dans les grands édifices.

Fish-eye : un objectif fish-eye procure un effet spécial dans lequel l'image déformée met en avant le premier plan et rejette l'arrière-plan vers les bords de l'image.

Zoom : un zoom est un objectif à focale variable, qui permet aussi bien de prendre une vue d'ensemble que d'effectuer un gros plan sur un objet éloigné.

APPAREIL PHOTO REFLEX MONO-OBJECTIF

Choisir un appareil

Après avoir choisi son sujet, le photographe doit faire la mise au point et sélectionner la quantité de lumière à laisser pénétrer dans l'appareil. En mode automatique, l'appareil se charge de ces opérations.

Prise de vue nocturne : l'obturateur reste ouvert plus longtemps pour capter plus de lumière, de sorte qu'un objet en mouvement (comme une voiture) paraîtra flou.

Portrait : il peut être pris « sur le vif » ou bien résulter d'une pose délibérée du modèle.

Paysage : les photos de paysage sont souvent spectaculaires, qu'elles soient prises dans un parc urbain *(ci-dessus)*, à la campagne ou à la montagne.

Macrophotographie : cette technique permet de fixer des détails imperceptibles à l'œil nu.

L'imprimerie

L'imprimerie est le procédé qui permet de transférer sur du papier des écrits ou des images. Depuis cinq siècles, cette invention a favorisé la diffusion des idées et des connaissances.

Dès le VIe siècle, en Chine, on réalisa des impressions au moyen de motifs gravés sur des pièces de bois. La même technique fut employée à partir du XIVe siècle, en Europe, pour décorer des étoffes.

Récit oral

Avant les livres imprimés, le récit oral était un moyen de communication répandu. Le rôle de conteur se transmettait souvent de génération en génération.

Les débuts de l'écriture

L'écriture consista d'abord à graver des symboles sur des tablettes d'argile, puis on écrivit sur des rouleaux de papyrus ou de parchemin. Les premiers textes écrits, tels que la Bible, étaient recopiés à la main par des moines (avec des différences d'un exemplaire à l'autre).

L'imprimerie, une révolution

L'imprimerie vit le jour en Allemagne dans les années 1450, après que Johannes Gutenberg eut mis au point la presse d'imprimerie à partir d'un pressoir à vin. Sa connaissance des métaux l'aida à créer des caractères mobiles et réutilisables, ce qui permit de produire rapidement des livres de qualité. En 1500, il y avait déjà neuf millions de livres en circulation.

L'imprimerie moderne

Aujourd'hui, les livres et les journaux sont réalisés au moyen du procédé offset : l'image encrée est transférée de rouleaux sur le support final. Ce procédé rapide convient parfaitement pour de forts tirages.

Journaux et magazines

Les premiers journaux quotidiens sont apparus au XVIIe siècle. Aujourd'hui, les journaux sont imprimés sur du papier peu coûteux, pour partie recyclé. Les revues et magazines sont des périodiques hebdomadaires ou mensuels qui traitent de thèmes généraux ou spécialisés.

Romans et documentaires

Les livres sont soit des œuvres de fiction, soit des ouvrages documentaires comme celui-ci. Les éditeurs de romans se voient proposer beaucoup plus de récits qu'ils n'en peuvent vendre, aussi est-il parfois très difficile de faire publier de nouvelles œuvres. Le livre le plus vendu dans le monde est la Bible.

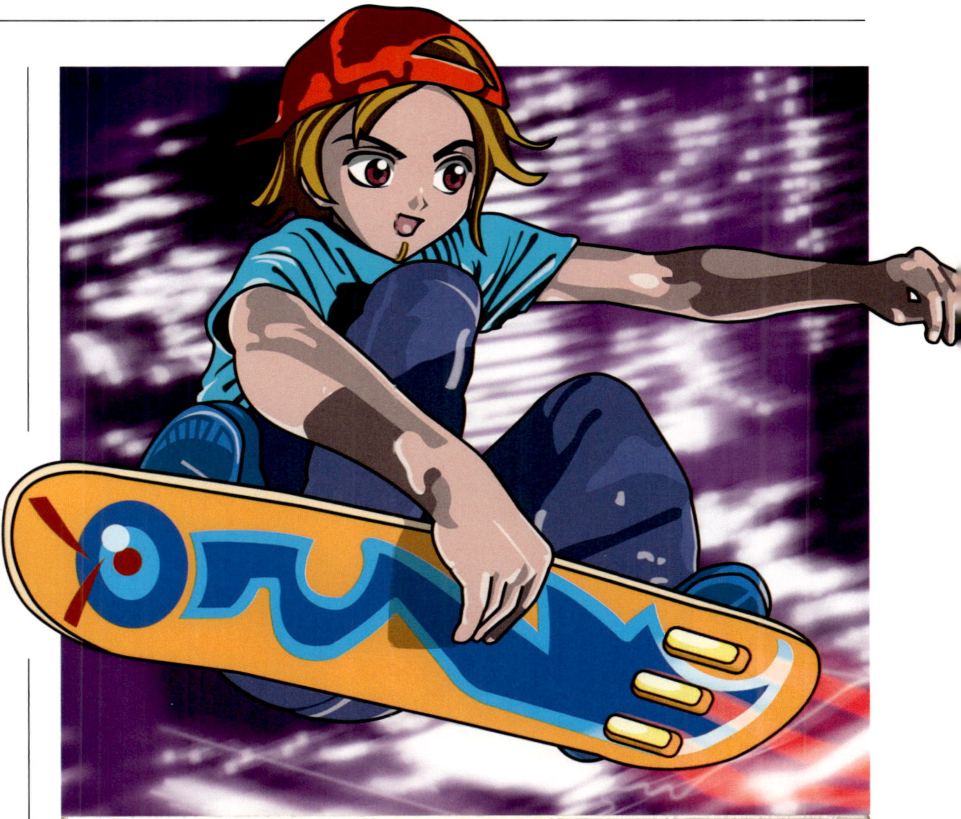

C'EST CULTUREL !

LA BD

La bande dessinée associe des mots et des illustrations qui ensemble contribuent au récit. Il existe de nombreux types de BD, dont celles qui relatent les aventures de superhéros tels que Batman et Superman. Les bulles et récitatifs (encadrés) apportent des informations supplémentaires, mais l'élément le plus important demeure le dessin. Les BD japonaises appelées mangas *(ci-dessus)* sont très colorées.

Le théâtre

Le théâtre est la représentation d'un spectacle par des acteurs, généralement dans un édifice prévu à cet effet. Il cherche à transmettre des émotions et des idées tout en distrayant.

L'action se déroule généralement sur une scène devant laquelle le public est assis. Certaines pièces sont jouées par un seul comédien, d'autres mettent en scène une troupe nombreuse, dans des décors complexes.

Les masques grecs représentent la tragédie et la comédie.

Les pièces du kabuki traitent d'événements et de personnages historiques.

Le théâtre antique

Le théâtre occidental est né en Grèce 400 ans avant notre ère : on construisit alors des édifices en plein air où des milliers de spectateurs assistaient aux représentations. Les acteurs portaient des masques *(ci-dessus)* indiquant la nature de leur personnage.

Le kabuki

Le kabuki est un genre de théâtre traditionnel japonais datant du XVIe siècle. Tous les acteurs sont des hommes, qui arborent des costumes très colorés et des maquillages élaborés et qui s'expriment par la parole, le chant et la danse. Un spectacle de kabuki dure la journée entière.

Le théâtre d'ombres

À Java, en Indonésie, des figurines articulées, manipulées par des montreurs de marionnettes, projettent leur ombre sur un drap tendu.

Le mime

L'art du mime repose sur une interprétation sans parole, le récit étant effectué au moyen de gestes et d'expressions du visage. Le plus célèbre des mimes de l'époque moderne fut sans doute le Français Marcel Marceau (1923-2007).

La comédie musicale

Les comédies musicales, comme *Starlight Express (ci-dessus)* mêlent chansons, danses et dialogues. Certains de ces spectacles font appel à des troupes très nombreuses et à des effets spéciaux impressionnants.

Spectacles de Noël

En Angleterre, Noël est la saison des pantomimes, spectacles généralement burlesques sur des thèmes traditionnels tels que Cendrillon ou Jack et le Haricot magique. Le principal personnage masculin est interprété par une actrice, cependant qu'un acteur joue la femme âgée (la « Dame »).

C'EST CULTUREL !

LE THÉÂTRE DE RUE

Le théâtre de rue est une forme de spectacle dont les représentations se déroulent en plein air, dans la rue ou dans un parc. Il y a peu de décors, et les acteurs sont généralement dépourvus de micros. Il leur faut faire porter leur voix au loin, et ils doivent accentuer leurs gestes pour être vus dans un vaste espace extérieur.

UN THÉÂTRE : LE GLOBE

LE THÉÂTRE DU GLOBE fut construit en 1599 mais détruit par un incendie en 1613. Ce fut l'un des premiers théâtres publics de Londres, où des spectateurs de toutes conditions sociales pouvaient assister à des pièces d'auteurs tels que Shakespeare.

UN THÉÂTRE POPULAIRE

Pour une somme modique (un penny), on pouvait accéder au parterre, devant la scène. Les spectateurs, debout, étaient souvent bruyants et indisciplinés. Ils achetaient des noix et des oranges à des marchands ambulants, pour les manger… ou pour les jeter sur la scène s'ils étaient mécontents des acteurs.

Pour deux pennies, on avait un siège dans les galeries élevées, sous les toits ; les plus riches payaient quatre pennies pour une place assise derrière la scène.

SHAKESPEARE

William Shakespeare (1564-1616) est l'un des plus grands dramaturges du monde. Après avoir été acteur, il devint l'un des propriétaires du Globe. Il est surtout célèbre pour ses trente-huit pièces (des comédies, des tragédies, des pièces historiques). Ses œuvres, dont *Roméo et Juliette* ou *Hamlet*, sont toujours représentées.

Le Globe pouvait accueillir trois mille spectateurs sur trois niveaux.

LE NOUVEAU GLOBE

En 1997, une reconstitution du Globe a ouvert ses portes sur les bords de la Tamise, à Londres. Des pièces y sont jouées chaque année de mai à octobre.

Aujourd'hui, on sort !

Les gens aiment se divertir et voyager pour connaître des expériences nouvelles. L'organisation des loisirs représente désormais une importante industrie à l'échelle mondiale.

MUSÉES DU MONDE

Les grands musées abritent de superbes collections d'œuvres d'art et d'antiquités.

Le musée Guggenheim de New York est un célèbre musée d'art moderne.

Le Louvre, à Paris, est l'un des musées les plus visités du monde.

L'Altes Museum (« Vieux Musée ») de Berlin occupe un superbe bâtiment néoclassique.

Trois millions d'objets sont conservés à l'Ermitage de Saint-Pétersbourg .

S'il n'y a jamais eu autant de choix pour se divertir chez soi (télévision, DVD, radio, jeux vidéo), les lieux à visiter pour le plaisir sont également très nombreux.

Les parcs d'attractions

Les parcs d'attractions et autres parcs à thème offrent diverses activités de détente et d'amusement, parmi lesquelles les plus appréciées sont les montagnes russes, aux montées et descentes brusques, où l'on a parfois la tête en bas !

Les galeries d'art

Les galeries d'art exposent les œuvres d'un seul artiste ou de plusieurs artistes appartenant à un mouvement particulier. Ces œuvres peuvent être des tableaux mais aussi des sculptures, des photographies, des installations, des textiles…

Les cirques

La troupe ambulante d'un cirque plante son chapiteau de ville en ville pour donner son spectacle. Monsieur Loyal présente les acrobates, les clowns, les jongleurs, les dompteurs de fauves...

Les parcs zoologiques

Avant le cinéma et la télévision, les zoos étaient les seuls lieux où l'on pouvait observer des animaux du monde entier. Certains parcs animaliers se visitent en voiture.

Jeux d'arcade

Les jeux électroniques à monnayeur comprennent des jeux vidéo de combat, de course automobile ou de football, ainsi que des flippers.

Les musées

Les musées abritent différentes collections sur les arts, les sciences, l'histoire, les transports, etc. Les conservateurs acquièrent les pièces et les étudient. L'interactivité permet parfois aux visiteurs de faire fonctionner des instruments ou des machines.

ÉTONNANT, NON ?

LES JEUX OLYMPIQUES

Les sports sont aussi des spectacles, dont les plus célèbres sont les Jeux olympiques. Depuis 1896, les J.O. *(voir p. 208-209)* sont organisés tous les quatre ans dans un pays différent. On compte plus de 300 épreuves dans 28 sports différents, de la lutte au tir à l'arc. Il existe aussi des Jeux d'hiver.

Arts et loisirs en chiffres

De nombreux pays sont réputés pour leurs performances dans certaines formes d'expression artistique : l'Italie pour l'opéra, la Russie pour la danse classique, la Chine pour le cirque, l'Inde pour la musique, etc.

SUCCÈS DU CINÉMA (recettes en salles, en millions de dollars)

Titanic (1997) : 1 845
Le Seigneur des anneaux : le Retour du roi (2003) : 1 118,9
Harry Potter à l'école des sorciers (2001) : 976,5
Le Seigneur des anneaux : les Deux Tours (2002) : 926,3
Star Wars : Épisode I – la Menace fantôme (1999) : 924,3
Shrek 2 (2004) : 920,7
Jurassic Park (1993) : 914,7
Harry Potter et la Coupe de feu (2005) : 892,2
Harry Potter et la Chambre des secrets (2002) : 876,7
Le Seigneur des anneaux : la Communauté de l'anneau (2001) : 871,4

MEILLEURES VENTES DE SINGLES (en millions d'exemplaires)

Artistes solos :
Candle in the Wind (Elton John) : 37
White Christmas (Bing Crosby) : 30
It's Now or Never (Elvis Presley) : 10
I will always love you (Whitney Houston) : 9
Hound Dog (Elvis Presley) : 9
Don't Be Cruel (Elvis Presley) : 9
Diana (Paul Anka) : 8

Groupes :
Rock Around the Clock (Bill Haley and the Comets) : 25
I want to hold your hand (The Beatles) : 12
Hey Jude (The Beatles) : 10
I'm a Believer (The Monkees) : 8
Do they know it's Christmas (Band Aid) : 7
We are the world (USA of Africa) : 7

MEILLEURES VENTES D'ALBUMS (en millions d'exemplaires)

Thriller (Michael Jackson) : 50
Jagged Little Pill (Alanis Morissette) : 28
B.O. The Bodyguard : 26
B.O. Saturday Night Fever : 25
Sgt Pepper's Lonely Hearts Club Band (The Beatles) : 24
The Wall (Pink Floyd) : 24
Tapestry (Carole King) : 22

JEUX DE SOCIÉTÉ LES PLUS POPULAIRES

1 Monopoly
2 Risk
3 Mah-jong
4 Scrabble
5 Backgammon

Tous en scène : la comédie musicale *A Chorus Line*.

SITES INTERNET

http://www.rmn.fr/Jeunesse – Le site de la Réunion des musées nationaux dédié à la jeunesse : des contenus sur l'art, des jeux en ligne, un panorama de l'art, etc.
http://www.cnrs.fr/cw/dossiers/dosart/accueil.html – Des dossiers thématiques sur l'art et les sciences.

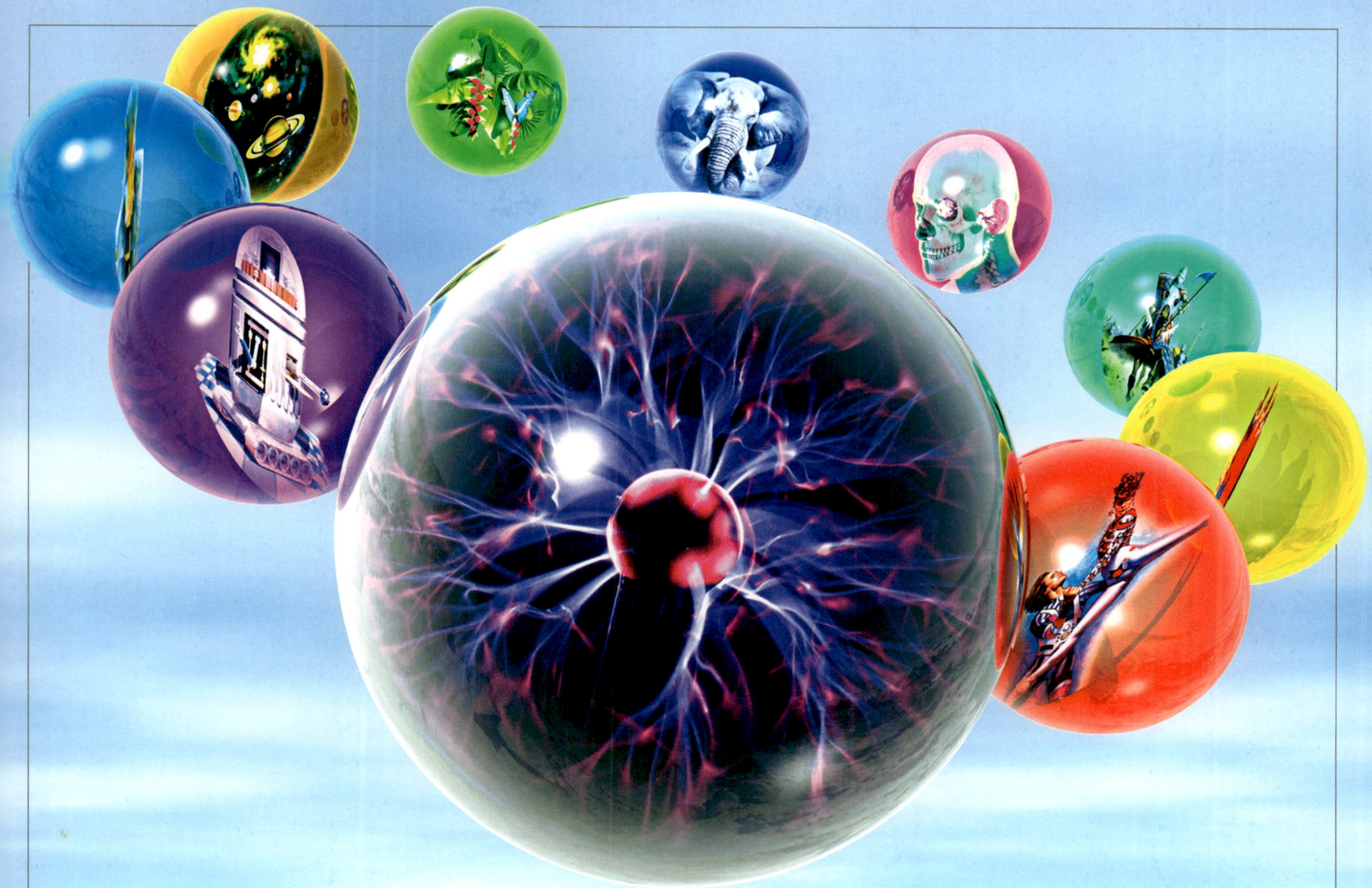

Découvrir les sciences et les techniques

La science est un puissant outil de compréhension du monde. Grâce aux techniques, cette compréhension a donné aux hommes d'immenses pouvoirs. Si les sciences constituent un domaine extrêmement vaste et complexe, elles reposent sur un petit nombre de lois dont la découverte a nécessité des siècles d'étude et de réflexion ; et bien des mystères restent encore à percer…

Qu'est-ce que la science ?

La science est le moyen d'en savoir toujours plus sur l'Univers et d'utiliser ces connaissances pour maîtriser le monde qui nous entoure.

GRANDS SAVANTS
Quelques personnalités ont ouvert de nouveaux domaines de connaissances.

Galilée (1564-1642) fut un pionnier dans l'étude du mouvement des astres.

Isaac Newton (1642-1727) formula les lois de la gravitation.

Charles Darwin (1809-1882) énonça le principe de l'évolution des espèces.

Albert Einstein (1879-1955) établit le lien entre gravitation, temps et espace.

La science comprend des domaines tels que les mathématiques (science des nombres), la physique (étude de la matière, de l'énergie, du temps et de l'espace), la chimie (étude des différentes substances et de leurs interactions), la biologie (science du vivant) et l'astronomie (l'étude de l'Univers).

Les sciences antiques

La science plonge ses racines en Grèce, où des philosophes débattaient de la nature de l'Univers il y a plus de deux mille ans. Mais comme leurs théories ne s'appuyaient pas sur l'expérience, ils ne pouvaient être certains d'avoir raison.

L'espace

L'exploration de l'espace est l'une des grandes conquêtes de la science. Les lois de Newton ont permis d'élucider les mouvements des planètes et de planifier ceux des vaisseaux spatiaux.

Maths et informatique

Les mathématiques servent à établir les détails d'une théorie et à prévoir ce qui peut être soumis à expérimentation. Des ordinateurs effectuent les calculs complexes.

Physique et machines

Les lois de la physique sont employées pour construire machines et appareils (des vélos aux stations spatiales, en passant par les téléphones). Les physiciens se servent d'ordinateurs et de lasers ; ces derniers ont aussi une fonction de divertissement *(ci-contre)*.

Chimie et industrie

La production de matériaux industriels repose sur une compréhension des lois de la chimie. Cette science est mise à profit pour fabriquer des tissus résistants, des matériaux de construction légers et robustes, des engrais, des carburants, etc.

Biologie et médecine

Sans la médecine, beaucoup d'entre nous n'auraient pas vécu plus de quelques mois. Les décès en bas âge étaient fréquents il y a quelques décennies encore. Aujourd'hui, les biologistes en savent davantage sur le fonctionnement de notre organisme, les causes des maladies et les facteurs de bonne santé.

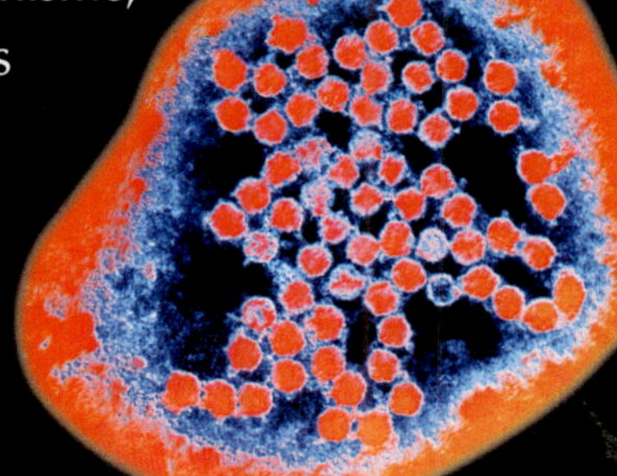

La méthode scientifique

La science commence avec la recherche d'explication des causes des phénomènes. Les scientifiques proposent des hypothèses à vérifier.

Progressivement, les explications imaginées par les scientifiques donnent naissance à des théories à la fois complètes et fondées.

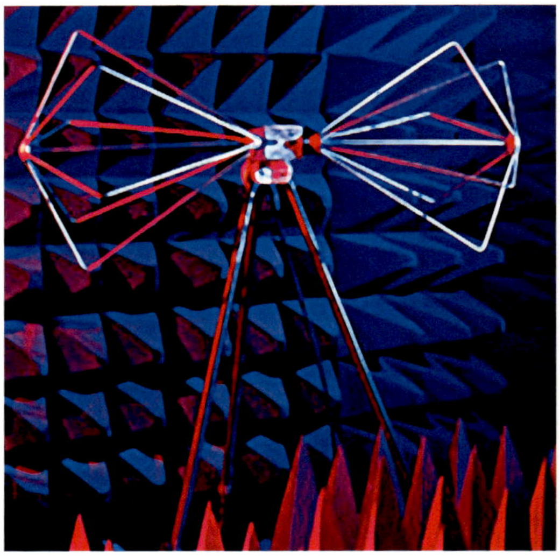

Les ondes radio sont mesurables avec une grande précision dans cette chambre spéciale.

L'expérimentation scientifique

Les scientifiques usent de logique pour tester des idées afin de les réunir en théories et en lois. Par exemple, on croyait jadis que les objets lourds tombent plus vite que les objets légers ; mais Galilée mit en question cette croyance. Ses expériences sur la chute des corps aboutirent à la découverte d'une loi mathématique.

Les mesures

Nous voyons la lumière, entendons les sons, sentons certaines substances chimiques, ressentons la chaleur, la force et l'électricité, mais sans instruments nous ne pourrions effectuer les mesures précises nécessaires pour vérifier les théories.

L'observation

La science s'appuie sur l'observation de phénomènes très divers que l'on s'efforce d'expliquer. Microscopes, spectroscopes et télescopes permettent de réaliser des observations plus fines.

La science en action

Certains phénomènes, comme le mouvement des planètes, peuvent être prévus des siècles à l'avance ; mais les systèmes « chaotiques », comme la météo, sont moins prévisibles car d'infimes changements produisent de grands effets (tels que des ouragans).

Image de synthèse d'une fractale, un motif mathématique infini fréquent dans la nature.

Modèles mathématiques

Au moyen de puissants ordinateurs, les scientifiques réalisent des modèles mathématiques d'objets tels qu'étoiles, germes ou réseaux de transport. Ces modèles servent à prévoir différentes situations.

La science en grand

La science moderne est coûteuse, que son objet d'étude soit une planète ou l'intérieur d'un atome. Cet énorme laboratoire souterrain, établi en Suisse, le CERN, brise des particules d'atomes au moyen de puissantes émissions d'énergie.

C'EST HISTORIQUE !

LES RÉVOLUTIONS SCIENTIFIQUES

Les théories expliquent les phénomènes pendant un certain temps, puis de nouveaux éléments s'accumulent, jusqu'à ce qu'une nouvelle théorie remplace l'ancienne. Des siècles durant, on crut que le Soleil tournait autour de la Terre – jusqu'à ce que s'impose la théorie de Copernic, selon laquelle la Terre tourne autour du Soleil *(ci-dessus)*. De même, au XXe siècle, les théories d'Einstein ont supplanté certaines idées de Newton.

cadran solaire

4 heures du matin dans l'ouest des États-Unis : on dort.

Le système de détermination de l'heure dans le monde est fondé sur le moment auquel le soleil est à son zénith au niveau du premier méridien.

11 heures du matin en Afrique de l'Ouest : en classe, on travaille.

LE TEMPS

Nous croyons tous savoir ce qu'est le temps, bien qu'il soit difficile d'en donner une définition. Le temps est une notion indissociable de celle d'espace. Mais, s'il est possible de parcourir l'espace en tous sens, on ne peut voyager à travers le temps, qui ne peut être parcouru que dans un seul sens.

Dans la plupart des zones horaires, il est une heure plus tard que dans la zone voisine située à l'ouest.

LES FUSEAUX HORAIRES

La Terre est divisée en fuseaux horaires ; au sein de chacune de ces zones, tracées souvent en suivant les frontières, l'heure est identique.

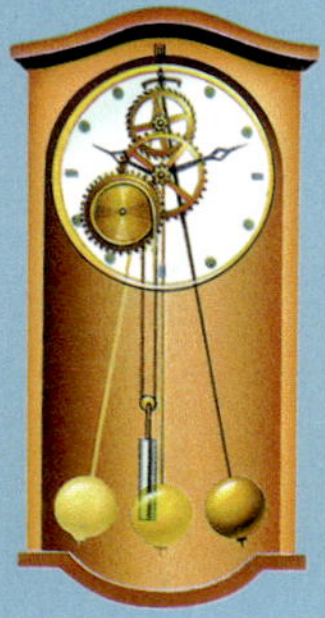

horloge à pendule

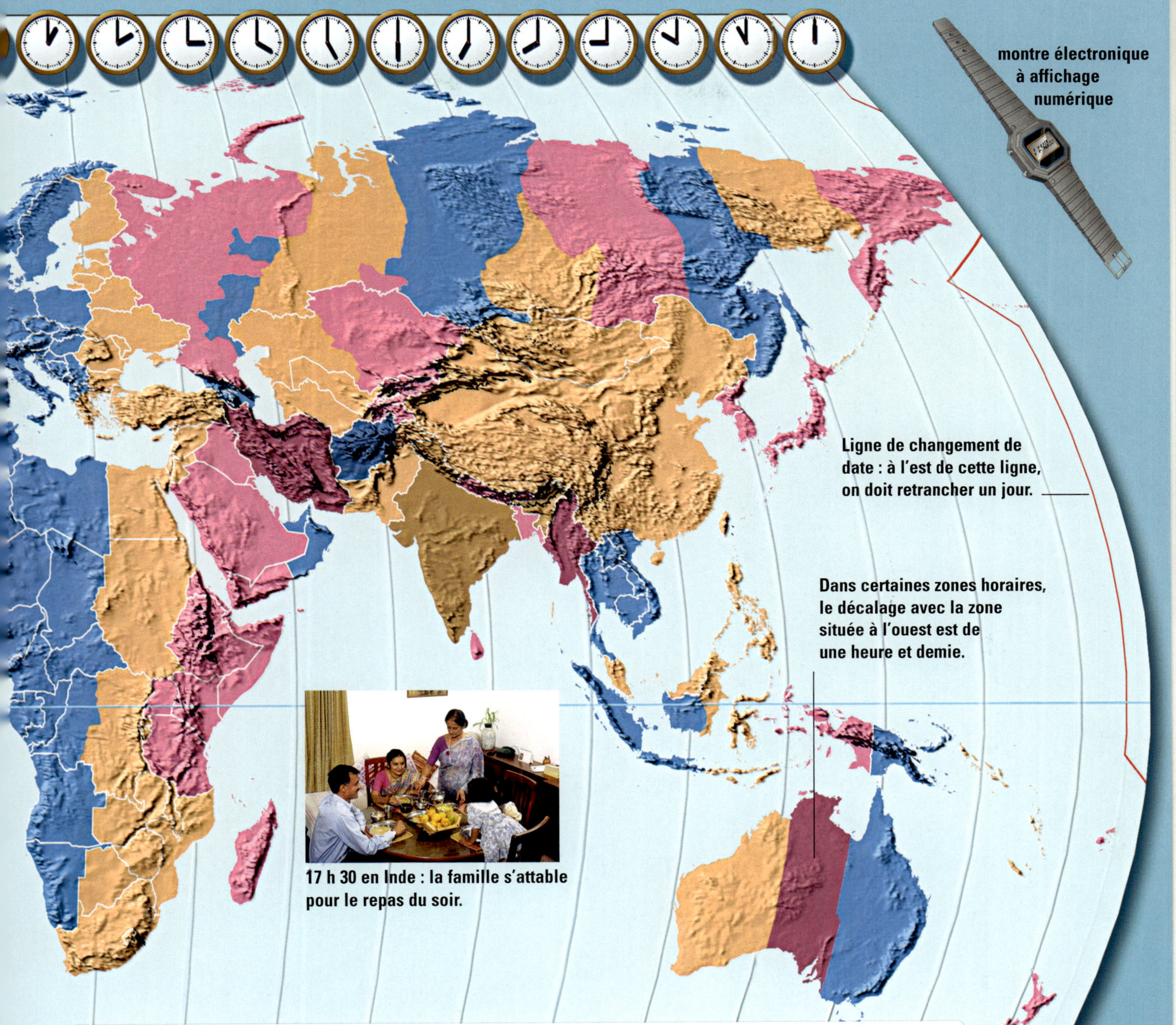

montre électronique à affichage numérique

17 h 30 en Inde : la famille s'attable pour le repas du soir.

LA RELATIVITÉ

Les théories de la relativité énoncées par Albert Einstein montrent que la gravitation et la vitesse ralentissent l'écoulement du temps. Lorsque deux voyageurs à grande vitesse se croisent *(ci-contre)*, chacun perçoit le temps de l'autre comme ralenti.

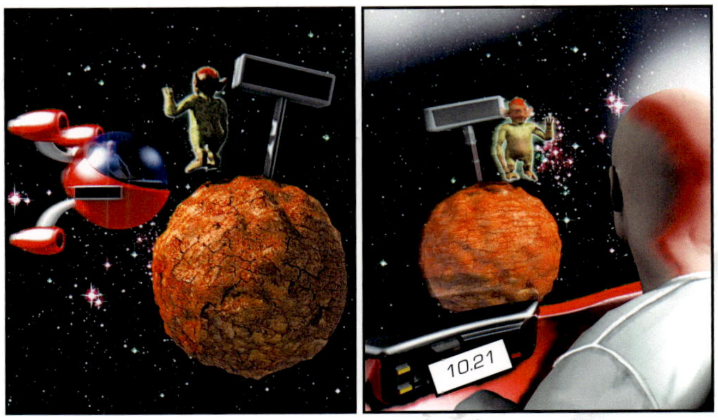

horloge numérique avec calendrier

Matière et atomes

Tout ce qui existe est fait de matière. Toute la matière est faite d'atomes qui mesurent moins d'un millionième de millimètre de diamètre.

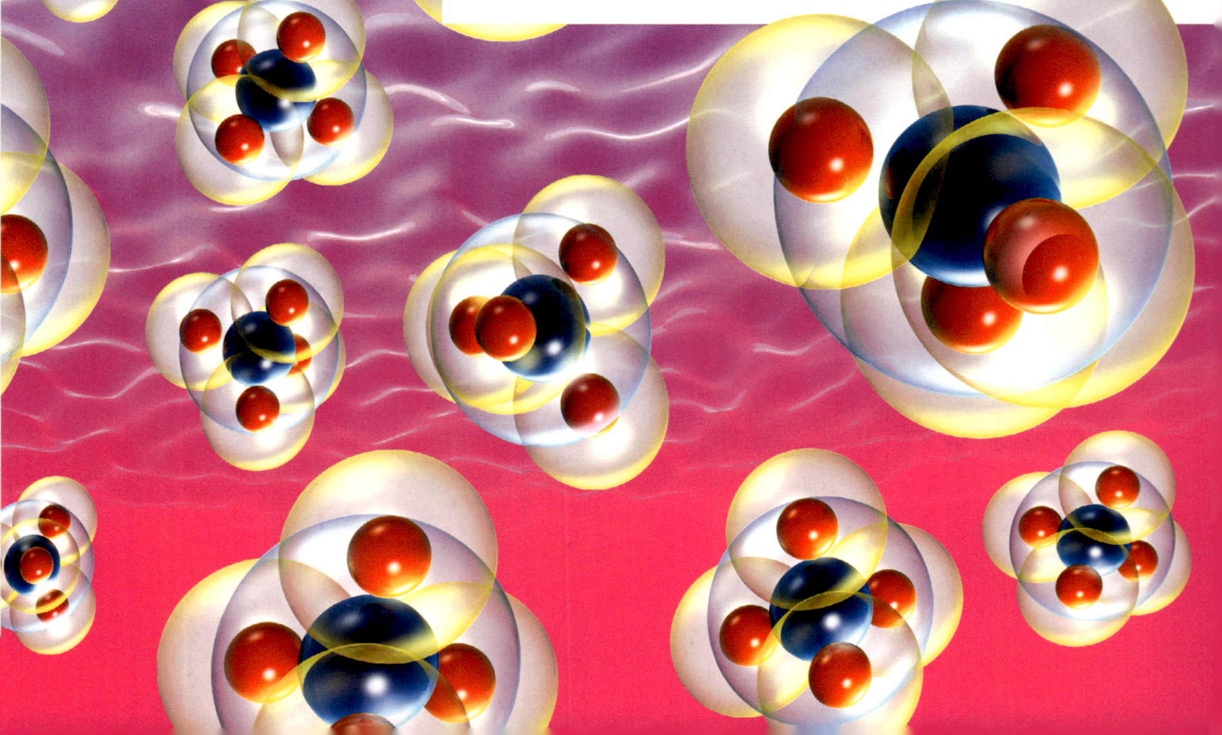

La matière existe sous quatre formes : solide, liquide, gaz et plasma. Les atomes qui constituent la matière se comportent différemment dans chacun de ces états, et la matière peut changer d'état.

Atomes et molécules

Les atomes sont les briques de la matière, généralement liés à d'autres atomes au sein de groupes appelés molécules, qui peuvent contenir de deux atomes (comme l'oxygène) jusqu'à plusieurs millions (comme l'ADN qui indique à notre organisme comment il doit croître).

CHANGEMENTS D'ÉTAT

Quelques changements d'état sont présentés ci-dessous.

Du liquide au solide : congélation.

Du liquide au gaz : ébullition, évaporation.

Du solide au liquide : fonte, fusion.

Du gaz au liquide : condensation.

Solides, liquides, gaz

Dans un solide, les molécules se déplacent peu. Dans un liquide, elles peuvent se dépasser mais demeurent proches ; dans un gaz, elles se déplacent librement ; dans les plasmas elles sont déstructurées en noyaux atomiques et électrons.

Le noyau

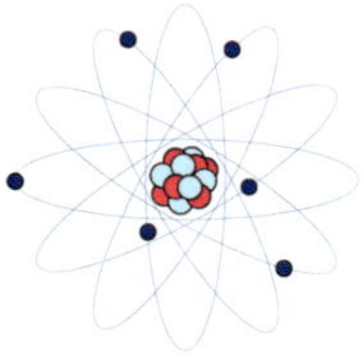

Les atomes sont surtout faits de vide, avec en leur cœur un minuscule noyau dense. Le noyau, cent mille fois plus petit que l'atome, est constitué de particules appelées protons et neutrons).

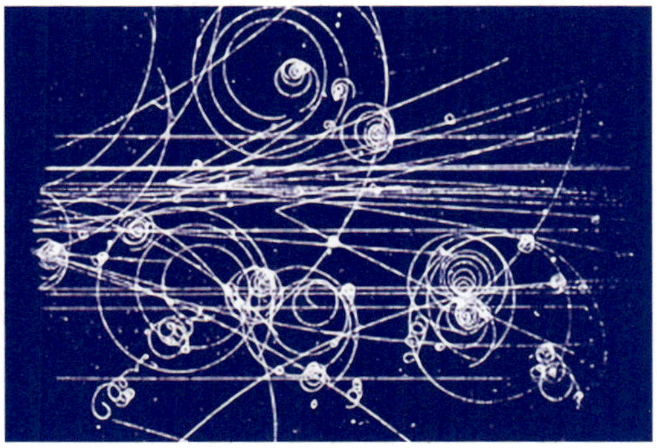

Particules subatomiques

Protons et neutrons sont faits de particules plus petites encore, les quarks, dont la cohésion est maintenue par des particules appelées gluons. Pour étudier les noyaux, on brise les quarks dans des accélérateurs de particules ; des appareils spéciaux en montrent les déplacements *(ci-dessus)*.

Ions et électrons

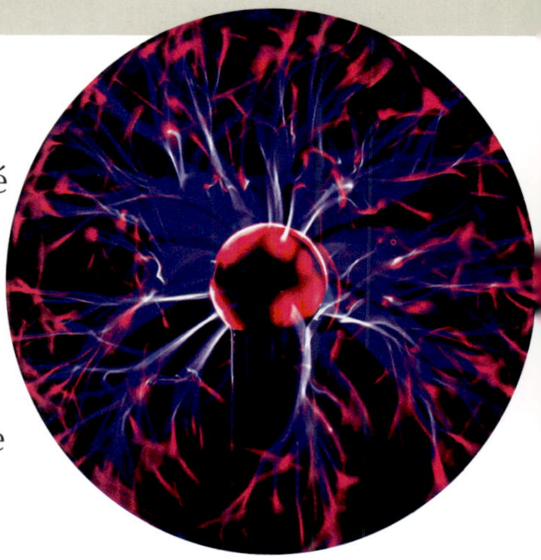

Le noyau d'un atome est entouré d'électrons, dont la charge électrique négative équilibre généralement la charge positive des protons qu'il contient. Un atome présentant un nombre inégal d'électrons et de protons est appelé ion.

Les isotopes

Les atomes d'un élément chimique ont tous le même nombre de protons, mais pas toujours le même nombre de neutrons. Deux atomes au nombre de neutrons différent sont des isotopes d'un même élément.

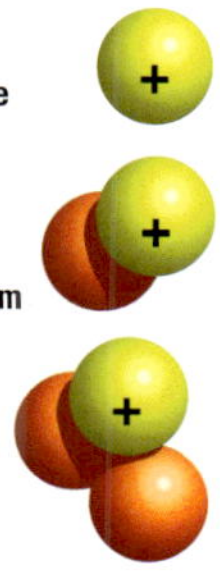

Isotopes de l'hydrogène utilisés dans les réacteurs nucléaires

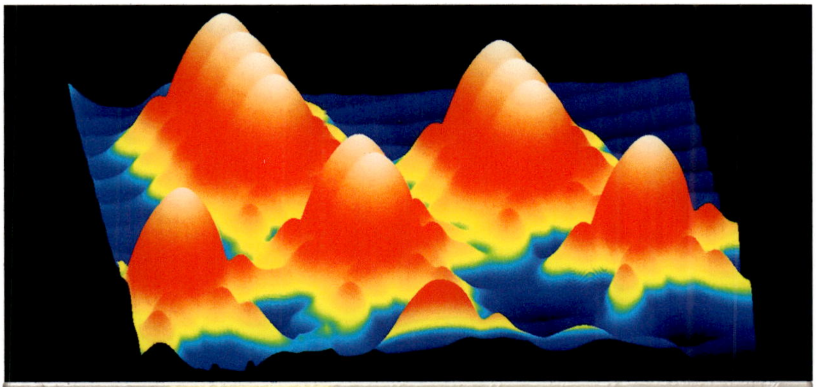

ÉTONNANT, NON ?

LA PHYSIQUE QUANTIQUE

Les électrons ne se comportent pas comme des objets ordinaires : ils n'ont ni vitesse ni position exactes. Dans le groupe d'atomes ci-dessus, les électrons ne peuvent être définis que comme étant quelque part dans les zones rouge et jaune. Et ils se comportent comme des ondes lumineuses autant que comme des particules. L'étude de leurs propriétés constitue la « physique quantique ».

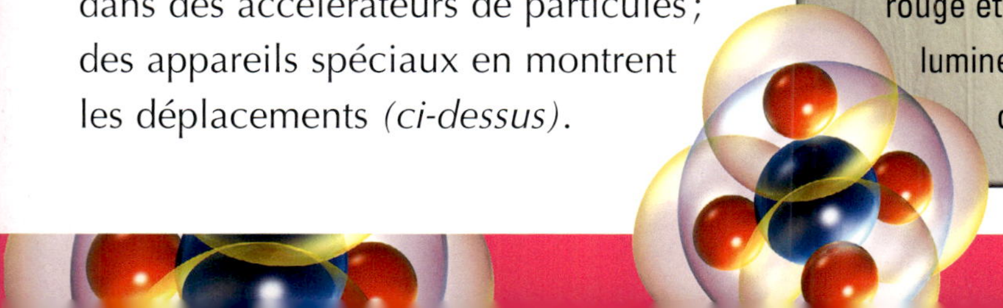

Éléments et composés

Un élément est une substance faite d'atomes qui ont tous le même nombre de protons. Tout ce qui existe dans l'Univers est composé d'une centaine d'éléments différents.

Les atomes de différents éléments peuvent s'assembler. La substance qui en résulte est un composé, aux propriétés généralement très différentes de celles des éléments dont il est issu.

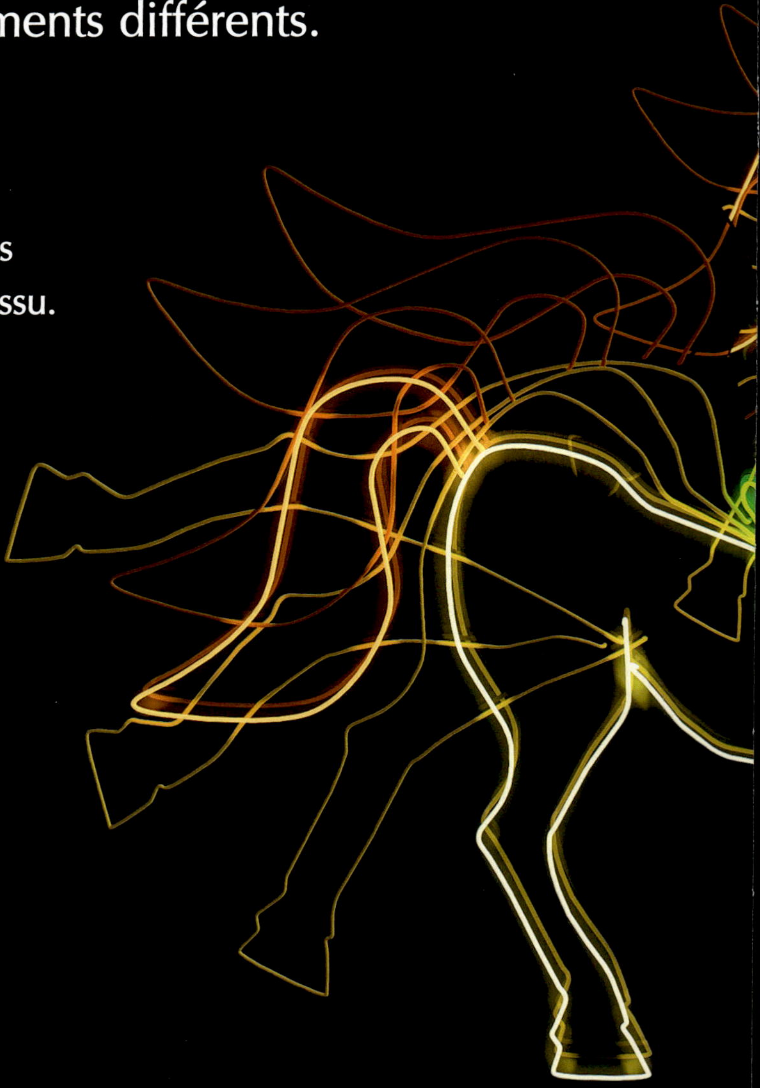

Éléments et atomes

Les propriétés d'un élément dépendent des propriétés de ses atomes. Ainsi, l'hydrogène et l'hélium, faits de tout petits atomes, sont des gaz très légers ; le plomb, très lourd, est fait d'atomes plus gros.

Les métaux

Les métaux forment un groupe d'éléments d'une grande utilité, notamment parce qu'ils conduisent l'électricité et la chaleur. Les atomes des métaux partagent leurs électrons externes, ce qui facilite le déplacement de l'énergie électrique ou thermique entre eux.

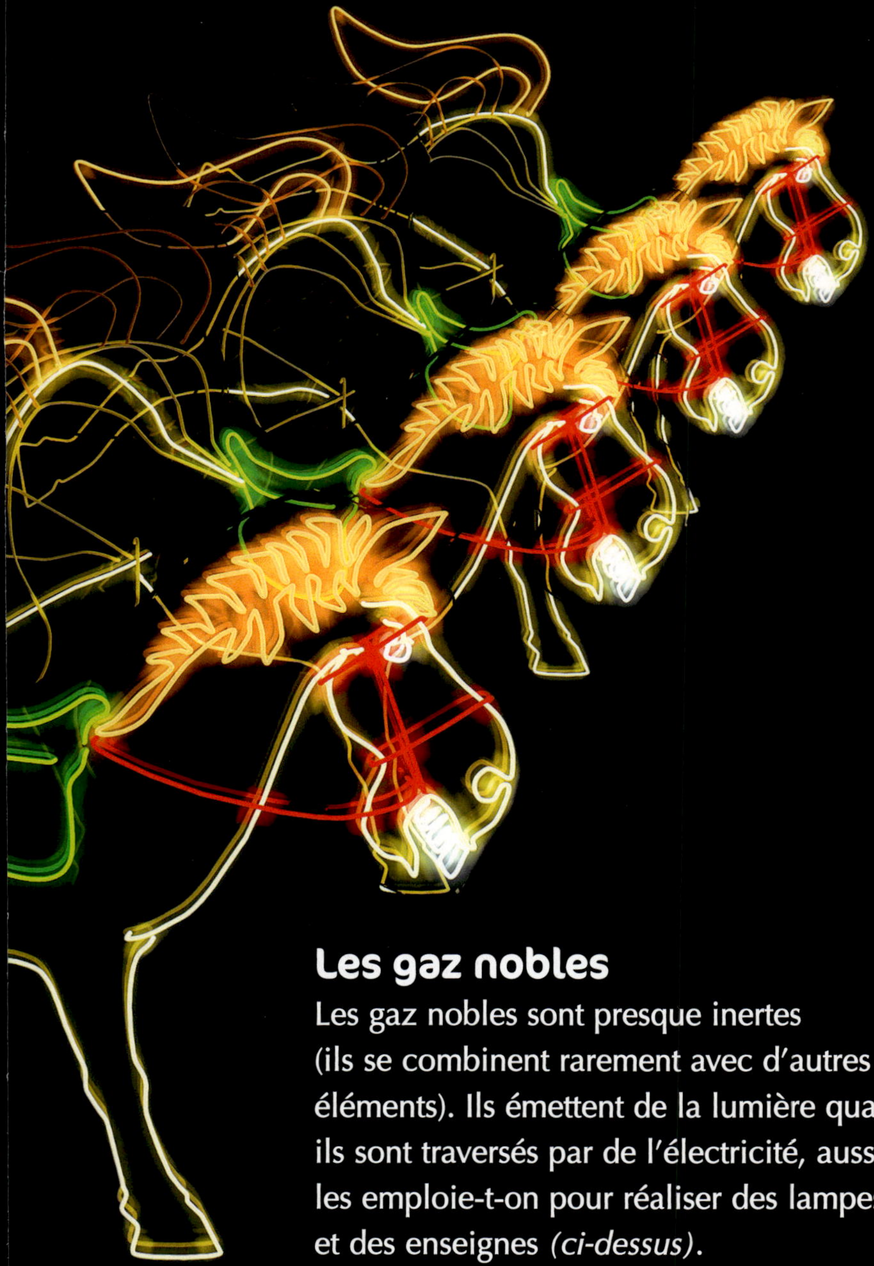

Les gaz nobles

Les gaz nobles sont presque inertes (ils se combinent rarement avec d'autres éléments). Ils émettent de la lumière quand ils sont traversés par de l'électricité, aussi les emploie-t-on pour réaliser des lampes et des enseignes *(ci-dessus)*.

Éléments radioactifs

Les atomes qui constituent certains éléments lourds, tel l'uranium, sont instables. Ils se désintègrent de façon imprévisible et libèrent de l'énergie sous la forme d'intenses radiations (rayons gamma) et de particules alpha et bêta. Les éléments radioactifs peuvent à la fois provoquer et traiter certaines formes de cancer.

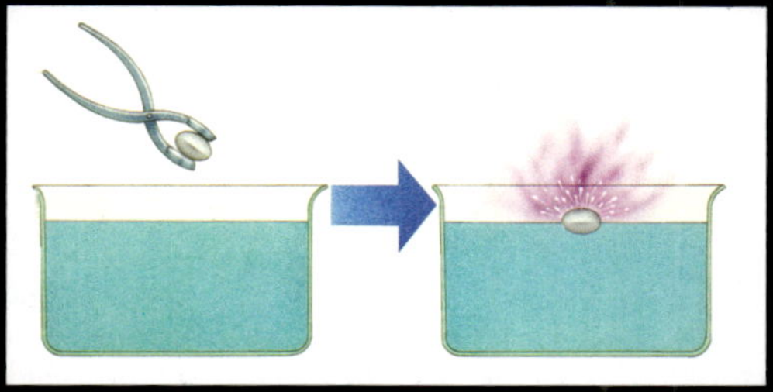

Éléments réactifs

Certains éléments sont hautement réactifs et se combinent aisément avec d'autres éléments. Une petite quantité de potassium réagit violemment avec l'eau *(ci-dessus)*, en libérant de l'hydrogène et en formant un composé appelé hydroxyde.

Composés

Chauffer des éléments provoque souvent la formation de composés. Mélangés et chauffés, l'hydrogène et l'oxygène donnent de l'eau. Le symbole de l'eau est H_2O, car ses molécules contiennent deux atomes d'hydrogène et un atome d'oxygène.

Matières et matériaux

Certaines des matières que nous utilisons sont naturelles, comme la laine, le bois et la pierre, mais la plupart des objets sont faits de matériaux fabriqués, comme le béton, le verre et le plastique.

DÉRIVÉS DU PÉTROLE

Le pétrole sert à fabriquer différents matériaux.

Peinture

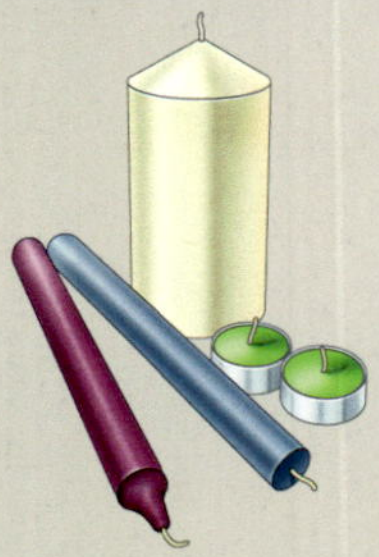

Bougies

Essence

Lubrifiants

Aujourd'hui, on conçoit des matières aux propriétés souhaitées, par exemple des matériaux de construction résistants et légers.

Le bois

Le bois est employé dans le monde entier pour la construction, ainsi que pour la fabrication de papier et de meubles. Différentes essences possèdent des propriétés variées.

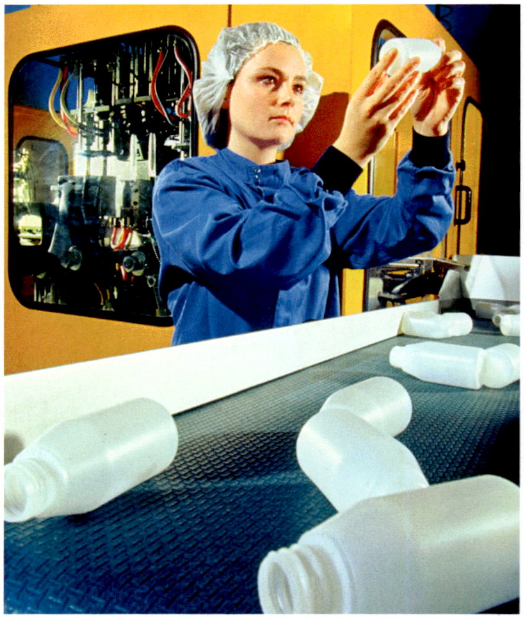

Les matières plastiques

La plupart des plastiques sont issus de substances chimiques dérivées du pétrole. Faciles à mouler et à colorer, ils peuvent être souples et transparents ou bien durs et résistants.

Les métaux

Les métaux ont des propriétés très utiles. On peut les façonner en les chauffant, ils sont souvent résistants, solides. Les alliages mêlent parfois des métaux à d'autres matériaux. Le plus utile est l'acier, fait de fer durci au carbone.

Le verre

Le verre, fabriqué à partir du sable, peut être soufflé, moulé ou tourné… Il peut être rendu résistant à la chaleur ou à l'impact, et coloré à l'aide de métaux.

Les adhésifs

Les adhésifs sont des substances qui collent les objets entre eux. Certains sont naturels, mais les plus efficaces et durables sont synthétiques.

Les matériaux intelligents

Il est possible de modifier les propriétés de certaines matières artificielles, par la chaleur, l'électricité ou le magnétisme : ces matières peuvent ainsi changer de forme ou se liquéfier. Les objets faits d'alliages à mémoire de forme reprennent leur forme initiale quand on les chauffe.

L'ÉNERGIE

L'ÉNERGIE EST LA CAPACITÉ D'ACCOMPLIR une action : sans elle, rien ne se produirait. L'énergie ne peut être détruite ; elle existe sous de nombreuses formes, dont la masse.

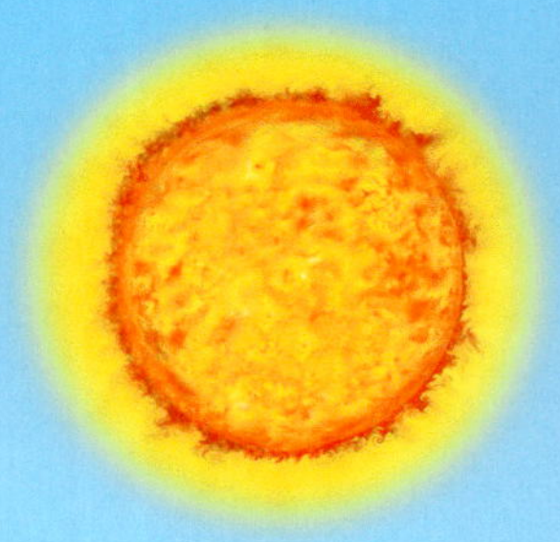

À l'intérieur du Soleil, les noyaux d'hydrogène se transforment en noyaux d'hélium, ce qui dégage d'énormes quantités d'énergie : c'est la fusion nucléaire, énergie que nous percevons sous forme de lumière.

LES TYPES D'ÉNERGIE

L'énergie circule et se convertit sous des formes nombreuses. La lumière solaire est transformée en énergie chimique par les plantes, en énergie électrique par une cellule photovoltaïque. La télévision convertit l'énergie électrique en son et lumière. En se déplaçant, les animaux transforment l'énergie chimique de leurs aliments en énergie cinétique. Ces changements produisent en outre de la chaleur (énergie thermique).

Les plates-formes extraient le gaz ou le pétrole.

Les torchères brûlent le gaz naturel en surplus.

Excavatrice dans une mine à ciel ouvert, où le charbon est présent en surface.

L'ÉNERGIE ATOMIQUE

Certains atomes sont instables et se désintègrent en libérant de l'énergie : c'est la fission nucléaire. Dans une centrale nucléaire, ces désintégrations sont contrôlées et utilisées pour produire de l'énergie électrique.

LES ÉNERGIES FOSSILES

Les plantes utilisent l'énergie de la lumière solaire en combinant eau et dioxyde de carbone. En se décomposant, des plantes mortes il y a plus de 200 millions d'années se sont enfoncées dans les profondeurs du sol et se sont transformées progressivement en nappes de charbon, de pétrole ou de gaz naturel, que l'on peut transformer en énergie.

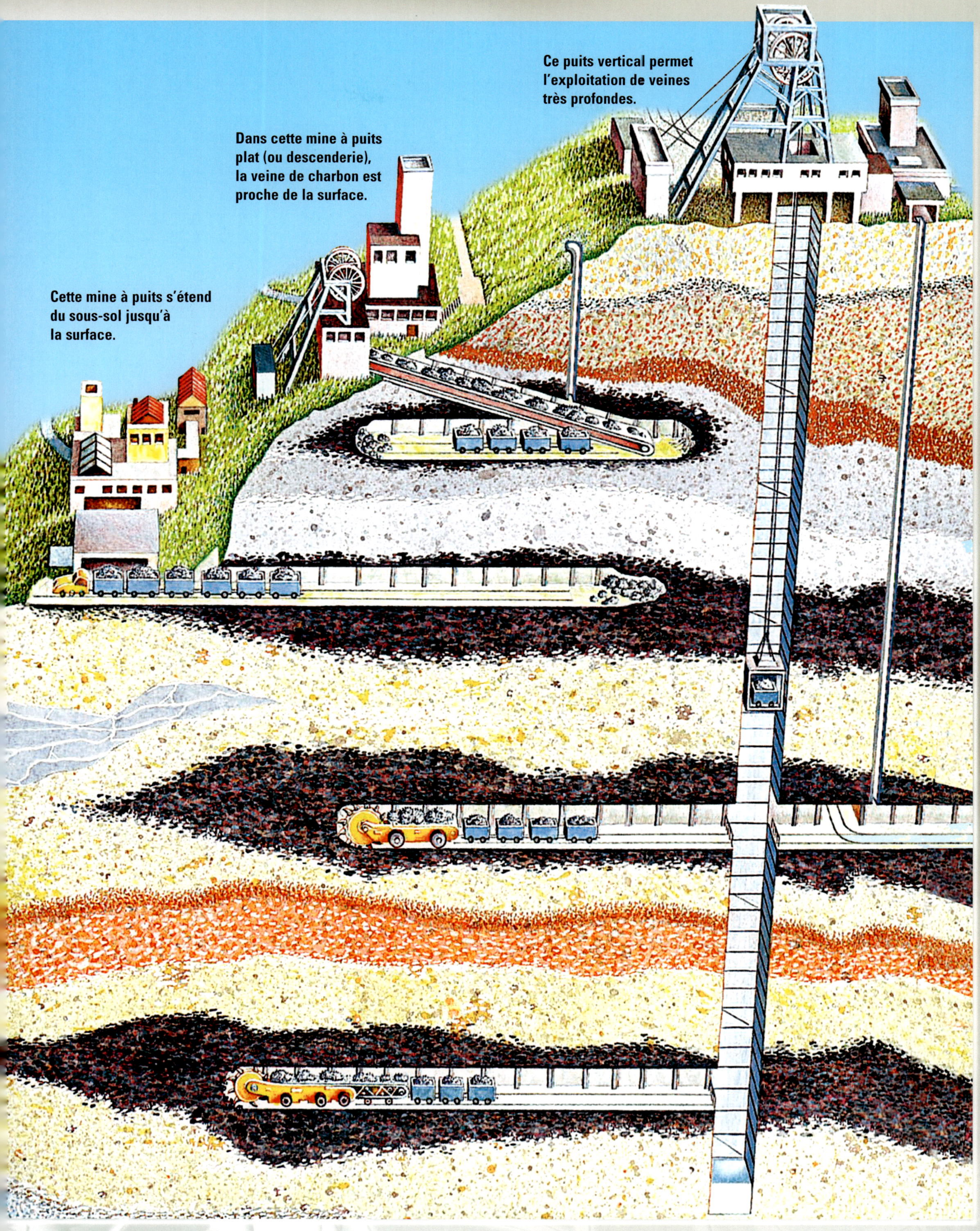
Ce puits vertical permet l'exploitation de veines très profondes.
Dans cette mine à puits plat (ou descenderie), la veine de charbon est proche de la surface.
Cette mine à puits s'étend du sous-sol jusqu'à la surface.

Son, lumière, couleur

La majeure partie des informations que nous percevons – les sons ou la lumière – sont des flux d'énergie qui se déplacent sous la forme d'ondes.

LE SPECTRE ÉLECTROMAGNÉTIQUE

Les propriétés d'une onde électromagnétique sont déterminées par sa « longueur d'ondes ».

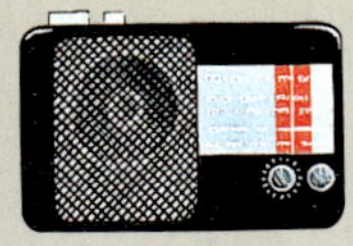

Ondes radio plus de 10 cm

Infrarouges de 0,7 micromètre à 1 mm

Lumière de 0,4 à 0,7 micromètre

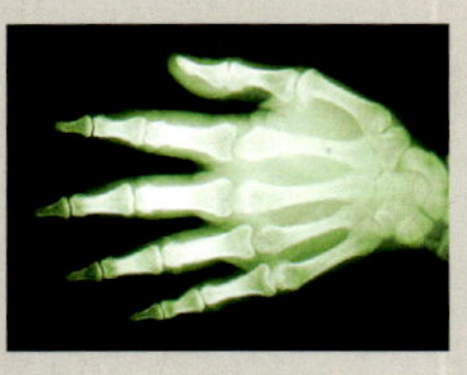

Rayons X de 0,01 à 10 nanomètres

Il existe des ondes sonores que nous n'entendons pas et des ondes lumineuses que nous ne voyons pas, car leurs fréquences sont trop basses ou trop élevées.

Le son

Le son naît d'une vibration et se déplace dans l'air, dans l'eau ou dans les solides, sous forme d'ondes. Le son se déplace bien plus vite dans les solides et les liquides que dans l'air.

Le bruit

Le bruit est un son déplaisant, qu'il provienne des voitures, des avions ou des radios. Les bruits très puissants endommagent notre ouïe.

Hauteur et fréquence

La fréquence est le nombre d'oscillations par seconde d'une onde sonore. Plus la fréquence d'un son est élevée, plus le son est aigu. La plupart des sons mêlent de nombreuses fréquences.

La lumière

La lumière se déplace à près de 300 000 000 km par seconde dans le vide, et ralentit quand elle traverse un liquide ou un solide. Elle est constituée de photons.

fibres optiques dans un câble de téléphonie

L'optique

L'optique est la science de la lumière. L'optique géométrique décrit la façon dont la lumière rebondit et s'éparpille. L'optique physique étudie la nature des photons qui composent la lumière : particules à certains égards, ou ondes.

La couleur

Nous percevons différentes fréquences lumineuses comme autant de couleurs différentes, du rouge de basse fréquence jusqu'au violet de haute fréquence. Différentes fréquences mélangées sont perçues comme d'autres couleurs. Le mélange de toutes les couleurs produit du blanc.

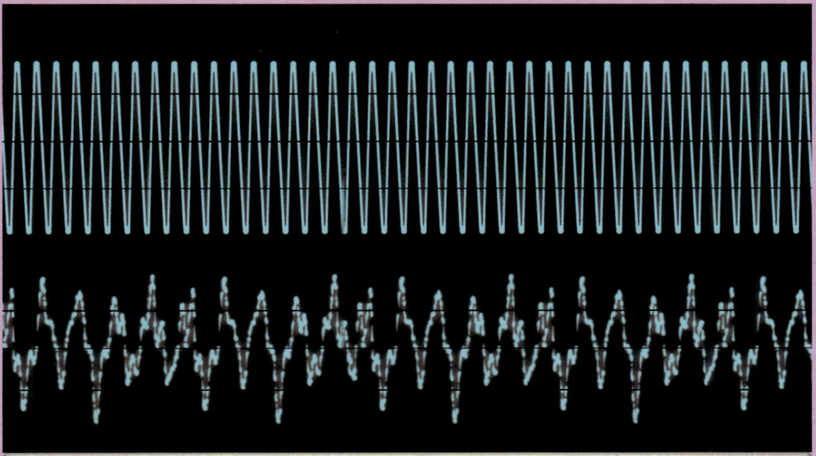

C'EST SCIENTIFIQUE !

ONDES SONORES ET ONDES LUMINEUSES

La lumière se déplace un million de fois plus vite que le son. Les plus courtes des ondes sonores que nous puissions entendre sont des milliers de fois plus longues que les ondes lumineuses. Le son a besoin d'un support pour se propager (l'air, par exemple), ce qui n'est pas le cas de la lumière. Des appareils appelés oscilloscopes *(ci-dessus)* traduisent les rapides changements de pression des ondes sonores.

La chaleur

La chaleur est une forme d'énergie caractérisée par le déplacement aléatoire de particules ; elle est produite par divers processus.

L'ÉNERGIE CINÉTIQUE

L'énergie des molécules s'accroît avec l'élévation de la température, jusqu'à ce qu'elles se libèrent en provoquant un changement d'état.

Dans un solide, les molécules empilées sont fermement liées.

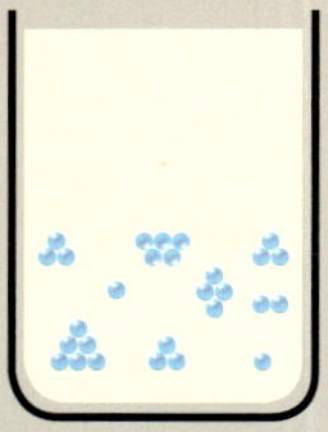

Un solide fond lorsque les molécules ont assez d'énergie pour briser leurs liens.

Un liquide bout lorsque les molécules se séparent et occupent librement le volume de leur contenant.

La fusion et l'ébullition des substances se produisent lorsqu'elles sont chauffées, parce que l'énergie croissante des molécules permet à celles-ci de se séparer ; si la température s'élève encore, les molécules elles-mêmes se désintègrent.

Chaleur et température

La chaleur est une forme d'énergie, et la température décrit la « concentration » de cette énergie. Un lac contient plus de chaleur qu'une tasse de café, mais sa température est inférieure parce que l'énergie est répartie dans une plus grande quantité de liquide.

Chauffer, refroidir

Chauffer une substance la fait d'abord fondre, puis la transforme en gaz (ébullition/vaporisation si le changement est rapide, évaporation s'il est lent). Si on refroidit un gaz, il se condense puis gèle *(ci-contre)*. Le givre au soleil se mue en vapeur d'eau sans passer par la phase liquide : c'est la sublimation.

Transferts de chaleur

La chaleur se déplace de trois façons : dans les solides par conduction (quiconque tenterait de toucher le creuset métallique se brûlerait) ; dans les liquides et les gaz par convection (comme le courant d'air chaud qui s'élève du creuset) ; dans les gaz, par radiation (le métal en fusion émet de la lumière et aussi des rayons infrarouges calorifiques, invisibles).

Électricité et magnétisme

L'électricité et le magnétisme jouent un rôle majeur dans notre vie. Éclairage public et téléphones fonctionnent à l'électricité, moteurs électriques et cartes de crédit nécessitent aimants et bandes magnétiques.

L'électricité et le magnétisme reposent sur le mouvement des électrons au sein des atomes. Des champs de force repoussent ou attirent d'autres objets similaires.

L'électricité naturelle

Notre cerveau et nos nerfs utilisent de minuscules quantités d'électricité pour fonctionner et contrôler notre corps. Des quantités bien plus importantes d'électricité sont en jeu lorsque la foudre frappe, lors d'un orage.

L'électronique

Les objets et matériaux qui laissent aisément passer l'électricité sont dits conducteurs, ceux que l'électricité ne peut traverser sont des isolants. Les supraconducteurs, qui laissent passer une quantité variable d'électricité, sont utilisés dans les circuits électroniques.

Circuits électriques

Une pile électrique possède deux pôles. Lorsqu'ils sont reliés par un câble, l'électricité s'écoule du pôle négatif vers le pôle positif. Pendant ce parcours, on peut l'exploiter pour faire fonctionner une ampoule ou un moteur électrique.

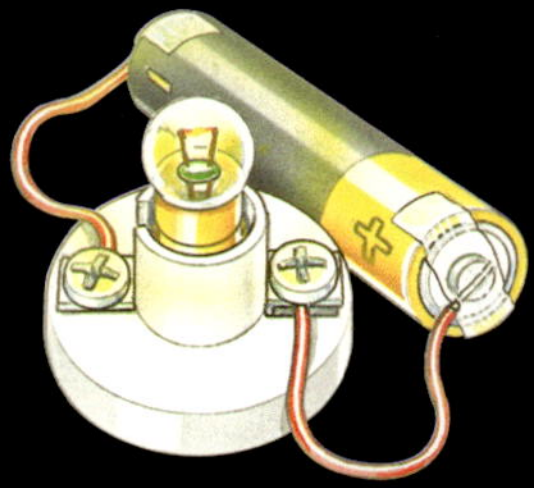

L'électricité statique

Par frottement, un objet peut perdre ou acquérir des électrons. Il se charge alors positivement ou négativement. Les cheveux de cette jeune fille, chargés positivement, se repoussent les uns les autres. Ce phénomène est appelé électricité statique.

Les aimants

Les aimants attirent le fer et certains autres métaux. Chacun de leurs deux pôles attire les pôles, positif ou négatif, opposés et repousse les pôles similaires.

L'électromagnétisme

Un conducteur parcouru par un courant engendre un champ magnétique, qui peut être très puissant. Des dispositifs appelés électroaimants fournissent des champs magnétiques contrôlables.

C'EST NATUREL !

LA TERRE : UN AIMANT GÉANT

Les mouvements du métal en fusion dans les profondeurs de la Terre produisent un champ magnétique qui protège la planète de radiations néfastes de l'espace. Dans une boussole, une aiguille aimantée s'aligne avec le champ magnétique terrestre : elle indique ainsi les pôles nord et sud, ce qui aide à l'orientation.

FORCES ET MOUVEMENT

UN OBJET EN MOUVEMENT possède de l'énergie cinétique. Plus il se déplace rapidement, ou plus sa masse est importante, et plus son énergie cinétique est élevée. La vélocité d'un objet est sa vitesse dans une direction donnée ; l'accélération est l'augmentation de la vélocité.

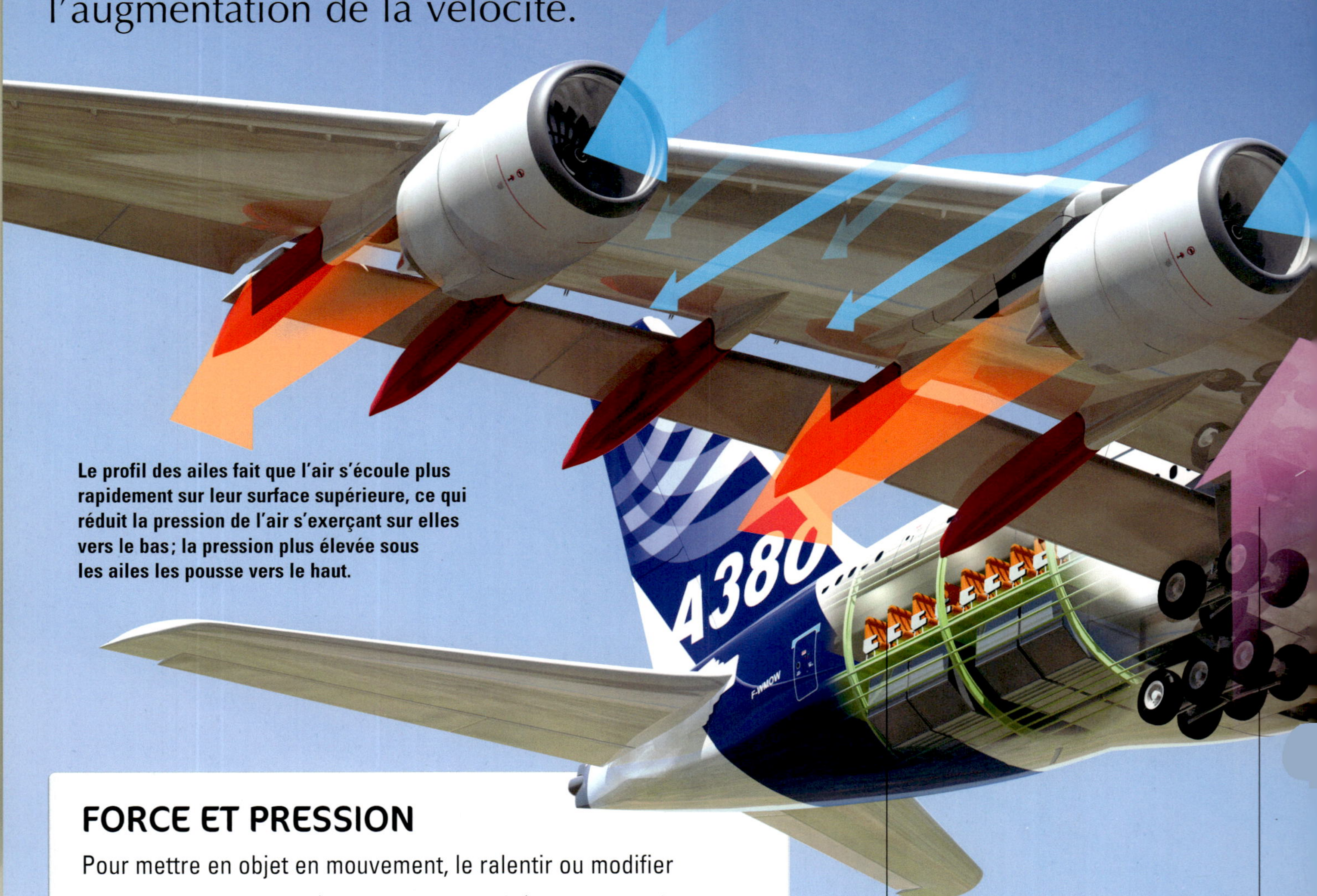

Le profil des ailes fait que l'air s'écoule plus rapidement sur leur surface supérieure, ce qui réduit la pression de l'air s'exerçant sur elles vers le bas ; la pression plus élevée sous les ailes les pousse vers le haut.

L'A380 transporte jusqu'à 525 passagers ; la surface habitable est supérieure de moitié à celle de tout autre avion de ligne.

La force qui s'exerce vers le haut sur les ailes s'oppose à la force gravitationnelle qui s'exerce vers le bas.

FORCE ET PRESSION

Pour mettre en objet en mouvement, le ralentir ou modifier sa direction, une force (traction ou poussée) est nécessaire. La résistance de l'air et autres frottements font qu'une force est indispensable pour que l'objet continue de se déplacer. En l'absence de telles résistances, dans l'espace par exemple, les objets continuent de se déplacer sans apport d'aucune force.

TRAVAIL ET PUISSANCE

Lorsqu'un objet est déplacé par une force, un travail est effectué. Plus la force est importante, plus grande est la quantité de travail accomplie. Que l'on monte les escaliers en marchant ou en courant, on effectue la même quantité de travail, mais la course nécessite plus de puissance.

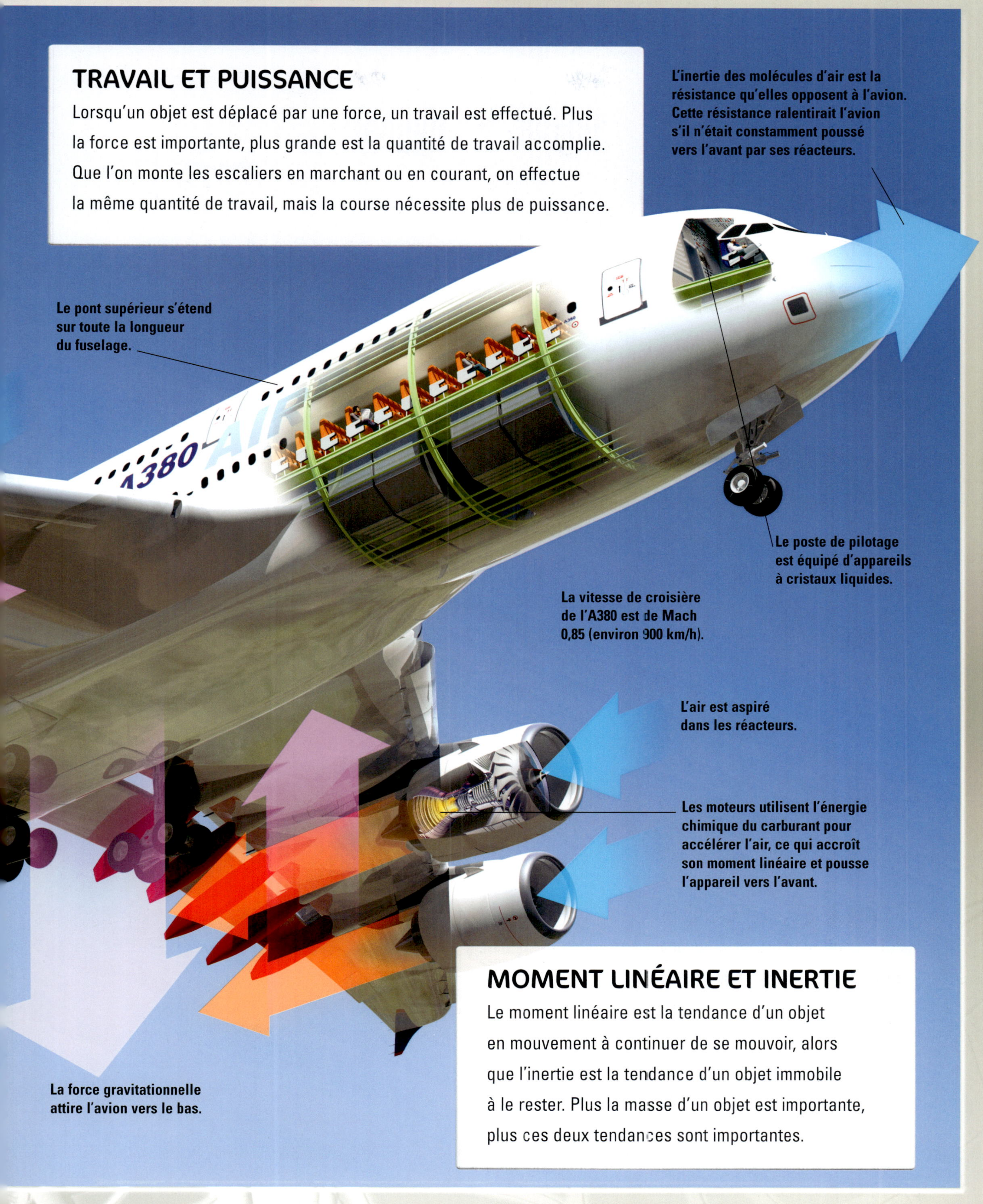

MOMENT LINÉAIRE ET INERTIE

Le moment linéaire est la tendance d'un objet en mouvement à continuer de se mouvoir, alors que l'inertie est la tendance d'un objet immobile à le rester. Plus la masse d'un objet est importante, plus ces deux tendances sont importantes.

L'ingénierie

L'ingénierie est l'application de la science à la mise au point des objets que nous utilisons.

L'ÉVOLUTION DES AVIONS

Les avions ont évolué rapidement au cours du siècle dernier.

Les biplans ont été inventés dans les années 1900.

Les monoplans les ont remplacés dans les années 1930.

Le premier avion à réaction a volé en 1939.

Le premier vol supersonique a eu lieu en 1947.

Les avions-fusées ont atteint les limites de l'espace en 1963.

L'ingénierie a permis le développement de grandes villes, aux ouvrages d'art et systèmes de gestion complexes.

Le génie civil

Les ingénieurs civils ont perfectionné des matériaux, des plans et des méthodes de construction de routes, de ponts et d'édifices. Aujourd'hui, la modélisation informatique est cruciale pour tous les projets.

Les mines

Les ingénieurs des mines organisent l'extraction et le transport des minéraux (charbon, sel) et des minerais (fer, par exemple). Ils sont responsables de la sécurité des mineurs.

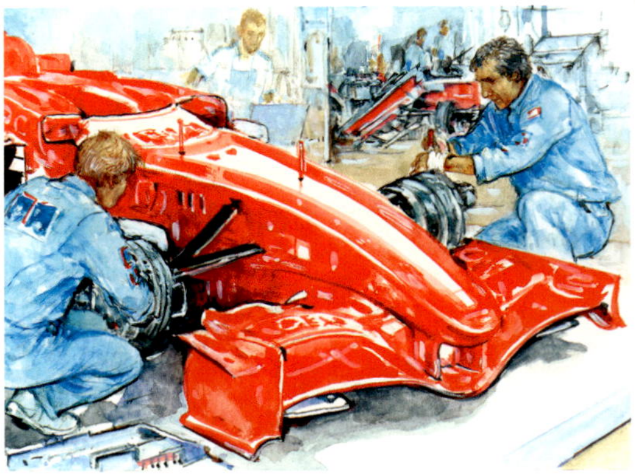

Machines et véhicules

Les ingénieurs mécaniciens conçoivent des machines : robots, machines-outils, et les véhicules, trains, voitures, camions, motos, etc.

Le génie électrique

Les ingénieurs électriciens mettent au point des appareils et des systèmes électriques et électroniques : réseaux de distribution d'électricité, matériel informatique et systèmes de télécommunications (téléphonie, télévision).

L'aérospatial

Les ingénieurs de la construction aéronautique et spatiale mettent au point des avions et des engins spatiaux, dans le souci constant de la sécurité de passagers lancés au sein d'environnements sujets à des changements rapides et inattendus.

Concevoir des logiciels

Les logiciels sont conçus de manière à remplir une fonction (par exemple, le transfert de fonds de banque à banque), avec rapidité, efficacité et fiabilité. Ils fonctionnent en général sur différents types de systèmes informatiques.

ÉTONNANT, NON ?

LE TUNNEL DE TOUS LES RECORDS

Près de treize mille personnes ont participé à la construction du tunnel sous la Manche *(ci-dessus)*, long de cinquante kilomètres, qui relie la France à l'Angleterre. C'est le plus long tunnel sous-marin du monde. Il est climatisé au moyen d'un système équivalent à 26 000 réfrigérateurs ménagers. Certaines des machines employées pour le percer avaient la longueur de deux terrains de football.

L'industrie

Au cours des derniers siècles, la technique, en s'appuyant sur la science, a transformé le monde. La production industrielle s'étend à de nombreux domaines, de l'alimentation aux transports.

Beaucoup des aspects de la vie reposent sur l'industrie : les véhicules qui nous transportent, les livres et ordinateurs que nous consultons, nos habitations, notre alimentation, nos vêtements… de nombreux produits sont fabriqués très loin des pays où ils sont utilisés, puis transportés dans le monde entier.

L'agroalimentaire

Toute notre alimentation dépend, à un niveau ou un autre, de l'industrie. Les recherches en biologie servent à produire des fruits et légumes « améliorés » ; l'emploi d'engrais chimiques et de pesticides est courant ; des machines récoltent, transforment, conservent, emballent et transportent les denrées.

La chimie industrielle

Les objets d'usage quotidien – matières plastiques, carburants, tissus, etc. – sont fabriqués industriellement selon des procédés chimiques. L'emploi croissant de robots et d'ordinateurs a entraîné une réduction du nombre des employés de ce secteur. La sécurité a été améliorée à mesure que les machines remplaçaient les hommes dans des tâches dangereuses.

La production de masse

La plupart des machines sont construites par d'autres machines. La standardisation et la précision des normes de fabrication rend possible le fait que des éléments de machines complexes puissent être fabriqués dans différents pays et assemblés ensuite. Cet étonnant dispositif de garage automobile se trouve à Wolsburg, en Allemagne. Il est entièrement automatisé : un bras robotisé déplace les voitures en fonction des besoins.

La médecine

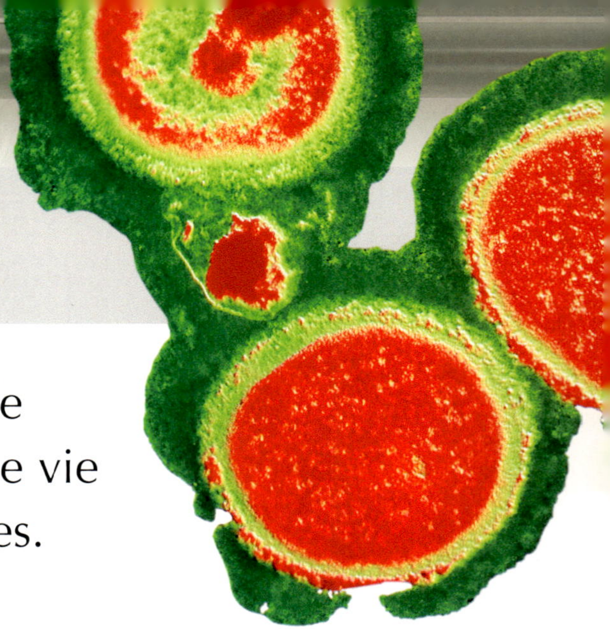

La médecine est l'un des grands succès de la science, qui nous permet de jouir d'une vie bien plus longue que celle de nos ancêtres.

SPÉCIALITÉS MÉDICALES

La médecine recouvre divers domaines de compétences.

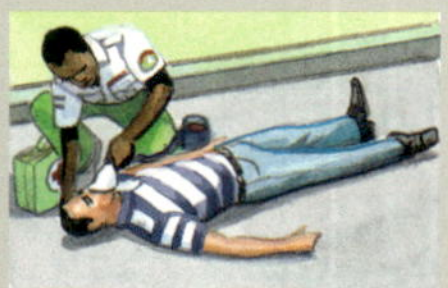

Les services d'urgence prodiguent les premiers soins sur les lieux de l'accident.

Les chirurgiens interviennent sur les organes et les tissus.

Les affections courantes sont traités par le médecin généraliste.

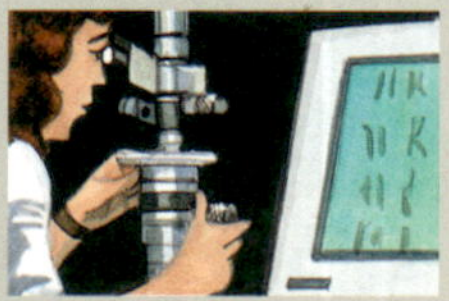

La recherche médicale étudie de nouveaux traitements.

Le diagnostic et les traitements d'autrefois étaient souvent aléatoires. Aujourd'hui, la découverte des microbes et une meilleure compréhension du fonctionnement de l'organisme ont apporté une amélioration importante des soins médicaux.

Santé et maladie

La médecine moderne tente de prévenir la survenue des maladies par une alimentation adaptée, une pratique de l'exercice physique et des conditions de vie saines. La médecine dite holistique se préoccupe non seulement du corps, mais aussi de l'esprit et du psychisme.

Blessures et guérison

Notre corps est capable de soigner lui-même beaucoup de lésions. Les antiseptiques et les pansements sont une protection, qui aident le corps à refermer une plaie.

Les anesthésies

Pour opérer un organe, retirer une tumeur ou placer une prothèse, on effectue une intervention chirurgicale. L'anesthésie locale insensibilise une partie du corps ; l'anesthésie générale plonge le patient dans l'inconscience.

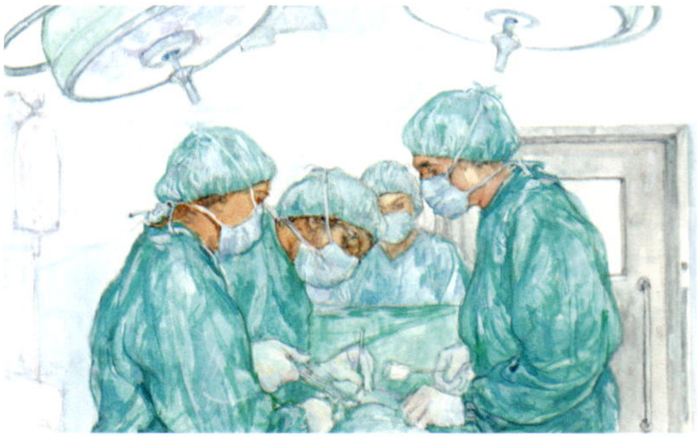

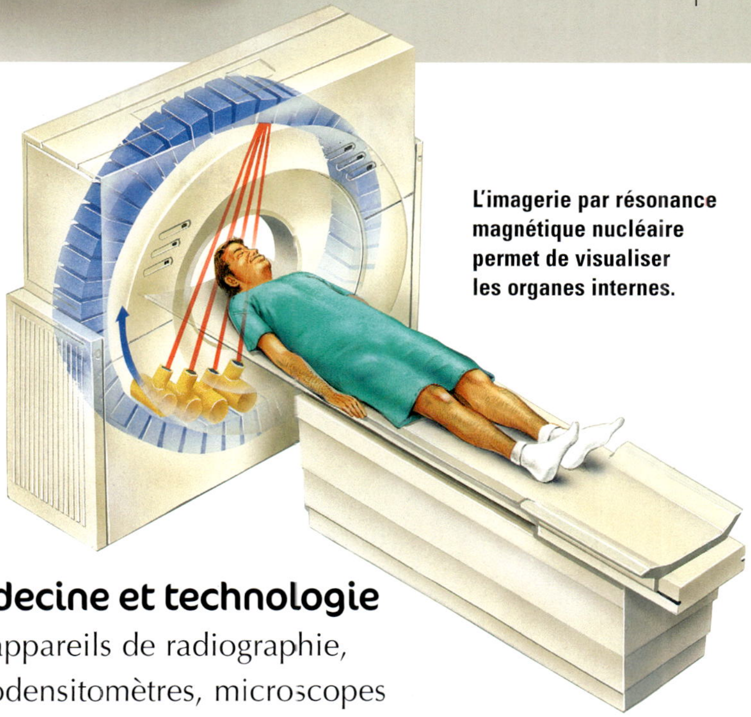

L'imagerie par résonance magnétique nucléaire permet de visualiser les organes internes.

Les microbes

Les maladies sont transmises par des micro-organismes, ou microbes, qui comprennent des molécules appelées prions, les virus, des bactéries et protozoaires, des parasites et des champignons. Ci-dessus, des staphylocoques dorés, bactéries très résistantes aux antibiotiques.

Médecine et technologie

Les appareils de radiographie, tomodensitomètres, microscopes et électrocardiographes sont employés pour le diagnostic ; tandis que les lasers chirurgicaux, pacemakers, appareils de dialyse, prothèses auditives et défibrillateurs permettent de traiter les affections.

Antibiotiques et vaccins

Les antibiotiques, comme la pénicilline, combattent un grand nombre de bactéries responsables de maladies. La vaccination, c'est-à-dire l'injection d'une version affaiblie d'un virus, mobilise le système immunitaire qui s'adapte de façon à combattre le virus actif.

C'EST HISTORIQUE !

LA DÉCOUVERTE DES MICROBES

Dans les années 1670, Antoine Van Leeuwenhoek découvrit des organismes vivants invisibles à l'œil nu : germes, microbes, micro-organismes… Dans les années 1860, les expériences de Louis Pasteur *(ci-dessus)* prouvèrent que les germes étaient des organismes apportés de l'extérieur. En 1877, Robert Koch identifia le bacille de la maladie du charbon et prouva qu'à chaque maladie correspondaient des microbes différents.

Les biotechnologies

Les biotechnologies concernent la modification d'organismes vivants par des moyens scientifiques.

Les éleveurs et agriculteurs font depuis des millénaires évoluer des plantes et des animaux. Aujourd'hui, la recherche sur les fondements chimiques de la vie renforce ce mouvement.

Le génie génétique

Le génie génétique consiste à modifier les gènes, pour améliorer les cultures, pour développer des bactéries productrices de médicaments, etc. Les cultures génétiquement modifiées possèdent des qualités recherchées de résistance aux parasites et maladies.

Nouveaux médicaments

La création de médicaments en laboratoire est une application des biotechnologies. Il est ainsi possible de produire de l'insuline à partir de bactéries génétiquement modifiées.

La fermentation

La fermentation est le processus biologique qui transforme le jus de raisin en vin, la pâte en pain. Pour faire du vin, on ajoute des levures (champignons) au jus. Dans des conditions appropriées, elles prolifèrent, se nourrissent du sucre présent dans le jus et produisent de l'alcool en déchet.

ADN et gènes

Les progrès des biotechnologies reposent sur la modification des gènes, qui constituent les molécules d'ADN (acide désoxyribonucléique). Les gènes sont les instructions présentes dans chacune de nos cellules.

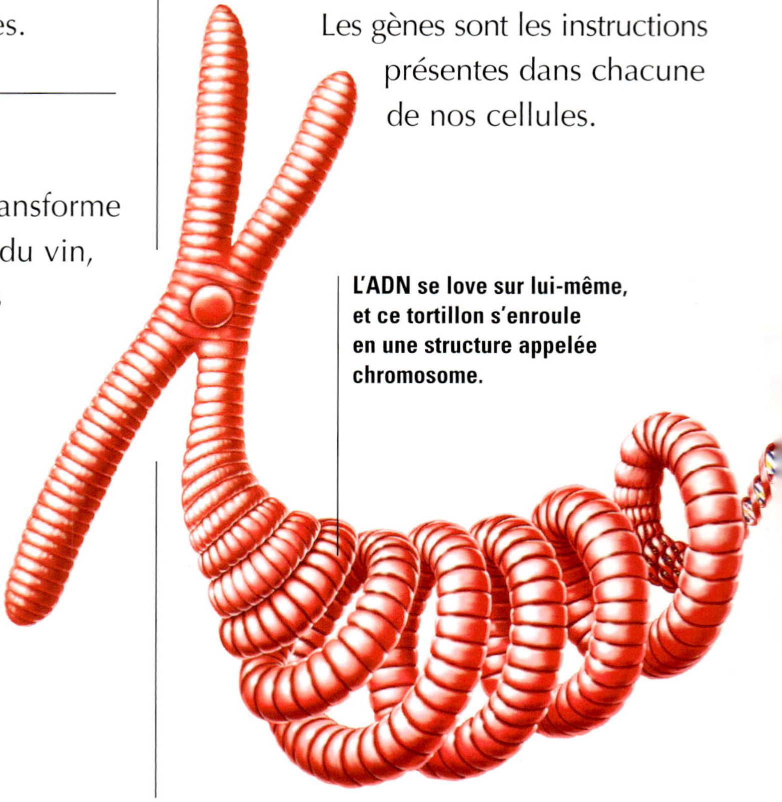

L'ADN se love sur lui-même, et ce tortillon s'enroule en une structure appelée chromosome.

Les cartes d'identité de l'avenir contiendront peut-être des empreintes génétiques.

Empreintes génétiques

Les gènes de chaque individu n'appartiennent qu'à lui seul. Ils sont identifiables à partir d'une infime trace de sang ou de sueur. Nos gènes ressemblant à ceux de nos parents, leur examen permet donc d'établir des relations familiales entre individus.

C'EST SCIENTIFIQUE !

LE DÉBAT SUR LES OGM

Des organismes génétiquement modifiés (OGM), tels que ces plants de maïs, peuvent être mis au point pour résister à des herbicides. L'épandage d'herbicides n'éliminera alors que les plantes non désirées. Les OGM, bien que présentant des avantages, risquent de réduire la biodiversité (le nombre de plantes et d'animaux vivant dans un secteur donné).

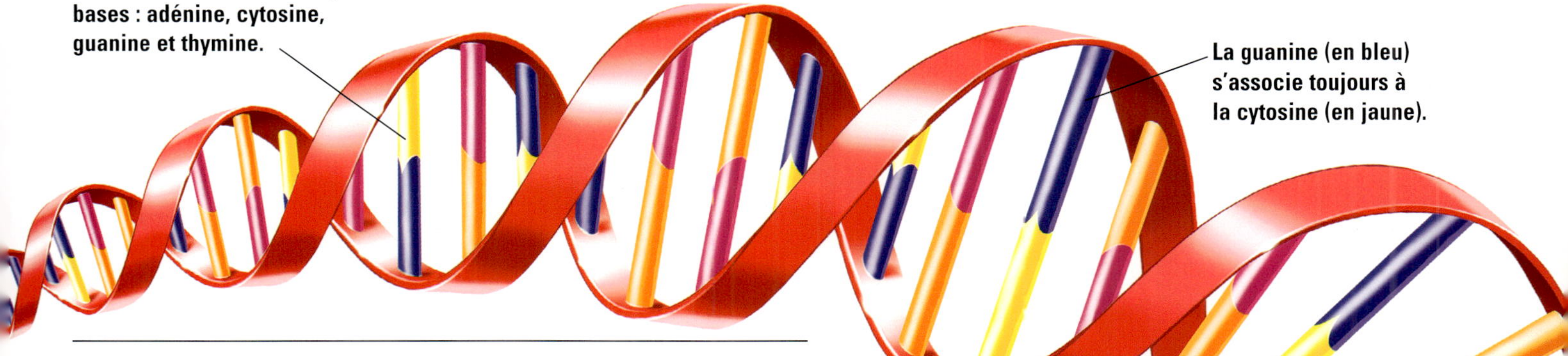

Chaque « barreau » d'ADN est constitué de deux de ces quatre bases : adénine, cytosine, guanine et thymine.

La guanine (en bleu) s'associe toujours à la cytosine (en jaune).

La thymine (en orange) s'associe toujours à l'adénine (en violet).

Le clonage

Les clones sont des cellules ou des organismes entiers dotés de gènes identiques. La brebis Dolly fut le premier mammifère à être cloné à partir d'une cellule adulte, et depuis lors de nombreux clonages d'animaux ont été effectués. Les cellules clonées sont utilisées dans le cadre de la recherche médicale.

Les sciences en chiffres

Les unités de mesure sont parfois différentes d'un pays à l'autre : par exemple, les pouces, les pieds, les brasses et les mètres servent tous à mesurer des longueurs. Les scientifiques, en revanche, emploient tous les mêmes systèmes de mesure.

SYSTÈME INTERNATIONAL (S.I.)

Unités de base :

Masse : kilogramme
Longueur : mètre
Temps : seconde
Température : kelvin
Quantité de matière : mole
Courant électrique : ampère
Intensité lumineuse : candela

Unités dérivées des unités de base

Fréquence : hertz (cycles par seconde)
Vitesse : mètres par seconde
Volume : mètre cube
Énergie : joule
Pression : pascal
Force : newton
Puissance : watt

VALEURS

Vitesse de la lumière : 299 792 458 m/s
Charge d'un électron ou d'un proton : 1,602 x 10^{-19} coulomb
Masse d'un électron : 9,1090 x 10^{-31} kg
Masse d'un proton : 1 836 fois celle d'un électron
L'eau bout à 100 °C (373,15 kelvins) et gèle à 0 °C (273,15 kelvins)
Énergie nécessaire pour faire bouillir un litre d'eau : 330 000 joules
Force avec laquelle une pomme appuie sur la main : environ 1 newton
Gamme de fréquences d'un piano : de 27,5 à 4 186 hertz
Atmosphère normale 101 323 pascals

SPECTRE ÉLECTROMAGNÉTIQUE

Dans l'ordre décroissant des longueurs d'ondes et croissant des fréquences

Ondes radio
Micro-ondes
Infrarouges
Lumière visible :
Rouge – Orange – Jaune – Vert
Bleu – Violet
Ultraviolets
Rayons X
Rayons gamma
Vitesse de la lumière = longueur d'ondes x fréquence

La glace de ce pichet fond en quatre heures.

SITES INTERNET

http://www.futura-sciences.com/fr/sciences/dossiers/matiere/ – Un magazine en ligne sur l'innovation, la science et la découverte.

http://www.cnrs.fr/inc/ – L'actualité scientifique en ligne.

Découvrir les communications

Communiquer, c'est partager avec autrui des informations, des instructions et des idées. La communication peut avoir lieu en tête-à-tête ou, grâce aux techniques modernes, entre des personnes éloignées de milliers de kilomètres. Les moyens actuels de communication vont des médias électroniques aux moyens de transport qui permettent de sillonner rapidement le monde.

Messages et médias

Un message est une information à communiquer. L'émetteur est la personne ou l'appareil qui envoie le message à destination d'un récepteur ou d'une audience.

LA COMMUNICATION ANIMALE
Les animaux communiquent entre eux au moyen de sons, d'odeurs et de parades.

La parade nuptiale des grues est très élaborée.

L'appel de la grenouille-taureau est très puissant.

Les abeilles dansent pour indiquer les sources de nourriture.

Les tigres se frottent pour échanger leurs odeurs.

Les moyens de communication, l'e-mail, le téléphone, mais aussi les journaux ou la radio, sont appelés médias.

Message long ou bref

Les messages peuvent être très brefs (un panneau « stop », un coup de sifflet), ou plus longs : les livres contiennent des milliers de mots, et il faut parfois plusieurs heures pour les lire entièrement.

Un auditoire fourni

Une grande enseigne au néon, un concert de rock dans un stade, ou, ici, un discours de l'archevêque Desmond Tutu en Afrique du Sud, sont faits pour être vus ou entendus par un public nombreux.

Le dispositif Holospot ne peut être lu que sous une lumière ultraviolette.

Messages privés

Pour rédiger des messages secrets, on peut utiliser des codes ou de l'encre sympathique. Cet « Holospot » est une minuscule pastille contenant des informations de sécurité au sujet d'une voiture.

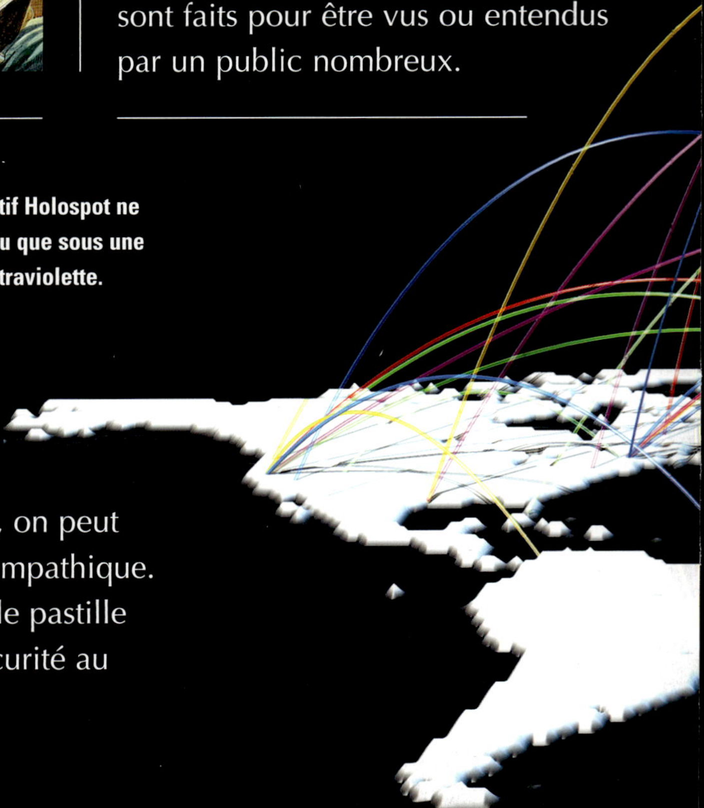

Les médias de masse

Certains moyens de communication atteignent simultanément de nombreuses personnes dans des lieux différents : ce sont la télévision, les journaux, la radio, le cinéma, etc., appelés pour cela médias de masse.

Messages sans paroles

Le langage parlé n'est pas le seul moyen de communiquer. Les panneaux routiers, les photographies, les affiches sont des messages visuels, ainsi que les signes et les gestes. Ici, un membre de l'US Air Force se sert de signaux des bras et des mains pour donner des instructions au pilote.

Des messages instantanés

Les messages portés par des messagers à pied ou à cheval mettaient des semaines à atteindre leurs destinataires. Aujourd'hui, les e-mails et autres « textos » sont presque instantanés. 25 milliards d'e-mails sont envoyés chaque jour. Cette carte met en évidence la localisation des principaux flux d'information par Internet.

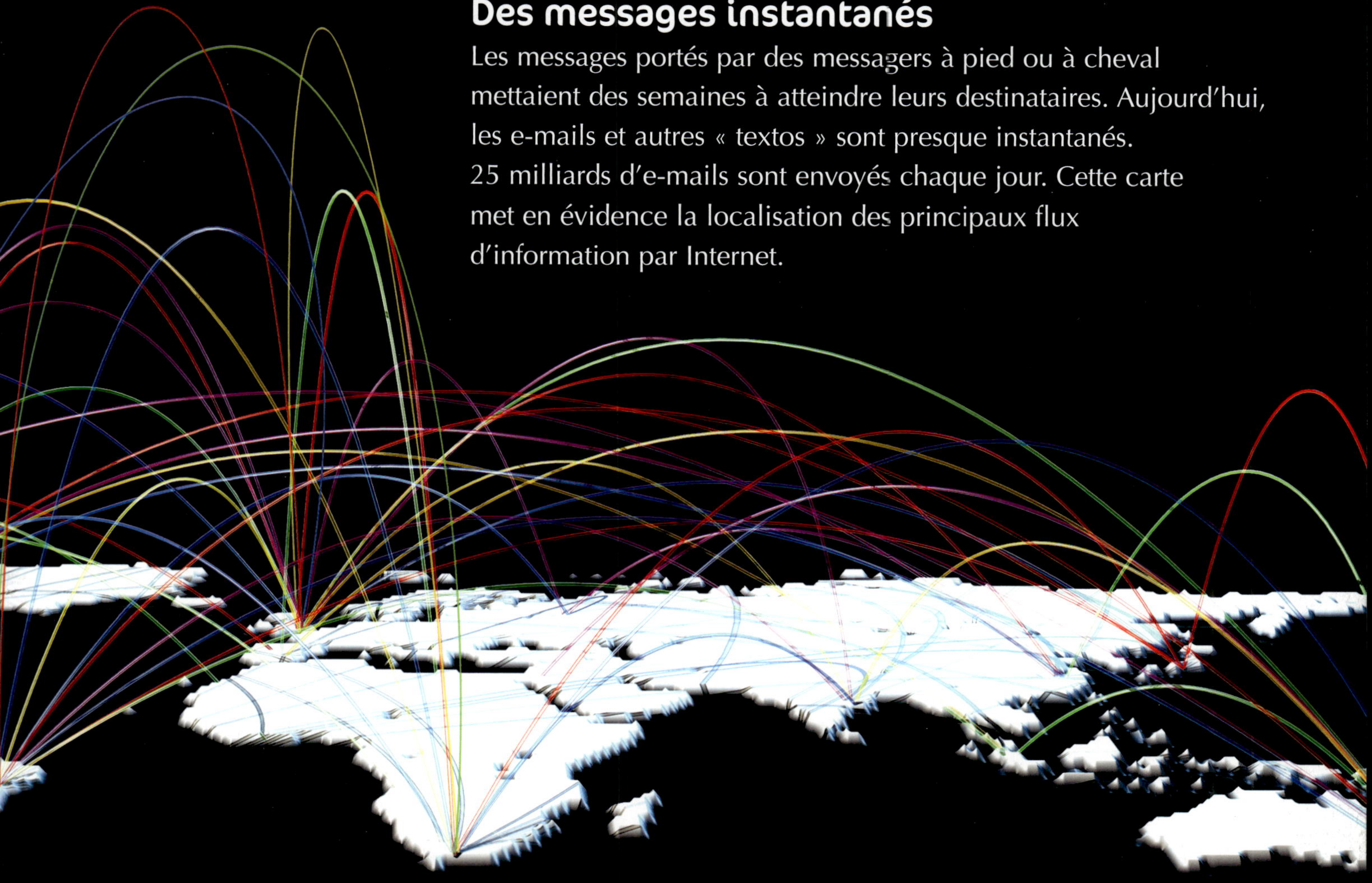

Pourquoi communiquer ?

Nous communiquons toujours dans un but précis. Ce peut être pour le seul plaisir de raconter une histoire, ou pour transmettre des informations.

ATTENTION, DANGER !

Il existe des symboles internationaux qui servent à avertir de dangers divers.

Signe de radioactivité : danger d'irradiation

Danger, matières explosives

Danger, matières hautement inflammables

Danger chimique (produits toxiques)

On communique aussi pour exprimer ses sentiments et pour essayer d'influer sur les émotions ou les décisions des autres.

Avertissement

Lancer un avertissement, par la parole ou par des signes, est une action de communication souvent très brève. Au football, le carton jaune brandi par l'arbitre avertit le joueur qu'il risque l'expulsion.

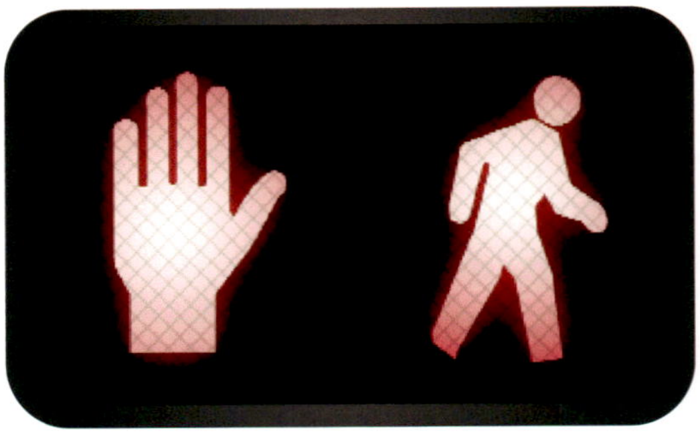

Instructions

La communication peut servir à donner des instructions ou des conseils : c'est le rôle des notices ou des foires aux questions (FAQ) sur Internet ; elle peut également interdire de faire quelque chose (*ci-dessus* : ne pas traverser).

Information et éducation

L'un des rôles majeurs de la communication est d'apporter aide et informations. Les cartes routières, par exemple, donnent des détails qui nous permettent de ne pas nous perdre.

La propagande

La propagande est une information faite pour influencer les gens. Les affiches ci-dessus glorifient un chef. La propagande peut contenir des mensonges ou des exagérations, ou accuser des gens pour des actes qu'ils n'ont pas commis.

Les divertissements

Musique, cinéma, one-man-shows... la communication a souvent un rôle divertissant. Elle peut prendre la forme d'un spectacle en direct (représentation théâtrale, concert) ou passer par des supports tels que CD, livre ou DVD.

La publicité

La publicité vante les biens ou les services que vend une entreprise. Les publicités sont présentes dans les rues *(ci-dessus)*, à la télévision, dans les journaux ou sur Internet, pour atteindre et essayer de convaincre le plus grand nombre de consommateurs.

C'EST SCIENTIFIQUE !

EFFETS SPÉCIAUX

Les effets spéciaux sont employés à la télévision et au cinéma pour créer l'illusion d'un événement ou d'un phénomène. On utilise des maquettes ou, de plus en plus, des images de synthèse, entièrement créées par ordinateur. Cette image du film *Les Quatre Fantastiques* (2005) est une image de synthèse.

À distance

Autrefois, on utilisait des trompes, des tambours ou des signaux de fumée pour communiquer à distance.

Depuis l'apparition des télécommunications, qui utilisent des signaux électriques, des ondes hertziennes, des satellites ou divers appareils électroniques, nous pouvons communiquer presque instantanément tout autour de la Terre.

Signaux lumineux

Les signaux lumineux des phares avertissent les marins de la présence d'écueils dangereux. Ils sont édifiées sur des plates-formes en mer, sur des îles ou sur les côtes. Ils sont aujourd'hui équipés d'ordinateurs, ainsi que de cornes de brume, qu'on entend à des kilomètres à la ronde.

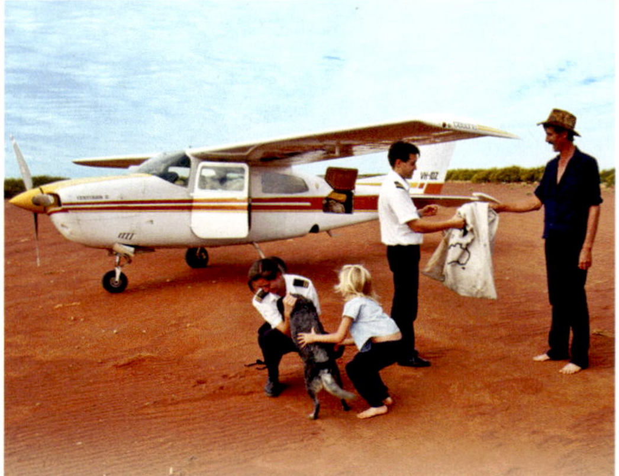

Livraison à distance

Les services postaux transportent des lettres et toutes sortes d'articles sur des distances parfois très importantes. Dans certains pays, comme l'Australie *(ci-dessus)*, des avions légers apportent le courrier dans les régions les plus isolées.

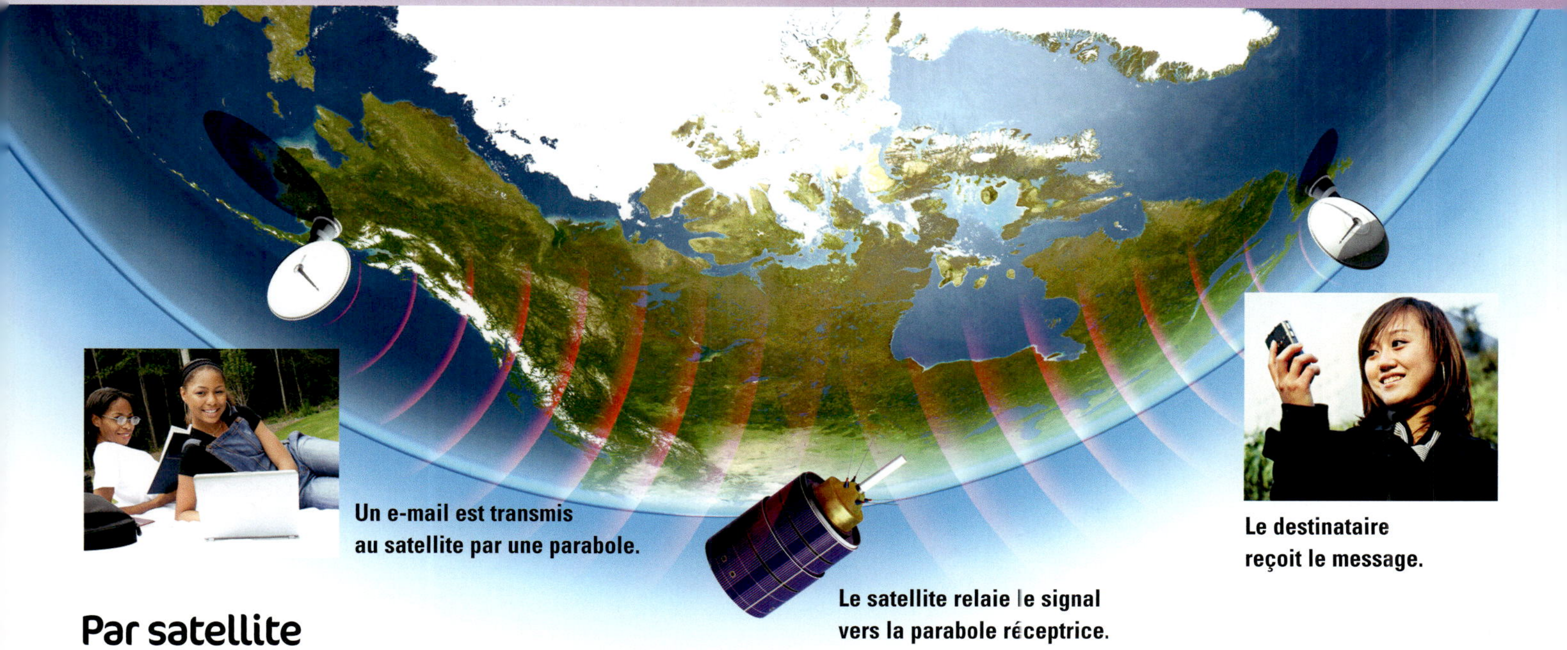

Par satellite

La plupart des satellites de communication sont en orbite à 36 000 km au-dessus de l'équateur. Ils relayent des signaux envoyés aux téléphones, radios, ordinateurs et téléviseurs.

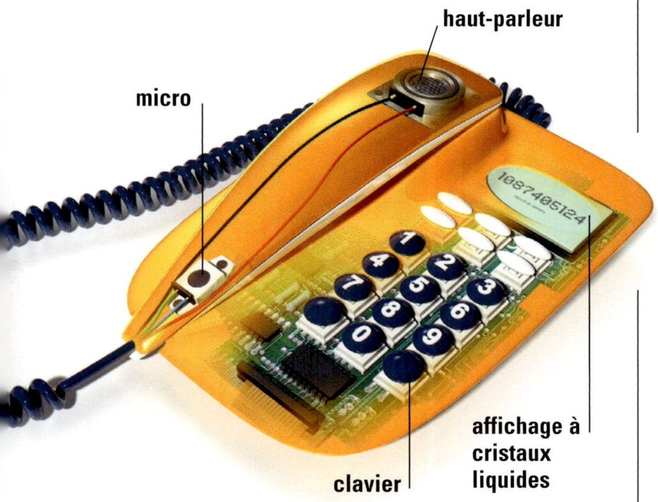

Le téléphone

Le téléphone convertit les sons en signaux électriques acheminés par des câbles jusqu'à un central téléphonique. Des ordinateurs orientent l'appel, qui transite par des câbles ou par des ondes radio relayées par satellite.

La radio

Les ondes radio peuvent également transmettre les sons. Elles sont utilisées par les professionnels en déplacement, pilotes d'avion, policiers ou chauffeurs routiers *(ci-contre)*, et par tous ceux qui écoutent chez eux les émissions de radio.

Le téléphone portable

Le téléphone cellulaire, ou portable, transmet ses signaux sans fil, au moyen d'ondes radio. Il permet d'échanger conversations, messages écrits, photos, de se connecter à Internet et d'envoyer des e-mails…

LA TÉLÉVISION

La possibilité de capter du son et des images au moyen de caméras et d'appareils d'enregistrement sonores a modifié la vie des gens. Aujourd'hui, les émissions de télévision atteignent les populations de tous les pays du monde.

EN STUDIO

Les émissions sont généralement produites dans des studios de télévision, qu'elles soient enregistrées avant la diffusion ou filmées en direct. Elles comprennent parfois aussi des séquences extérieures. Les caméras filment sur le plateau *(ci-dessous)* ; les images et le son sont transmis à la régie *(à gauche)* où les différents angles de prises de vues sont affichés afin que le réalisateur et ses assistants puissent sélectionner celles qui seront effectivement diffusées.

ÉMISSION ET RÉCEPTION

Les signaux de télévision sont envoyés sous forme d'ondes hertziennes, ou de signaux numériques, et relayés par des satellites de communication. Ils sont ensuite captés par des antennes, ou transmis par des câbles enterrés. Les téléviseurs modernes permettent souvent d'enregistrer et de stocker les émissions, et même parfois de stopper la diffusion en direct durant quelques minutes.

Les langues

Les langues sont des ensembles de sons ou de symboles constituant des mots dotés de sens. Dès l'enfance, les êtres humains apprennent au moins une langue.

La plupart des langues ont une forme parlée et une forme écrite. Certains langages parlés comprennent aussi des soupirs, des grognements, des rires et d'autres bruits.

Le langage corporel

Il s'agit de l'ensemble des gestes, expressions et attitudes d'une personne, constituant un mode de communication – parfois évident, comme dans le cas de deux personnes qui se querellent *(ci-dessus)*.

Le langage verbal

La communication verbale existe depuis des dizaines de milliers d'années. Avant l'invention de l'écriture, l'histoire, les légendes et les enseignements se transmettaient des parents aux enfants au travers de récits et de discours. La communication orale demeure très importante.

Les langues du monde

Les spécialises estiment à six mille le nombre des langues parlées dans le monde, auxquelles s'ajoutent des dialectes, versions locales d'une même langue. Les langues les plus utilisées sont l'anglais, l'hindi, le mandarin (chinois), l'espagnol et l'arabe.

Langage des signes

Des langues ont été créées pour faciliter la communication entre des personnes ne pouvant parler ou lire. Le braille permet aux aveugles de lire : des points gravés en relief sur le papier représentent les lettres. Le langage des signes *(ci-contre)*, très codifié, permet aux sourds et aux malentendants de communiquer.

L'écrit

L'écriture permet de transmettre des informations au moyen d'ensembles de signes représentant des mots ou des idées.

Russe	Grec	Arabe
А а	Α α	ا
Б б	Β β	ب
В в	Γ γ	ت
Г г	Δ δ	ث
Д д	Ε ε	ج
Е е	Ζ ζ	ح
Ж ж	Η η	خ
З з	Θ θ	د
И и	Ι ι	ذ
Й й	Κ κ	ر
К к	Λ λ	ز
Л л	Μ μ	س
М м	Ν ν	ش
Н н	Ξ ξ	ص
О о	Ο ο	ض
П п	Π π	ط
Р р	Ρ ρ	ظ
С с	Σ σ	ع
Т т	Τ τ	غ
У у	Υ υ	ف
Ф ф	Φ φ	ق
Х х	Χ χ	ك
Ц ц	Ψ ψ	ل
Ч ч	Ω ω	م
Ш ш		ن
Щ щ		ه
Ъ ъ		و
Ы ы		ي
Ь ь		
Э э		
Ю ю		
Я я		

Les alphabets russe, grec et arabe sont très différents.

Le plus ancien exemple d'écriture découvert à ce jour est une tablette d'argile vieille de 5 000 ans, mise au jour dans la cité sumérienne d'Ourouk.

Alphabets

Un alphabet est un système de symboles ou de caractères permettant la transcription par écrit des sons d'une langue. Chaque symbole représente un son et se combine avec d'autres pour former tous les mots de la langue.

Les livres et l'édition

De sa rédaction à sa vente en librairie, un livre passe par de nombreuses étapes : le texte est travaillé et corrigé, parfois illustré, puis mis en pages avant que le livre ne soit imprimé et relié.

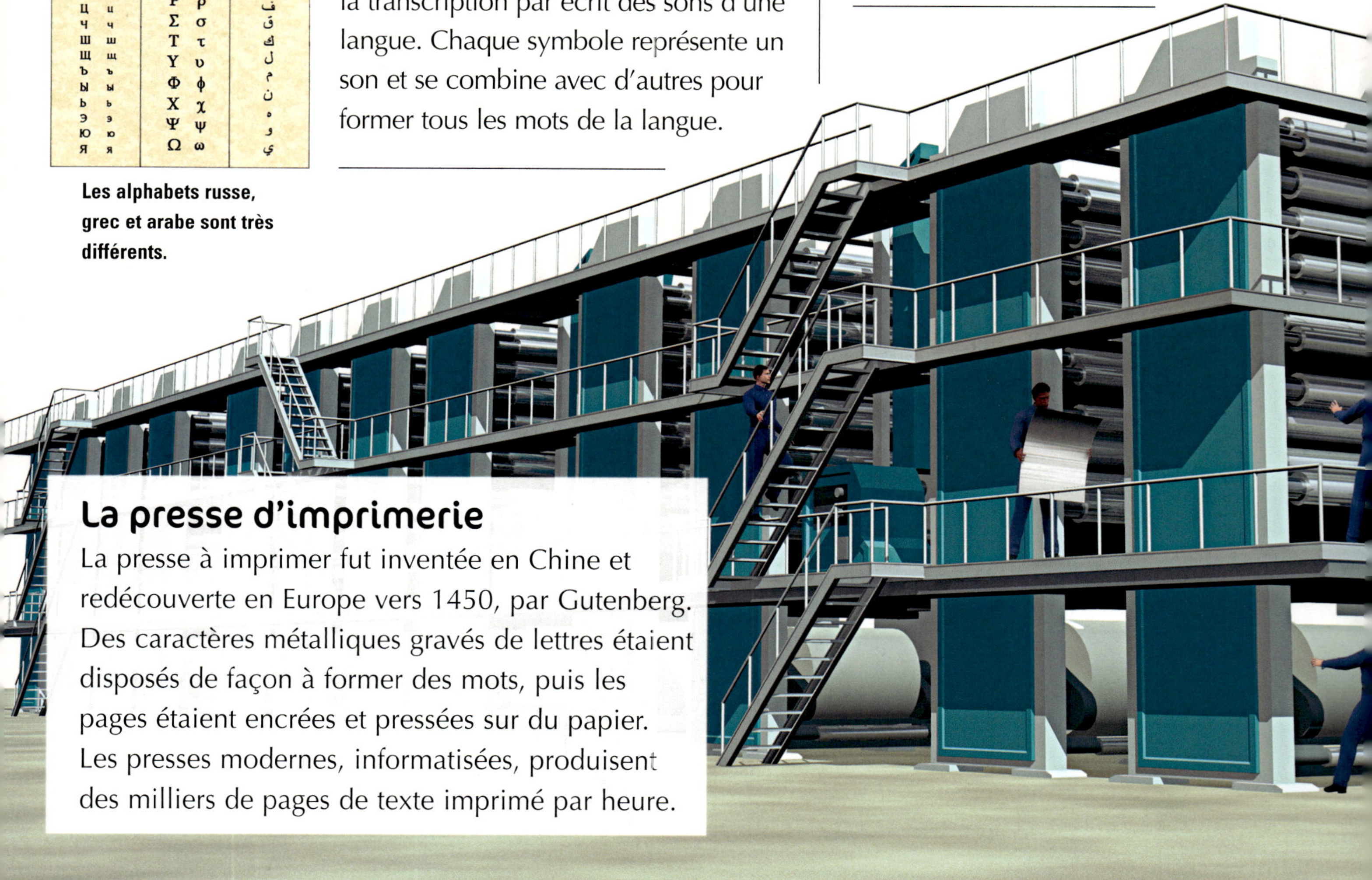

La presse d'imprimerie

La presse à imprimer fut inventée en Chine et redécouverte en Europe vers 1450, par Gutenberg. Des caractères métalliques gravés de lettres étaient disposés de façon à former des mots, puis les pages étaient encrées et pressées sur du papier. Les presses modernes, informatisées, produisent des milliers de pages de texte imprimé par heure.

Le journalisme

Les journalistes recueillent des informations et rédigent des articles publiés dans des journaux, ou bien diffusés à la radio, à la télévision ou sur Internet. Certains prennent de grands risques pour rendre compte des faits qui se déroulent dans des zones de combats.

Les journaux

Les journaux proposent à leurs lecteurs des nouvelles et des commentaires d'actualité. Une partie de leurs revenus provient de la vente de pages publicitaires. Le tirage d'un journal est le nombre total d'exemplaires imprimés.

Les énormes presses d'imprimerie sont capables d'assurer les imposants tirages des magazines, journaux ou livres destinés au grand public.

Les livres électroniques

De plus en plus de livres sont publiés sous des formats électroniques. On peut les lire sur Internet ou les télécharger sur un appareil électronique spécifique, appelé *ebook*. L'équivalent de centaines de livres peuvent être stockés dans un appareil qui tient dans une main.

C'EST HISTORIQUE !

L'ÉCRITURE DANS L'ÉGYPTE ANCIENNE

Il y a environ cinq mille ans, les Égyptiens mirent au point l'un des premiers système d'écriture. Des symboles, les hiéroglyphes, représentaient des objets (« bateau » ou « pain ») ou des idées (« chaud » ou « puissant »). Ces symboles, dont plus de 6000 ont été identifiés, étaient gravés dans la pierre ou peints au pinceau sur du bois, ou inscrits sur des rouleaux de papyrus, faits de fibres de roseau compressées.

ORDINATEURS

LES ORDINATEURS sont capables d'effectuer des centaines de tâches différentes. Leurs microprocesseurs leur permettent de rassembler des données, de les traiter et de présenter les résultats.

LES PROGRAMMES

Pour fonctionner, les ordinateurs ont besoin d'instructions : les programmes, ou logiciels. Le système d'exploitation est un ensemble de programmes qui organisent les tâches de l'ordinateur. Les applications sont des programmes utiles dans des domaines variés : traitement de texte, graphisme, jeux...

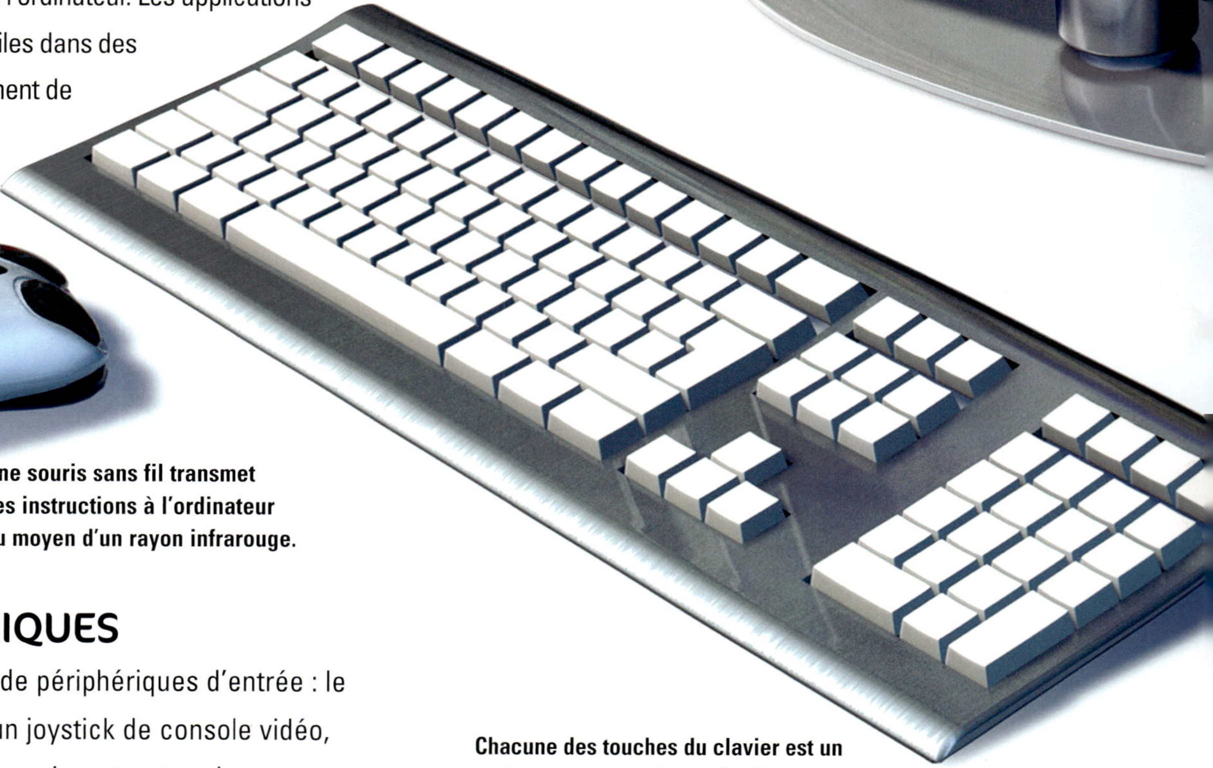

Une souris sans fil transmet ses instructions à l'ordinateur au moyen d'un rayon infrarouge.

LES PÉRIPHÉRIQUES

Un ordinateur dispose de périphériques d'entrée : le clavier, une souris ou un joystick de console vidéo, pour que les utilisateurs puissent entrer des commandes. Une fois celles-ci traitées, les résultats sont affichés ou moyen d'un périphérique de sortie, le moniteur (écran) ou l'imprimante.

Chacune des touches du clavier est un petit commutateur. Lorsqu'on la presse, un infime courant électrique indique à l'ordinateur quelle touche a été enfoncée.

Cet écran plat affiche les informations visuelles transmises par l'ordinateur.

Un ordinateur est constitué de circuits électroniques et d'un disque dur qui fournit une importante capacité de stockage de programmes et de fichiers.

De nombreux appareils peuvent être connectés à un ordinateur : un appareil photo numérique, pour télécharger les images, ou un lecteur MP3, pour y importer de la musique.

LE STOCKAGE

Un disque dur d'ordinateur est capable de stocker d'énormes quantités de données. Des cartes mémoire peuvent encore augmenter cette capacité, et les données peuvent aussi être sauvegardées sur des DVD ou des disques durs externes.

Les transports terrestres

Les transports terrestres représentent le moyen le plus courant de se déplacer d'un point à un autre.

Les routes du monde sont parcourues par plus de 800 millions de véhicules. Les trains transportent des millions de passagers et de grandes quantités de marchandises.

Transport de fret

Des millions de tonnes de matières premières et de produits finis sont transportées chaque jour sur les routes, parfois par d'énormes semi-remorques.

Le vélo

Écologique et bon pour la santé, le vélo est un moyen de transport de plus en plus apprécié. Le cycliste appuie sur les pédales, entraînant ainsi la roue arrière, qui est reliée aux pédales par une chaîne.

Le train

Les trains circulent sur un grand réseau de rails d'acier. Conduits autrefois par des locomotives à vapeur, ils sont aujourd'hui électriques, ou plus rarement fonctionnent au diesel. Les trains à grande vitesse, tels ce train japonais, atteignent plus de 300 km/h.

Transports spéciaux

Certaines circonstances nécessitent l'usage de véhicules spéciaux ; les véhicules tout-terrain possèdent de gros pneus, et ce scooter des neiges chenillé est équipé de deux patins semblables à des skis.

ÉTONNANT, NON ?

RECORDS DE VITESSE TERRESTRE

En 1898, Gaston de Chasseloup-Laubat établit le premier record de vitesse au sol, au volant d'un véhicule électrique : 63,15 km/h. Les progrès techniques font régulièrement évoluer ce record : en 1997, Andy Green a atteint, aux commandes de son Thrust SSC, la vitesse incroyable de 1 228 km/h.

Réseaux souterrains

Dans de nombreuses grandes villes, les transports en commun sont assurés par des réseaux de chemins de fer souterrains. Le métro transporte chaque jour des millions d'employés et de touristes.

Véhicules modernes et sécurité

Les concepteurs de véhicules modernes cherchent sans cesse à améliorer la sécurité des nouveaux modèles, et font pour cela de nombreux tests. Ci-dessus, un crash-test permet de vérifier qu'en cas de choc, la carrosserie de ces voitures se déforme sans écraser le conducteur et les passagers.

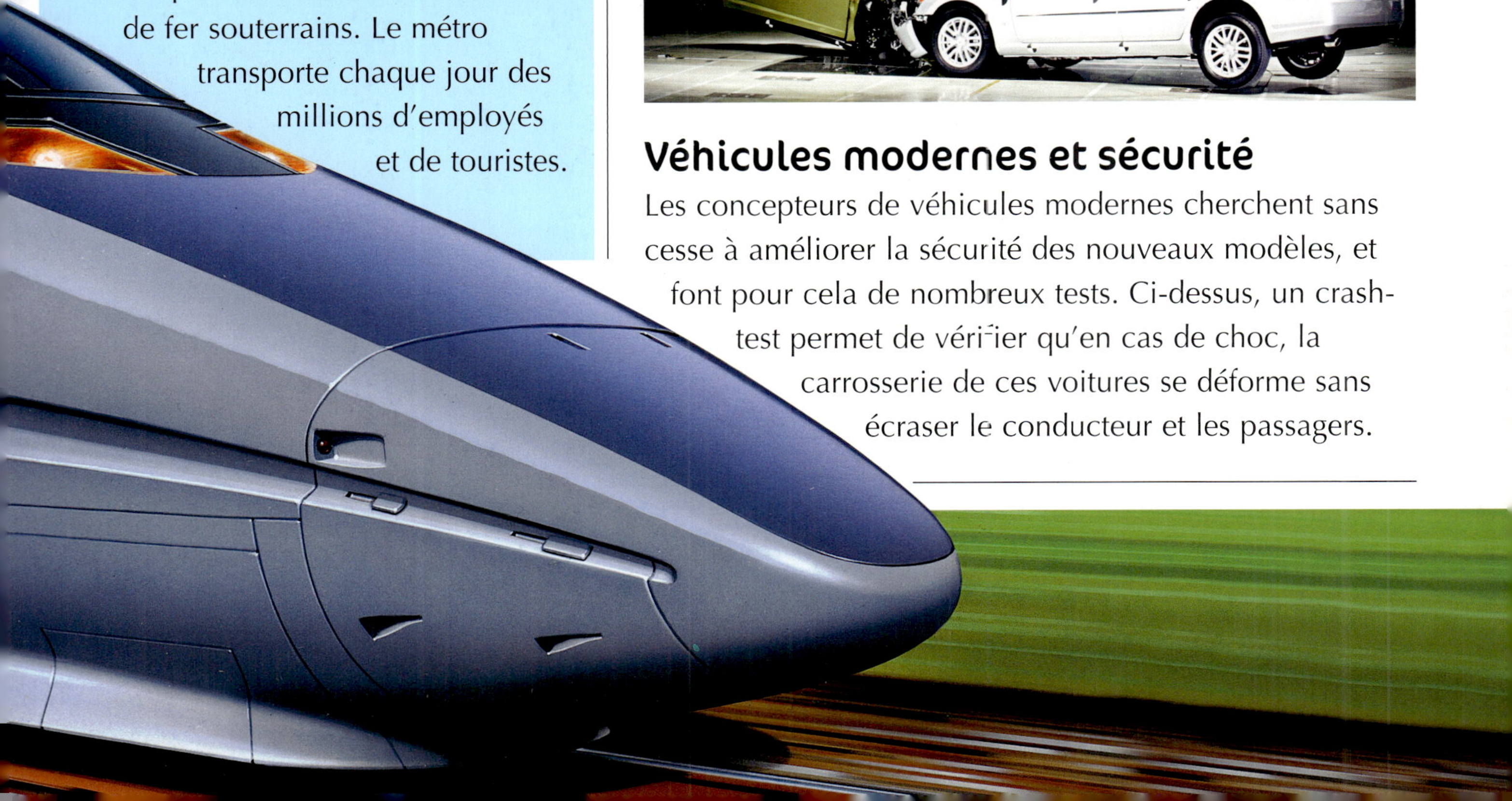

SE DÉPLACER SUR L'EAU

ON CONSTRUIT DES BATEAUX depuis des millénaires, pour transporter des personnes et des marchandises d'un port à l'autre, ou tout simplement pour le plaisir de se déplacer sur l'eau.

terrain de golf à 9 trous

Cette boîte de nuit est situé à 45 mètres au-dessus du pont supérieur du navire.

Douze ponts sous le pont principal accueillent 2 600 passagers et 1 100 membres d'équipage.

LA FLOTTABILITÉ

Les navires doivent flotter pour se déplacer à la surface de l'eau. Les énormes porte-conteneurs *(à gauche)* pesant des milliers de tonnes flottent grâce à la conception de leur coque : celle-ci déplace beaucoup d'eau qui exerce en retour une poussée vers le haut (c'est le principe dit de la poussée d'Archimède).

PETITS BATEAUX, GRANDS NAVIRES

Du plus petit des kayaks aux plus gigantesques des porte-avions, tous les bateaux sont mis en mouvement par un mode de propulsion. Un kayak se déplace grâce à l'effort musculaire du pagayeur qui repousse l'eau, les voiliers exploitent la force du vent, et les navires les plus rapides sont équipés de puissants moteurs qui font tourner de grandes hélices dans l'eau. Ces hélices repoussent l'eau vers l'arrière, ce qui propulse le navire vers l'avant.

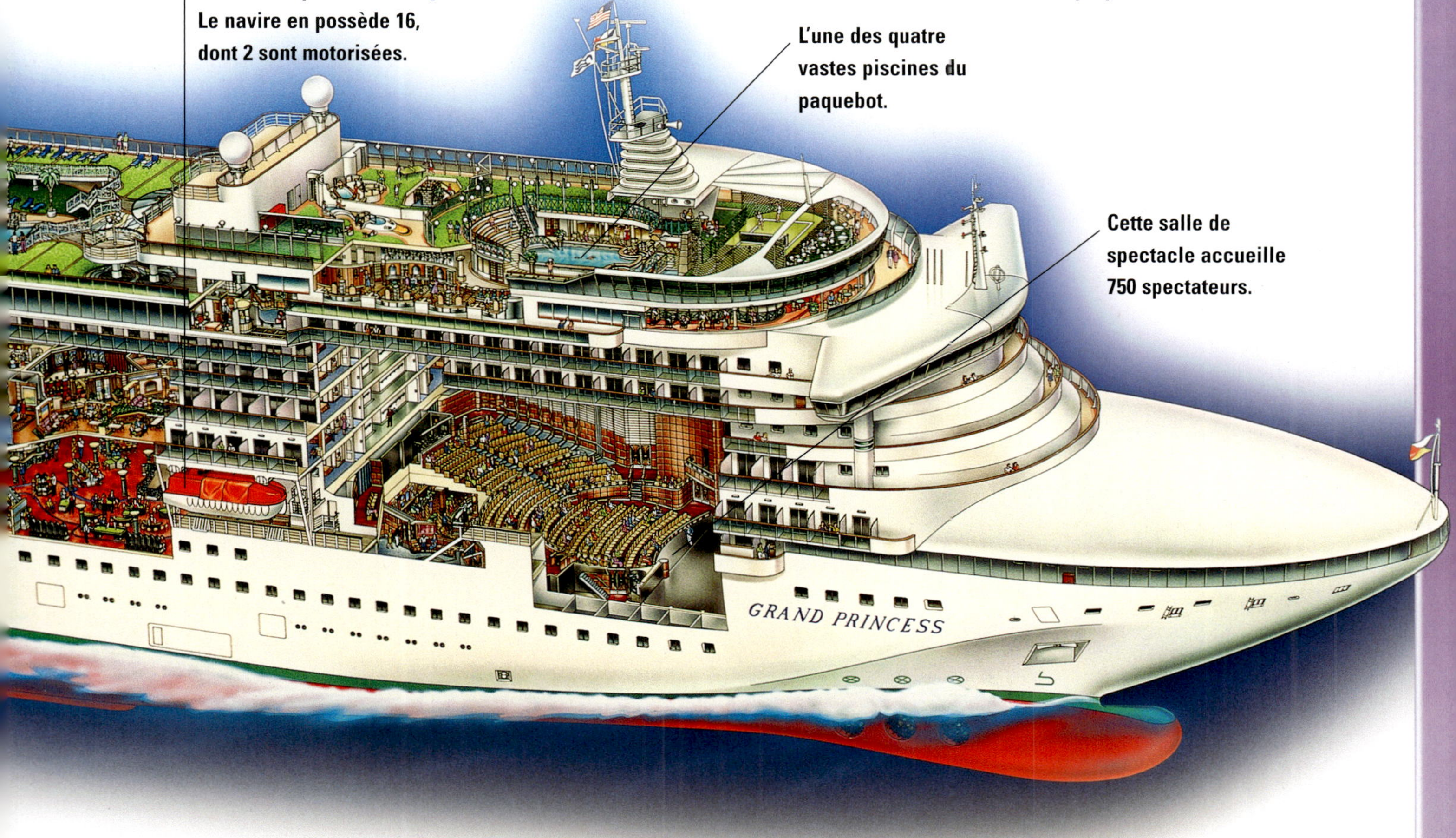

Ce navire est alimenté en énergie par six générateurs ; ceux-ci font fonctionner les moteurs qui à leur tour font tourner deux grandes hélices. La vitesse de croisière de ce paquebot est de 41 km/h.

UN GÉANT DES MERS

Il existe un très grand nombre de bateaux différents : les péniches, aménagées en habitation, transportent des marchandises sur les canaux, les ferry transportent des passagers sur de petites distances, les porte-conteneurs et les pétroliers sillonnent les mers, chargés de lourdes cargaisons... Le *Grand Princess (ci-dessus)*, long de 290 mètres, est l'un des plus grands bateaux de croisière du monde.

Les transports aériens

Avec la vitesse, l'air exerce une pression vers le haut sur les ailes des avions, ce qui leur permet de s'envoler.

L'ÉVOLUTION

En 1903, les frères Wright accomplissent le premier vol motorisé.

En 1896, le planeur d'Octave Chanute s'élève à 80 mètres environ.

Les biplans furent utilisés pendant la Première Guerre mondiale.

Les planeurs, qui n'ont pas de moteur, exploitent les courants aériens.

Le Concorde transportait des passagers à plus de 2 100 km/h.

Les avions militaires furtifs sont très difficiles à détecter.

La plupart des avions sont mis en mouvement par des réacteurs ou par des moteurs à hélice.

L'hélicoptère

Les hélicoptères possèdent des pales qui par leur rotation très rapide jouent le rôle d'ailes : elles créent uncourant d'air ascendant, qui permet à l'hélicoptère de voler.

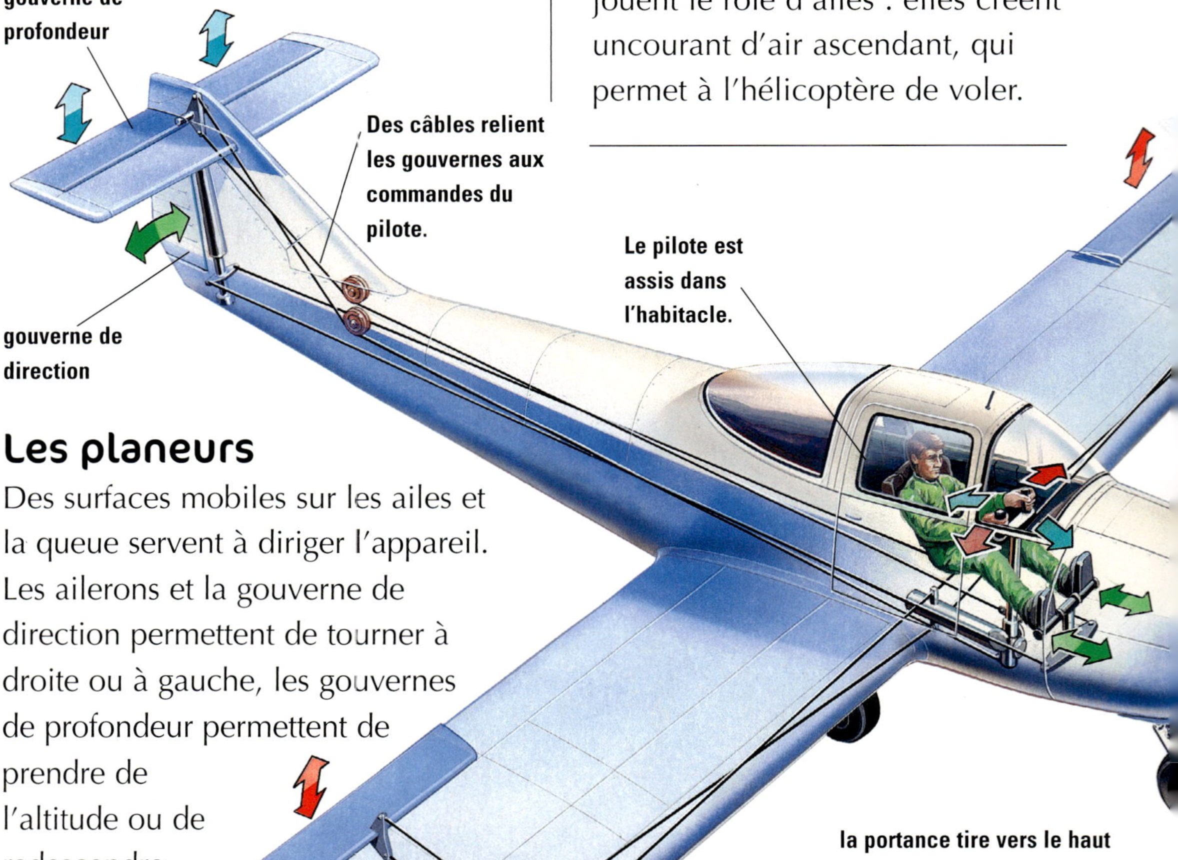

Les planeurs

Des surfaces mobiles sur les ailes et la queue servent à diriger l'appareil. Les ailerons et la gouverne de direction permettent de tourner à droite ou à gauche, les gouvernes de profondeur permettent de prendre de l'altitude ou de redescendre.

Quatre forces agissent sur l'avion en vol :

L'hydravion

Les hydravions sont des avions qui peuvent se poser ou décoller sur l'eau. Certains sont équipés pour lutter contre les incendies de forêts : ils effleurent la surface d'un lac ou de la mer, et y aspirent de l'eau qu'ils larguent ensuite sur le feu.

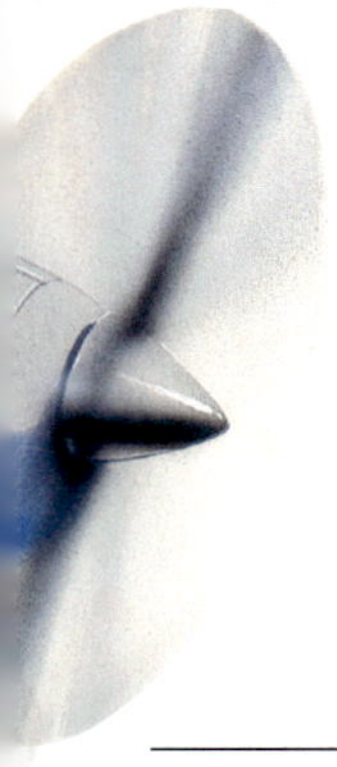

Les réacteurs

Les moteurs à réaction, dans les années 1930, ont permis aux avions de voler plus rapidement. De grandes quantités d'air sont aspirées et mélangées à du carburant. Brûlé, ce mélange engendre une très forte poussée qui propulse l'avion vers l'avant.

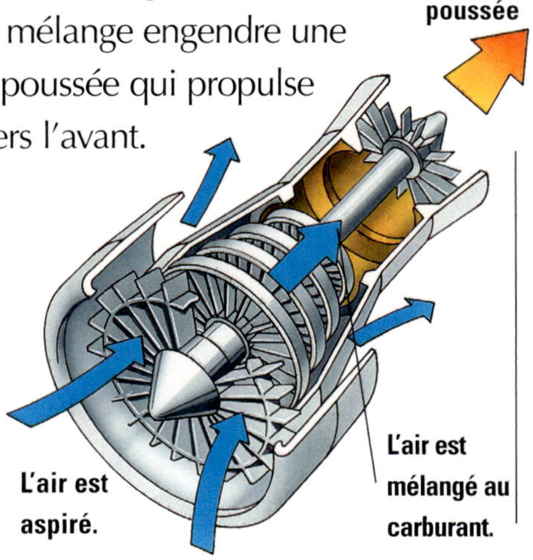

C'EST SCIENTIFIQUE !

LES MONTGOLFIÈRES

Les ballons, ou montgolfières, sont gonflés avec un gaz plus léger que l'air : de l'hélium, ou le plus souvent de l'air chaud ; un brûleur à gaz chauffe alors l'air contenu dans l'enveloppe, ce qui le rend plus léger que l'air ambiant. Le ballon s'élève, avec sa nacelle contenant les passagers.

Avions de ligne

Des millions de personnes prennent l'avion chaque année. Les plus animés des aéroports voient décoller ou atterir des centaines d'appareils par jour, dont la plupart sont de gros avions de ligne, pouvant transporter jusqu'à 500 passagers.

Dans le futur

Au cours du xxe siècle, les moyens de communiquer ont évolué de façon extraordinaire, avec l'automobile, l'avion, la télévision, Internet...

Les progrès techniques futurs pourraient se traduire par le rôle accru des machines dans notre vie quotidienne.

Nouvelles technologies

Les communications « nomades » vont continuer de se développer. La taille des ordinateurs va se réduire encore. Ils fonctionneront avec des commandes tactiles et vocales et l'affichage se fera par projection sur un minuscule écran devant les yeux de l'utilisateur.

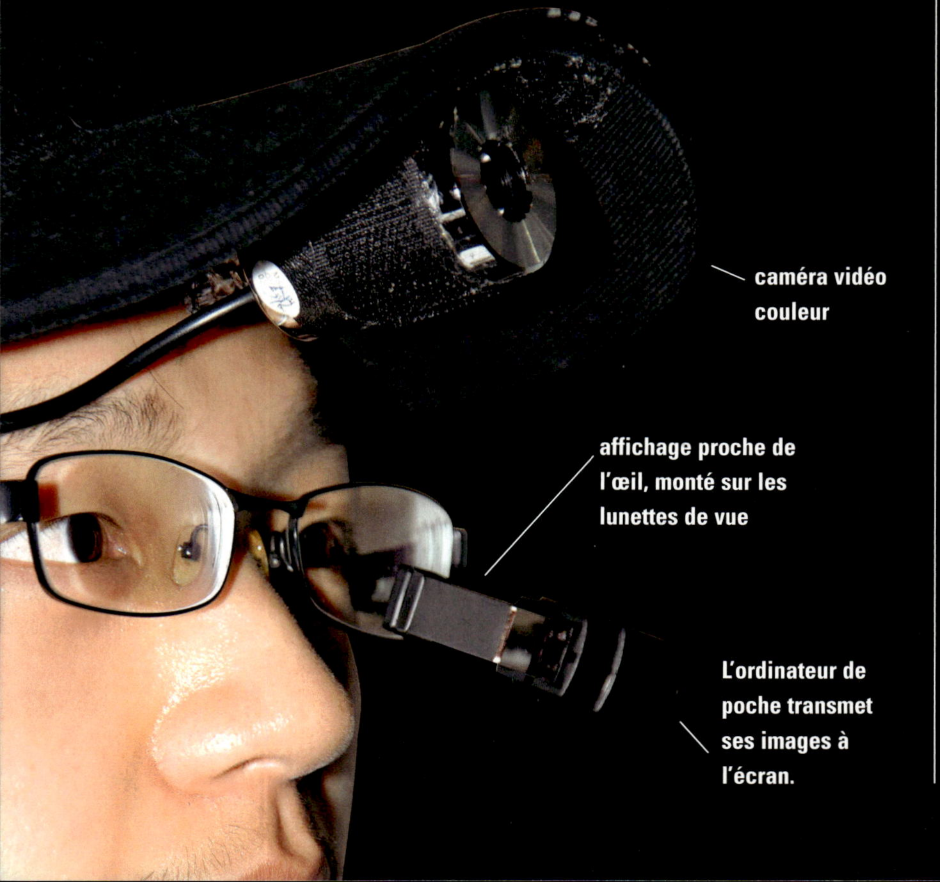

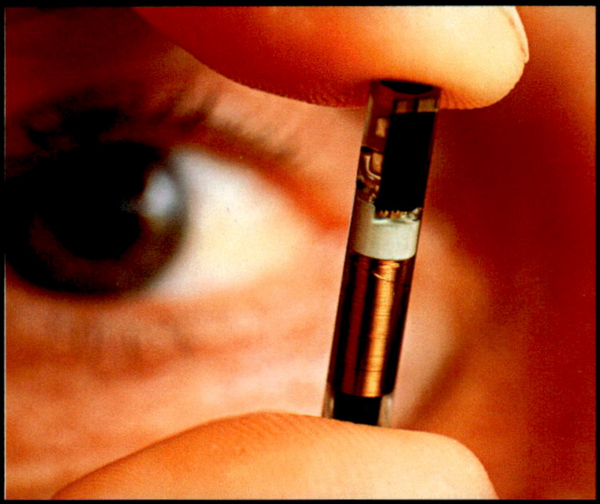

Implants électroniques

De minuscules microprocesseurs *(ci-dessus)* pourraient être implantés sous notre peau et communiquer directement avec des ordinateurs, pour nous identifier ou traduire des langues étrangères, par exemple.

Les robots au travail

On enverra des robots dans des zones dangereuses pour secourir des gens ou collecter des informations, comme ce robot conçu pour les journalistes.

Mon ami le robot ?

On développe actuellement des robots capables de reconnaître visages et mots, et de communiquer avec nous. Des robots pourraient donc devenir des enseignants, ou des compagnons de jeu.

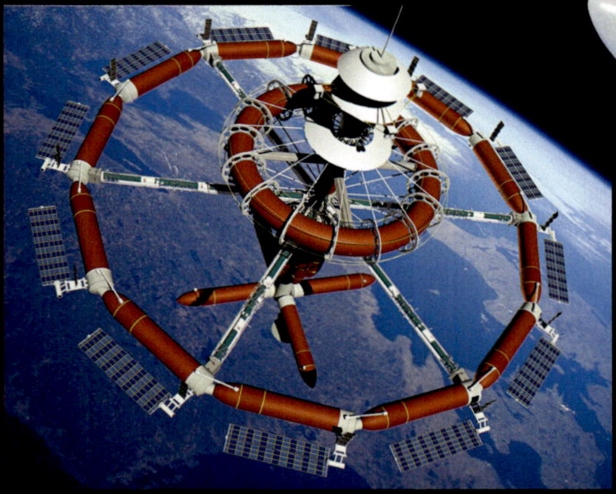

Tourisme spatial

Quelques personnes ont déjà payé très cher pour aller dans l'espace. On fera sans doute dans l'avenir des séjours dans des hôtels de l'espace, en orbite au-dessus de la Terre.

Intelligence extraterrestre

La vie extraterrestre existe-t-elle ? Dans le cadre du programme SETI (*Search for Extraterrestrial Intelligence*), des signaux radio ont été émis très loin dans l'espace. Personne n'y a répondu pour le moment.

Ce robot humanoïde qui tape dans un ballon reconnaît des commandes vocales, sait danser, monter des escaliers et avance à 6 km/h.

Les communications en chiffres

Les transports et les communications ont connu récemment une croissance extraordinaire. Le Web, qui ne comprenait que quelques centaines de documents au début des années 1990, était selon les estimations constitué de plus de 45 milliards de pages en 2008.

LA CROISSANCE D'INTERNET

Nombre approximatif d'utilisateurs réguliers d'Internet (en millions)

1995	16
1996	37
1997	70
1998	147
1999	248
2000	361
2001	513
2002	587
2003	719
2004	817
2005	1 018
2006	1 093
2007	1 262

PLUS GRAND NOMBRE DE CHAÎNES DE TÉLÉVISION

7 306 – Russie, 1998

LES ÉMISSIONS LES PLUS ANCIENNES

Meet the Press, NBC (États-Unis), diffusée depuis novembre 1947.

Émission pour enfants *Blue Peter*, BBC (Royaume-Uni), depuis 1958.

AÉROPORTS LES PLUS FRÉQUENTÉS

Nombre de passagers par an

Londres Heathrow, Royaume-Uni : 61 348 340

Paris Charles de Gaulle, France : 51 888 936

Amsterdam, Pays-Bas : 45 940 939

Francfort, Allemagne : 45 697 60

Hong-Kong, Chine : 43 274 765

Tokyo, Japon : 33 860 094

Singapour, Singapour : 33 368 099

Londres Gatwick, Royaume-Uni : 30 016 837

Bangkok, Thaïlande : 29 587 773

Dubaï, Émirats Arabes Unis : 27 925 522

LE PLUS GRAND BATEAU DE PASSAGERS

RCI Freedom of the Seas : 339 m de long, peut transporter 4 375 passagers et 1 365 membres d'équipage.

LE PLUS GRAND RÉSEAU ROUTIER

Les États-Unis comportent 6,4 millions de km² de routes, parfois sur différents niveaux.

Le Shinkansen, train à grande vitesse japonais, passe devant le Mont Fuji.

SITES INTERNET

http://www.memo.fr/Dossier.asp?ID=597 - Des télécommunictions aux transports : plusieurs dossiers sur les communications.

Glossaire

Adaptation Le fait pour les animaux ou les plantes de changer au fil des générations afin de mieux évoluer dans un environnement différent.

ADN (acide désoxyribonucléique) Substance dont sont faits les chromosomes, qui porte toutes les informations génétiques de l'organisme sous la forme d'un code chimique.

Amibe Minuscule organisme unicellulaire sans forme fixe, qui vit dans l'eau.

Amphibien (ou **Batracien**) Animal vertébré tétrapode à sang froid et à peau lisse, qui commence sa vie dans l'eau mais est capable de vivre à l'air libre une fois adulte. Grenouilles, crapauds, salamandres et tritons sont des amphibiens.

Apartheid Politique autrefois pratiquée officiellement par le gouvernement de l'Afrique du Sud, qui organisait une discrimination à l'encontre des Noirs.

Arachnide Animal doté de quatre paires de pattes segmentées et d'un corps divisé en deux parties (tête et thorax sont combinés). Araignées et scorpions sont des arachnides.

Astéroïde Corps rocheux plus petit qu'une planète, en orbite autour du Soleil. La plupart des astéroïdes se situent entre Mars et Jupiter, dans la « Ceinture d'astéroïdes ».

Atmosphère Enveloppe de gaz et de nuages qui entoure une planète, une étoile ou une lune.

Atoll Récif corallien en forme d'anneau ou anneau formé d'îlots coralliens s'étirant autour d'un lagon peu profond.

Bactérie Organisme microscopique unicellulaire. Certaines bactéries provoquent des maladies.

Big bang Point de départ dans le temps de notre Univers, selon la théorie moderne communément admise.

Biodiversité Diversité du monde vivant : fait référence au nombre et à la variété des animaux et des espèces présents en un lieu donné.

Biome Ensemble d'écosystèmes, communauté d'interactions entre sol et organismes vivants occupant une zone écologique particulière, telle qu'un désert.

Caduc Se dit du feuillage d'arbres, d'arbustes et de buissons qui perdent chaque année leurs feuilles.

Camouflage Coloration, marques ou aspect corporel qui aident un animal à se fondre dans son environnement.

Cartilage Matière translucide, résistante mais élastique qui recouvre les os au niveau des articulations, et qui constitue aussi le pavillon de l'oreille et la structure du nez.

Cellule L'unité de base dont sont constitués tous les organismes vivants, végétaux et animaux.

Céphalopode Mollusque pourvu de tentacules, comme par exemple la pieuvre.

Céramique Matière dont sont faits les objets en terre cuite façonnés par le potier.

Chimique Se dit d'un produit susceptible de se modifier en présence d'une autre substance, ou d'un produit non naturel, obtenu par l'industrie chimique.

Chlorophylle Pigment vert présent dans la plupart des végétaux, qui absorbe la lumière et fournit l'énergie nécessaire à la photosynthèse.

Chromosome Élément du noyau cellulaire contenant les données génétiques.

Climat Ensemble des conditions météorologiques et atmosphériques qui caractérise une région donnée.

Combustible fossile Substance telle que la houille, le pétrole ou le gaz naturel, qui recèle de l'énergie et qui s'est constituée à partir des restes de plantes et/ou d'animaux préhistoriques.

Comète Boule de poussières et de gaz gelés en orbite autour du Soleil.

Communisme Mouvement politique et économique prônant la mise en commun des moyens de production.

Conifère Arbre ou arbuste portant des inflorescences à écailles appelées cônes et (pour la plupart des essences) à feuillage persistant.

Cosmologie Étude de la structure et des origines de l'Univers.

Crustacé Animal (le plus souvent aquatique) au corps formé de segments dont chacun porte une paire de membres articulés. Homards, crabes et crevettes (mais aussi cloportes) sont des crustacés.

Culture Ensemble des connaissances, des valeurs et des modes de vie propres aux personnes d'un pays ou d'une région.

Démocratie Système de gouvernement reposant sur le principe de la souveraineté du peuple – qui s'exerce généralement par le biais de représentants élus.

Digestion Processus de décomposition des aliments dans l'organisme, permettant une absorption des éléments nutritifs.

Dynastie Succession de souverains issus d'une même famille.

Écholocation Système de détection d'objets au moyen de l'émission de sons et de réception de leur écho. Les chauves-souris font appel à l'écholocation pour se diriger.

Écosystème Unité autonome constituée de plantes, d'animaux et de leur milieu – par exemple, une forêt tropicale humide.

Élection Désignation d'une ou de plusieurs personnes à des postes de responsabilité, qui s'effectue par le vote.

Électron Infime particule porteuse d'une charge électrique négative, généralement en orbite autour du noyau d'un atome.

Équateur Cercle imaginaire à la surface d'une planète ou d'une étoile, à égale distance de ses deux pôles.

Érosion Usure de la surface de la Terre sous l'action de l'eau, du vent, de la glace ou de la pesanteur.

Espèce Groupe d'organismes d'aspect semblable, capables de se reproduire entre eux.

Ethnie Population ayant en commun des spécificités culturelles, raciales, religieuses et/ou linguistiques.

Évolution Modification de la constitution génétique d'une espèce.

Exil Expulsion, bannissement d'une personne hors de sa patrie.

Extinction Disparition (d'une espèce animale ou végétale).

Fossile Vestiges, empreinte ou traces d'un animal ou d'une plante, généralement conservés dans des dépôts de sédiments.

Galaxie Groupe composé de millions ou de milliards d'étoiles, ainsi que de planètes, de gaz et de poussières, dont la cohésion est maintenue par la gravitation.

Gène Séquence d'ADN dans un chromosome, support de l'information ayant trait à une caractéristique héréditaire.

Géologique Relatif à l'étude scientifique des origines, de l'histoire et de la structure de la Terre.

Géothermie Énergie obtenue par l'exploitation de la chaleur des profondeurs du sol et du sous-sol.

Germination Chez les végétaux, développement des graines qui vont donner de nouvelles plantes de la même espèce.

Glande Organe ou groupe de cellules de l'organisme qui produit une substance spécifique (une hormone, par exemple).

Glucide *voir* Hydrate de carbone

Gravitation Force qui attire toutes choses vers le centre de la Terre, ce qui explique la chute des corps et leur poids.

Guerre civile Conflit armé qui oppose des groupes appartenant à un même pays ou une même région.

Habitat Lieu, milieu où vit ou croît normalement un animal ou un végétal.

Hauteur tonale Fréquence, degré d'élévation d'une note de musique dans l'échelle des sons.

Hémoglobine Protéine porteuse d'oxygène et contenant du fer, qui se trouve dans les globules rouges du sang.

Hiéroglyphe Caractère du système d'écriture de l'Égypte antique, qui faisait appel à des images pour représenter des objets, des idées et des sons.

Hormone Messager chimique produit dans une glande et servant à l'un des processus de l'organisme, par exemple la croissance.

Hydrate de carbone Substance énergétique, également appelée glucide, fabriquée par les plantes et présente dans des aliments tels que les pommes de terre ou le pain.

Hygrométrie Degré d'humidité de l'atmosphère.

Invertébré Animal sans squelette ni colonne vertébrale. Les mollusques, les vers sont des invertébrés.

Larve Chez l'insecte, forme embryonnaire qui vient après l'œuf et précède l'adulte ou imago.

Loi Règle ou ensemble de règles que se donne une société.

Magma Roche en fusion située dans les profondeurs de notre planète, sous l'écorce terrestre.

Magnétisme Propriété qu'ont les aimants d'attirer ou de repousser les objets en fer ou en acier.

Mammifère Animal appartenant à l'une des espèces de vertébrés à sang chaud, à la peau couverte de poils, dont les femelles donnent naissance à des petits déjà formés qu'elles allaitent ensuite à la mamelle.

Marsupial Mammifère dont les femelles présentent une poche ventrale dans laquelle les petits poursuivent leur croissance.

Médias Ensemble des supports de diffusion de masse de l'information, tels que stations de radio, chaînes de télévision, journaux et magazines...

Métamorphose Transformation d'un animal au cours de sa croissance, par exemple d'une chenille en papillon.

Météorite Fragment de roche ou de métal venu de l'espace.

Micro-ondes Ondes électromagnétiques de très courte longueur d'ondes, employées pour la communication, les radars, la cuisson des aliments...

Migration Déplacement de groupes d'animaux (dits « migrateurs ») à la recherche de nourriture, de conditions climatiques plus propices ou de lieux de reproduction.

Minéral Substance naturelle dont la provenance n'est ni végétale, ni animale – ce qui est le cas des roches, des métaux, des sels.

Molécule La plus petite unité d'un élément ou d'un composé chimique, constituée d'au moins deux atomes.

Mollusque Animal invertébré au corps mou qui vit généralement dans une coquille – ainsi de l'escargot ou de la patelle.

Monotrème Mammifère ovipare d'Australie et de Nouvelle-Guinée, tel que l'ornithorynque ou l'échidné.

Moraine Zone recouverte de roches et de débris déposés par un glacier.

Nocturne Se dit d'un animal qui est actif la nuit.

Nucléaire Tout dispositif tirant son énergie de réactions (de fission ou de fusion) au sein du noyau atomique.

Nutriment Partie d'un aliment utilisable par les animaux ou les plantes.

Orbite Trajectoire suivie par un corps autour d'un autre dans l'espace.

Ozone Gaz de l'atmosphère qui absorbe les rayonnements solaires ultraviolets nocifs.

Photosynthèse Processus chimique par lequel les plantes utilisent l'énergie de la lumière solaire pour transformer le dioxyde de carbone et l'eau en aliment (glucose).

Pluie acide Pluie chargée de substances toxiques provenant des émissions des usines et des véhicules à moteur, qui tombe en empoisonnant arbres et autres plantes.

Pollinisation Transfert de pollen d'une fleur à une autre (par un insecte dit pollinisateur, par exemple), qui permet la fécondation et la reproduction des plantes.

Pollution Dégradation de l'environnement par des agents tels que les substances chimiques dégagées par les usines, qui empoisonnent l'air, le sol ou l'eau.

Prédateur Animal qui vit en chassant et en dévorant d'autres animaux (ses proies).

Pression artérielle Pression exercée par la circulation sanguine sur les parois internes des vaisseaux sanguins (et plus particulièrement des artères). On dit aussi « tension artérielle ».

Proie *voir* Prédateur

Radar Dispositif ayant pour effet de localiser un objet au moyen d'ondes électromagnétiques.

Radiation, rayonnement Énergie qui se propage d'une source sous forme d'ondes (dans le cas de la lumière ou du son) ou d'un faisceau de particules invisibles (dans le cas des neutrons).

Rituel Ensemble d'actes cérémoniels exécutés dans le cadre d'un culte religieux.

Robot Machine, mécanisme capable d'effectuer automatiquement certaines tâches, en se substituant ainsi au travail des hommes.

Sismographe Appareils de mesure et d'enregistrement des tremblements de terre (ou séismes).

Superpuissance État disposant d'une puissance – politique, économique, militaire – et d'une influence qui s'exercent dans le monde entier (terme surtout utilisé pour les États-Unis d'Amérique).

Tempéré Se dit d'un climat qui se caractérise par des étés doux et des hivers frais.

Tension artérielle *voir* Pression artérielle

Température Mesure du degré de chaleur ou de froid.

Trou noir Vestiges d'une étoile qui attirent tous les corps environnants dans l'espace, et même les rayons lumineux, de telle sorte que vu de la Terre un tel astre apparaît noir.

Vertébré Animal pourvu d'un squelette, d'une colonne vertébrale. Poissons, reptiles, oiseaux, amphibiens et mammifères sont tous des vertébrés.

Virus Micro-organisme capable d'envahir les cellules vivantes et d'en prendre le contrôle.

Index

L'édition originale de ce livre est parue en 2008 sous le titre *Explore*, chez Kingfisher, une marque de Macmillan Children's Books, division de Macmillan Publishers Ltd., Londres.

Auteurs : Sean Callery, Clive Gifford et Mike Goldsmith

Conforme à la loi n° 49-956 du 16 juillet 1949 sur les publications destinées à la jeunesse.

Édition française :

Traduction : Nicolas Blot
Réalisation : Philippe Brunet
Coordination : Véronique Roberty et Françoise Laurent

N° d'éditeur : 10187134
ISBN : 978-2-26-140434-6
Dépôt légal : septembre 2012

Imprimé en Chine

www.rougeetor.fr

Crédits

L'éditeur souhaite remercier les personnes et organismes dont les noms suivent, pour l'autorisation qu'ils lui ont accordée de reproduire leur matériel. Tous les efforts ont été accomplis pour retrouver les détenteurs des droits. Pour le cas où demeureraient des oublis ou si tel ou tel détenteur de droits n'avait pu être retrouvé, nous présentons par avance toutes nos excuses et nous engageons – pour peu que les informations nous soient communiquées – à procéder aux corrections afférentes pour toute nouvelle publication du présent ouvrage.

En haut = h ; en bas = b ; au centre = c ; à gauche = g ; à droite = d

Pages 11hd Getty/National Geographic Society ; 11cd Corbis/Sygma ; 15hd Corbis/Reuters ; 18hd Alamy/Mike Greenslade ; 21cd Science Photo Library (SPL)/Adam Hart-Davies ; 22-23 Getty/National Geographic Society ; 31h Digital Vision ; 32 Getty/Stone ; 35hg SPL/Mark Garlick ; 41cd Bridgeman Art Library (BAL)/National Gallery ; 43cd SPL/Mark Garlick ; 48 SPL/RIA Novosti ; 51cd SPL/Julian Baum ; 56 NASA/Wally Pacholka ; 60cg NASA/Stanford University ; 61cg Kobal Collection/Columbia Pictures ; 63hg SPL/Larry Landolfi ; 64 Getty/Panoramic Images ; 69cd SPL/Dr. Keith Wheeler ; 73hd Getty/Stone ; 73cg Alamy/Scott Hortop ; 74-75 Corbis/Scott Stulberg ; 78bg Naturepl/Stephen David Miller ; 83hd Corbis/Phil Schermeister ; 86cd Corbis/Kazuyoshi Nomashi ; 90-91 Corbis/Frans Lanting ; 93hd Corbis/Keren Su ; 93bd Corbis/Wayne Lawler/Ecoscene ; 94b Corbis/Du Huaju/Xinhua Press ; 95cd Corbis/Paul A. Souders ; 96 Corbis Kazuyoshi Nomachi ; 99cd Naturepl//Meul/ARCO ; 106-107 Photolibrary/Michael Duva ; 113cd Corbis/Daniel J.Cox ; 117hd Corbis/Joe McDonald ; 119 Getty/Jeff Lapore ; 124-125 Corbis/Patricia Fogden ; 127cd Corbis/Alexander Demianchuk ; 128 NHPA/Stephen Dalton ; 131hd SPL/Zephyr ; 133 Alamy/Jupiter/Brand X ; 137hd SPL/AJ Photo/Hop Americain ; 137cg Alamy/Horizon International ; 138-139 SPL/Philippe Psaila ; 139hd BAL/Menil Collection/Giraudon ; 140cg Corbis/Keren Su ; 141hd Alamy/Eddie Linsson ; 142cg Getty/Angelo Cavalli ; 143cd Corbis/Mediscan ; 145 SPL/Susumu Nishinaga ; 147hd Alamy/Medical ; 148bd SPL/Steve Gschmeissner ; 149hd Alamy/Sinibomb Images ; 149cd SPL/Alfred Pasieka ; 150c SPL/Robert Brocksmith ; 150cg SPL/Tek Image ; 151hd SPL/Dept of Clinical Cytogenetics, Addenbrookes Hospital ; 151cd SPL/Dr. Jeremy Burgess ; 153 SPL/Medi-mation ; 155hg Corbis/Anna Peisl/zefa ; 155bg Corbis/Don Hammond/Design Pics ; 155hd SPL/Helen McCardle ; 155bd SPL/Helen McCardle ; 156-157 SPL ; 160 Corbis/Bo Bridges ; 163 BAL/National Museum, Aleppo/Giraudon ; 177cd AKG Images ; 178g Corbis/Michael Nicholson ; 178-179 Corbis/Gianni Dagli Orti ; 181cg BAL/Charmet Archive ; 181cd Corbis/Bettmann ; 181 SPL/David Ducros ; 182cg Alamy/Mary Evans Picture Library ; 183 Getty/Edwin Levick/FPG ; 186bd Corbis/Hulton ; 187hd Corbis/Hulton ; 189h BAL ; 189b Corbis/Wolfgang Kumm/dpa ; 190hg Corbis/Reuters ; 190bd Getty/Courtney Kealy ; 191cg Getty/Jaafar Ashtiyeh/AFP ; 191hd Corbis/Hubert Boesi/dpa ; 191cdg Corbis/Reuters ; 192 Corbis/Jacques Langevin ; 194b Alamy/Chad Ehlers ; 195hd Haiduc ; 195cd Corbis/Gideon Mendel ; 195cg Alamy/Sebastian Green ; 196 Getty/Christopher Pillitz/Reportage ; 197 Alamy Alan Gignoux ; 198hd Corbis/Les Stone/Sygma ; 198cd Corbis/Robert Garvey ; 199g Corbis/Ajay Verma/Reuters ; 199bd Perrinpost ; 200cg Sergio Luiz ; 200bg Tomascastelazo ; 200g Sengkang ; 203cd Corbis/Jose Fuste Raga/zefa ; 204b Corbis/Kazuyoshi Nomachi ; 205 Corbis/Jon Hicks ; 206cd Getty/Popperfoto ; 207 Alamy/Richard Wareham ; 208hg Corbis/Tim Wimbourne/Reuters ; 208-209 Corbis/Gary Hershorn/Reuters ; 209hd Corbis/Duomo ; 210hd Corbis/Joe Travers/Reuters ; 211hg Getty/David Rogers ; 211hd Getty Images/Dimitar Dilkoff/AFP ; 212 Corbis/Claudia Daut/Reuters ; 213h Photolibrary/Hisham F. Ibrahim ; 213c Corbis/Peter Turnley ; 214cg Alamy/Jim West ; 214bg Alamay/Jupiter/Brand X ; 215 Alamy/David R. Frazier ; 217bGetty/Romeo Gacad/AFP ; 218-219 Getty/Robert Harding ; 219cd Alamy/John Sturrock ; 220cg Alamy/Guatebrian ; 220b Corbis/Kai Pfaffenbach/Reuters ; 221hg Alamy/Jeff Gynane ; 222cg Alamy/Jenny Matthews ; 223 Alamy/Vario Images ; 224 Corbis/Steve Terrill ; 227 Pete Clayman ; 229hd Corbis/Paue Seux/Hemis ; 229cd Alamy/JoeFoxKrakow ; 230hd Corbis/RandyM. Ury ; 231 Corbis/Al Rod ; 234hd Kobal Collection/Hal Roach/Pathé Exchange ; 234-235 Kobal Collection/Dreamworks/Aardman Animations ; 235hd Corbis/Sharie Kennedy ; 235cg Getty/Stewart Cohen ; 235b Corbis/David Brabyn ; 236cg Kobal Collection/Walt Disney Pictures/Elliot Marks ; 236bg Corbis/Louie Psihoyos ; 237h Corbis/Keith Hamshere/Paramount Pictures ; 237b Corbis/Mark Dye/Star Ledger ; 238c Alamy/Janine Weidel ; 239hd Corbis/Robbie Jack ; 239b Corbis/Eddy Risch/epa ; 240hd Alamy/Redferns Music Picture Library ; 240b Getty/Robert Mizono/Photonica ; 241h Corbis/Jeff Albertson ; 241cd Range Pictures ; 242cg Alamy/Uppercut Images ; 242bd Art Archive/Musée du Louvre ; 242-243h BAL/Musée National d'Art Moderne, Centre Pompidou/Giraudon ; 243hc Alamy/The Print Collector ; 243cd Art Archive/Centre Claude Debussy, Saint-Germain-en-Laye ; 243b Alamy/Alex Segre ; 244cg Alamy/Vario Images ; 245 Peter Clayman ; 246-247 Pete Clayman ; 248c Corbis/Gideon Mendel ; 249hd Corbis/VIP Production ; 249cd Digital Vision ; 249bg Pete Clayman ; 250bg Getty/Koichi Kamoshida ; 251hg Getty/Michel Boutefeu ; 251hd Corbis/Gideon Mendel ; 251cg Alamy/Jerome Yeats ; 251cd Alamy/The Photolibrary Wales ; 253hd Alamy/Vehbi Koca ; 254cd Alamy/Barry Mason ; 254bg Photolibrary/Robin Smith ; 254b Alamy/Wildscape ; 255hd Pete Clayman ; 255cd Corbis/Elizabeth Kreutz/Nexsport ; 255b Alamy/Paul Broadbent ; 256 Corbis/Gary Hershorn/Reuters ; 258bd Corbis/Louie Psihoyos ; 259h Corbis/Julian Smith ; 259bd SPL/A.B. Dowsett ; 261cd BAL/BL ; 262hg Corbis/Kelley Mooney ; 262cd Alamy/Ulrich Doering ; 263c Alamy/David R. Frazier ; 265cd SPL/Drs. A. Yazdani et D.J. Hornbaker ; 266cg Photolibrary/Imagesource ; 267cd Nicky Studdart ; 268hd SPL/Geoff Tompkinson ; 268c Alamy/Ace Stock ; 269h Corbis/Richard Cummins ; 269bg SPL/Klaus Guldbransen ; 270cg Corbis/Roger Ressmeyer ; 272hd SPL/Robert Brook ; 272-273 SPL/Lawrence Lawry ; 273hd Digital Vision ; 273cd SPL/Andrew Lambert ; 275 Corbis/William Taufic ; 276c Photolibrary ; 277bg SPL/Peter Menzel ; 280cd Alamy/Horizon International ; 281bg SPL/Scott Bauer/Dept of Agriculture ; 281cd Alamy/Roger Bamber ; 283 Corbis/Christian Charisius/Reuters ; 284-285 SPL/Dr Kari Lounatmaa ; 285cd Corbis/Hulton ; 286cg Corbis/George Steinmetz ; 286bg Alamy/AWPhoto ; 287h SPL/AGS ; 288 SPL/Ted Kinsman ; 290hd Corbis/DAvid Turnley ; 291hg Pete Clayman ; 292b Corbis/Brand X ; 293hd Corbis/Image 100 ; 293cg Getty/Stephen Shaver/AFP ; 293cd Corbis/Kerry Hayes/Twentieth Century Fox ; 294c Alamy/Danita Delimont ; 299 Corbis/Gabe Palmer ; 300 Pete Clayman ; 30°1hg Alamy/Eddie Gerald ; 301cd Corbis/Richard T. Nowitz ; 3205hd Corbis/David Taylor ; 305 cd Corbis/Yuriko Nakao/Reuters ; 309cd Alamy/Buzz Pictures ; 310bg Rex Pictures/Sipa Press ; 310hd SPL/James King-Holmes ; 312 Photolibrary/Vidler Vidler

L'éditeur souhaite remercier les illustrateurs dont les noms suivent, pour les illustrations originales réalisées sur commande pour le présent ouvrage :
Mark Bergin ; Peter Bull ; Ray Bryant ; Stuart Lafford, Patricia Ludlow, Sebastian Quigley, Sam Weston, Steve Weston (Linden Artists)